口语创客

杨 忠◎著

慕课

自媒体

直播

MOOC 贴 ▶

合肥工业大学出版社

图书在版编目(CIP)数据

口语创客/杨忠著.—合肥:合肥工业大学出版社,2016.12
ISBN 978-7-5650-3047-5

Ⅰ.①口… Ⅱ.①杨… Ⅲ.①播音—语言艺术—网络教学—教学研究
②主持人—语言艺术—网络教学—教学研究 Ⅳ.①G222.2

中国版本图书馆 CIP 数据核字(2016)第 266005 号

口 语 创 客

杨 忠 著　　　　责任编辑　郭娟娟　吴毅明

出　版	合肥工业大学出版社	版　次	2016 年 12 月第 1 版
地　址	合肥市屯溪路 193 号	印　次	2016 年 12 月第 1 次印刷
邮　编	230009	开　本	710 毫米×1010 毫米　1/16
电　话	人文编辑部:0551-62903205	印　张	17.75
	市场营销部:0551-62903198	字　数	328 千字
网　址	www. hfutpress. com. cn	印　刷	合肥现代印务有限公司
E-mail	hfutpress@163. com	发　行	全国新华书店

ISBN 978-7-5650-3047-5　　　　　　定价：39.00 元
如果有影响阅读的印装质量问题,请与出版社市场营销部联系调换。

序

"六经责我开生面"，是古代著名学者王夫之的名言，意思是在传承基础上开拓新的天地。当前，网络新媒体已经打破了广播和电视一统天下的视听局面。慕课（MOOC）平台，视听网站，手机电台以及形形色色的直播平台，将越来越多的口语传播者推上互联网。而在媒体的迅速变革中，文化、教育和传播如果不主动改变，最终会被动改变。

播音学是一门仅有几十年专业积淀的新兴交叉学科，正随着科学技术手段日新月异变化，新理念、新理论、新方法不断发展，在此背景下，杨忠副教授的《口语创客》一书出版了。该书依托播音主持的理论和实践基础，且跳出传统的广播电视视域，提出"口语创客"新概念，结合近几年互联网口语实践和理论思考，对新媒体包融下的口语创造进行了富有新意的跨学科探索，开出了这一领域的"新生面"，可喜可贺。这不单是播音主持理论的扩展，更是对口语传播在新媒体环境中价值再造的探索。书中有大量作者自己的口语视听，读者拿起手机扫描二维码即可收看，这使阅读变得交融和立体化了。

随着人的流动加快和海量信息相互渗透，各种思潮、文化、价值观相互交织在一起，时代向我们提出巨大的挑战。快速的资源流动使教育已经不是简单地老师和学生在实体环境中教和学。人们可以从另外一个空间得到资源。比如慕课、网络实验室、空间实验室等等。据说，在农业社会，人类大概500年左右就有一个周期性变化；在工业社会，时间大概需要80年；而在信息社会的今天，我们有时用三年甚至两年就是一个周期。也就是说，对于一个专业的学科积淀来讲，过去"一招鲜吃遍天"的情况已经没有了，这是教育面临的严重考验。

由于互联网的发展，今天时代的主题是"互联网+"，人类已经从工业革命进了信息革命的时代，互联信息技术为我们再造了另外一个网络空间，从一个三维的物理空间发展到了四维空间，不能小看增加的这一维度，它使规模化中的个性化成为可能。也就是说，这个我们在三维空间中没办法解决的问题，正是因为又增加了一个网络空间使问题突破了瓶颈。互联网和前沿电子技术，不仅带来了工业制造、社会生活等的巨大变化，也带来了文化、教育的深层变革，美国学者凯利提出了"第三种文化"，即前沿的科学技术应用社会大众，促进文理交叉、东西教育融合，形成"第三种文化"大潮。

　　笔者不是播音专业人员，只是一位初涉 MOOC 教育的教师，是《口语创客》的学习者。积笔者 30 多年从事中西哲学和现代创造学研究的经验，深感《口语创客》强烈的创新意识和开拓精神。当然，这是一个全新的领域，杨忠是一位拓荒者，他走出了互联网口语研究的第一步。但该书并非完美无瑕，如新概念的准确推敲，基本理论的严谨表达等，还可以进一步深入。从笔者的角度看，书中对中华传统文化修养和现代创造学技法还有很大的借鉴空间。创客就像武侠小说中的剑客，他们是英雄，但也很孤独。我们欢迎更多的实践者和理论家关注，以期推动口语传播学迅速发展起来。

刘仲林

于中国科大人文学院

2017-03-14

　　（刘仲林，中国科学技术大学人文学院教授、博士生导师，哲学一级学科博士点负责人。中科大中华文化大学堂创办人，中西会通"创学"研究学术带头人，享受国务院特殊津贴。国家中长期科技规划战略研究专家组成员，中国创造学会常务理事。）

引　言
——从"野蛮生长"到"以口谋生"

　　如果说传统媒体发出的声音是交响乐，它带来的是殿堂级和专业化的享受，那么新媒体就该算是流行音乐的大聚汇了，它是具有通俗性和大众化的传播媒介。网络视听资源包罗万象，网络电台、视频网、微信公众号、直播、慕课（Massive Open Online Course，简称 MOOC）、有声读物、二维码视频、微信语音特推等等。口语传播绝不只是播音员、主持人们的专利了，互联网使每一个人可以发布所见所闻，可以传播创意作品。是任凭层出不穷的新媒体视听资源野蛮生长，还是为他们参与创新创业鼓与呼？互联网口语传播已经涉及人际传播、团体传播、组织传播和公众传播，甚至影响跨文化传播，产生了很多惊人的传播现象。面对杂乱无章的口语传播形态，我们选择自媒体、慕课、直播三个形式为代表来梳理口语创客的融合创新之道，期待它们成为"互联网+"时代的创业弄潮儿，更期待与迅速发展的口语传播学共同进步。将这些作为口语创客内涵研究的起点，因为以后可能会有更多的教师、导游、演员、律师、司仪、拍卖师以及网络主播等各种人士的介入。本书在分析文化传播、教育和直播娱乐的传播业态基础上，引导众多口语爱好者将"玩"与创业融合，能够快乐着、工作着。我们从自媒体创业的角度着眼研究口语运营，从慕课建设的角度着手研究口语录制，从口语传播的角度开拓网络直播的荒原，因为这三者最终会成为互融互促的创业共同体。这姑且算是从"以口为乐"到"以口谋生"的破冰之旅吧。

　　"创客"本指勇于创新，努力将自己的创意变为现实的人。2015 年 3 月 5 日，李克强总理在《政府工作报告》中指出，把"大众创业，万众创新"打造成推动中国经济前行的"双引擎"之一，将"创客"与创业和创新联系在了一起，特指具有创新理念、自主创业的人。狭义的口语创客是指在新媒体时代靠说话创造价值的人。虽然传播平台和形式在不断发展，但互联网语言的传播规律是相对稳定的。而广义的口语创客是指运用有声语言和副语言，通过网络媒介创造性地传播信息的人，它涉及新媒体时代的任何领域。和传统媒体的垄断式大众化语言样态不同，新媒体口语是一种个人化语言样态，却实现着群体化、组织化和大众化的传播。口语创客涉及教育、出版、新闻和广告等各行各业。互联网口语创客的内容不可能孤立存在，任何一项内容均可涉及多渠道融合。本书着重分析自媒体、慕课和直播三个代表性口语传播的产生、关联及其融通发展。

有着十多年电视主持人的职业背景，笔者又感叹于互联网时代的自媒体飞速发展，感叹于制作技术的高度普及使每一个人都成了音视频传播者。微信迅速地改变着人们的生活方式，转发语音和短视频成为一种时尚，摆脱了电脑端的地点约束，无须电视制作的昂贵设备，注册微信公众号，很多人都可以参与自媒体制作。新媒体让一段十五分钟左右的视听可以产生一种传播现象，但是从自主传播到自媒体人之间还有很长的路要走，其中"策划+表达"是需要认真去做的两件事情。主要是传播学、语言学、经济学等知识的综合和创新，那么为自媒体人创业提供一些思考和帮助就迫在眉睫了。

而正是因为从电视主持人转行做教师工作，近十年飞速发展的新媒体传播使笔者感叹于传统媒体时代当老师的遗憾，特别是优秀教师。因为他们日复一日、年复一年地备课、上课，课越上越精彩，然而这些精彩的课堂讲授却只能留在学生的脑海里，辛辛苦苦耕耘一辈子的教师只能留下一大堆厚厚的备课笔记、讲稿、教案。从"板书老师"到"PPT老师"，没有亲身传授的声画印迹。随着慕课的兴起，很多老师对课程建设充满激情，它可以使教师实现这一梦想。我想一辈子能留下一门或者几门自己代表心血和经验积累的慕课视频，进而成为互联网教育创客，最终成为"慕课老师"，将会是每位教师接下来该做的事情。

再同样，因为近几年对新媒体传播的摸索，却更惊叹于网络直播的便利和惊人的影响力。摆脱了传播手段和方式等约束因素，直播一下子从电视贵族走到了寻常百姓的手机上，得到了众多手机用户的青睐，一时间众多网络直播平台崛起，也使传播格局发生了变化。互动的普范化直播可以使草根主播迅速成为网红，带来打赏收入，许多年轻人趋之若鹜，乐此不疲。但直播网红是怎样红的？会红多久？直播的便利性和低门槛带来了很多问题，文化部、国家新闻出版广电总局正对其进行严肃整顿，要求网络直播机构和个人必须持证上岗。但这应该是直播走上正轨的开始，逐步规范的网络直播将开启中国文化传播的新征程。因为当口语传播走进大众生活的时候，也就是电视和手机深度融合的开始。时代需要我们去思考，我们可以从三个维度来梳理口语创客的发展方向。

制作维度：关于口语创客的研究，将慕课作为内容制作维度的突破口是本着从易到难的顺序进行的。慕课主讲教师文化素质较高，口语创作内容较规范。慕课是人际传播到大众传播的课程翻转，它的产生、发展、困惑和对策引起广泛关注。虽然慕课的起步时间不长，其内容制作形式和新媒体口语表达模式，以及和自媒体、和直播的融合尚在探索中，但是慕课制作者一定要认识到：每一个网络创新者都应该像武侠剑客一样苦练内功，因为自己已经在进行自媒体传播了。自媒体人除了在微博、博客上的文字创意，靠口语传播显露锋芒的《罗辑思维》、"papi 酱"等网红自媒体已经参与到内容变现的浪潮中。他们和其他网络剑客一样实现了从草根到英雄的转变。口语创客们生活在各行各业，他们的策划需要具备四种思维：数据思维、互联思维、内容思维和平台思维。策划是为了营销，口语创作面对的是创意、整合、移动、电子商务和大数据，创业者必须舍得研究、学习、不怕出错和舍得转型①。逐渐形成的口语创客群大致可以分为定制口语、创意自媒体社群和行业"互联网+"创客，而播音主持技巧和厚重的中国文化将成为其内容创作的依靠。

运营维度：互联网运营技巧也是本书所关注的，因为当"大众创业，万众创新"的东风吹到口语传播领域，它将带来口语参与产业革命的创造，开启口语变现的探索。定制口语属于人际传播，它主要有网络配音和口语视频两种形式。因为虽然声音或视频被定制成功后会在一定平台播出，就属于小团体传播、组织传播，甚至是公众传播，但是在定制声音或视频口语时，创作者必须要满足出资人的要求，因为这种口语创作是由出资人直接购买产品或半成品，所以必须充分考虑出资人的意愿，达到其标准定制口语交流才算完成。而网络人际传播在定制口语中占主要因素，从播出到传播的运营环节步步为营，才会建立成熟的定制关系。

传播维度：直播是研究新媒体传播的最好材料，在新媒体口语传播中，自我传播的作用必不可少。我们探索自我传播与口语传播实践的分类结合，在口语实践操作层面进行思考。传播的等级不同，传播者自我传播的状态是不同的。对传播等级划分主要是依据传播者自我传播的难易逐步展开，若有跨界的传播实践仍然不好明确区分。所以，直播的传播层级不是关注的重点，我们主要侧重口语传播艺术的提升，以更好地服务于新媒体创业者、相关慕课研发和高等院校口语传播艺术专业的发展。

我们对这三个维度的综述是为互联网口语规划、整合创新做一些探索，不可能面面俱到地涉及网络视听业态的全部，撇开了口语平台技术的开发。目前大量的视频演绎秀、真人秀不是我们关注的焦点。透视风起云涌的电竞主持、网络配音、慕课，有声读物等口语传播样态，我们思考在新媒体时代怎样靠说话创业，是基于播音主持理论的互联网口语拓展。本书以慕课、自媒体和直播为主线对口语创客现状和融合发展要求做一些总结，推动创客们从创意到创业，从创业到创造的跨越。在"互联网+"的创新中，"说"将是未来各行各业网络推展的手段之一；目前的自媒体形式也只是起步，相信将来各种自媒体口语形式会不断涌现

---

① 刘兴隆等.互联网+微媒体：移动互联网时代的新媒体营销密码 [M] .北京：中国铁道出版社，2016.

在人们面前；而从传播学角度来看，对人际传播、团体传播、组织传播和公众传播，甚至跨文化传播的研究也刚刚开始，而任何一种口语传播样态都离不开制作、运营和传播的多维互动。

未来十年中国将在跨界和互联中度过，未来社会的完善离不开一批有"匠心"的人，未来的中国将离不开数字人文。在精神文明的红利时代，呈现在人们眼前的将是充满视听景观的艺术世界，人们用声音、舞蹈，用画面表达心情，到处充满着文化自信。伴随着互联网口语传播的进行时，我们对新媒体口语实践进行梳理，结合口语传播学的领域划分，注重自我传播的研究和总结，为互联网创业者和口语传播学的发展做些探索。因为如果不及时对身边的口语现象做些反思，有可能是我们每天看似接受大量信息，到头来其实什么也没留下。

我们知道现在玩直播的人多数不看书，而想投资新媒体的人则需要相关指引，教师做慕课是为应付课题任务，或者试图通过网络使课程商业化，更关注商业运作效果，岂不知，内容才是最大的王道！而自媒体创客标新立异地追求各种创新，却往往忽略了前人的成果。广播电视虽然传播模式不同，但对于内容制作的基本功训练，很多经验是可以拿来运用的，需要自媒体人细细消化。那么从应用层面来思考，写这本书到底给谁看？会带动哪些人的研究兴趣？进而会对口语传播产生什么影响？表面上看起来，自媒体、慕课和直播似乎是"井水不犯河水"的关系，论述的内容、运营和传播三个维度也似乎融合度不够，也不一定对已经找好定位的口语创客们都有指导意义。但是，随着互联网口语的发展，任何一种口语形式都需要其他形态的多点辐射。如果慕课教师都具备自媒体意识，做自媒体的人多学点音视频录制基本功，而所有的口语创客可以共同来思考直播普及下的传播生态，那么口语创客们将会在"玩"中学会创业，开辟出辉煌的发展空间。也就是说，本书所列出来的样态和基本要求对创客来说应该是可以需要借鉴的，而且或多或少会有些帮助。因为互联网时代的任何孤立和闭塞都意味着资源的浪费。当某一创业定位确立后，口语创客需要的是全方位的传播生态，而进一步地深入融合和研发创新是我们肩上的共同责任。

现在涉及互联网口语创业的人主要有：音视频自媒体人、慕课教师、网络直播主播、网络配音员、游戏电竞主持等，以及未来涉及口语传播的各色人等我们都可以称之为"口语创客"。因为我们相信：新的荒原很快会被开垦，披上绿装，创客们将靠智慧和能力创造更加惊人的业绩！

本书相关参考资料和书籍虽有注明，但仍不免有疏漏之处，时间仓促加上本人水平有限难免会有遗憾，请行业专家指正。

杨　忠

2016 年 9 月 15 日 中秋

目　　录

序 ……………………………………………………………………… 001

引　言
　　——从"野蛮生长"到"以口谋生" …………………………… 001

起源篇——口语创客的时代

一、创客们因"玩"而改变世界 ………………………………… 003
二、口语创客的兴起 ……………………………………………… 004
三、口语创客的使命 ……………………………………………… 005

发展篇——口语创业的新空间

第一章　慕课将是创客教育的宠儿 ………………………… 009
第一节　慕课概况 ………………………………………………… 009
第二节　慕课"翻转"首先面临教师口语的"翻转" ………… 012
第三节　慕课的自媒体化意识 …………………………………… 014
第二章　自媒体的认知 ……………………………………… 017
第一节　自媒体的概念 …………………………………………… 017
第二节　内容构成 ………………………………………………… 019
第三节　自媒体的特点 …………………………………………… 021
第四节　表现形式 ………………………………………………… 022
第五节　问题及管控 ……………………………………………… 023
第六节　自媒体运营 ……………………………………………… 025

第三章 自媒体思维的培养 ················· 027

第一节 口碑意识 ················· 027

第二节 不要做这样的自媒体 ················· 030

第三节 关于网络社群 ················· 032

第四章 网络音视频定制 ················· 034

第一节 玩配音秀的乐趣 ················· 035

第二节 网络配音员 ················· 036

第三节 如何从事网络音视频定制 ················· 037

第五章 主持人难当？节目难做？ ················· 040

第一节 《罗辑思维》节目简介 ················· 041

第二节 "papi酱"——新媒体广告标王？ ················· 043

第三节 传统媒体也在变 ················· 045

第六章 关于直播 ················· 047

第一节 网络直播——形式超前内容 ················· 047

第二节 从电视到网络直播的变革 ················· 049

第三节 亟待规范化提升 ················· 051

第四节 网络直播的内容期待 ················· 053

创意篇——口语创客的感性质量意识

第一章 从慕课教师和镜头之间的"温度"说起 ················· 059

第一节 慕课教师的视听素养 ················· 059

第二节 讲稿的口语化过程 ················· 065

第三节 教师的仪态塑造 ················· 069

第四节 慕课的团队管理 ················· 072

第二章 用创客思维做慕课 ················· 074

第一节 创客教育的关键点 ················· 074

第二节　谈一谈创客文化 …………………………………………… 076

第三章　互联网创意解码 ………………………………………… 079

第一节　口语创客们如何洗牌 ……………………………………… 079

第二节　为得"痛点"而转型 ……………………………………… 081

第三节　从"广而告之"到"点对点"营销 ……………………… 082

第四节　内容思维 …………………………………………………… 084

第五节　新媒体传播的革命 ………………………………………… 086

第六节　内容多元化 ………………………………………………… 090

表达篇——口语创客的传播技能

第一章　自我传播艺术 ………………………………………… 095

第一节　口语传播总要求 …………………………………………… 095

第二节　口语视听艺术的框架 ……………………………………… 097

第三节　口语创客的声音形象 ……………………………………… 098

第四节　表达艺术与技巧 …………………………………………… 099

第五节　怎样才能有动于衷"非说不可" ………………………… 100

第二章　创客镜头前的素养 …………………………………… 103

第一节　话筒前创作总体要求 ……………………………………… 103

第二节　口语录制前的准备 ………………………………………… 104

第三章　创客语言表达的技巧 ………………………………… 109

第一节　动之于心 …………………………………………………… 109

第二节　形之于声 …………………………………………………… 121

第三节　及于听众 …………………………………………………… 134

第四章　话筒前的"做而不作" ……………………………… 138

第一节　话筒前的个人心理变化 …………………………………… 138

第二节　话筒前的运动状态 ………………………………………… 139

第三节　良好话筒前状态的养成 …………………………………… 140

第四节　话筒前需要注意的问题 …………………………………………… 141

第五章　直播中的口语艺术 …………………………………………… 143

第一节　直播口语的概念及表达特点 …………………………………… 143

第二节　直播时不正确状态及调整 ……………………………………… 147

第三节　无稿录制的话筒前状态 ………………………………………… 149

第四节　即兴口语训练 …………………………………………………… 151

第六章　口语创客的发声训练 ………………………………………… 161

第一节　口部训练 ………………………………………………………… 161

第二节　气息控制训练 …………………………………………………… 164

第三节　造字训练 ………………………………………………………… 169

第四节　共鸣控制训练 …………………………………………………… 171

第五节　怎样喊嗓练声 …………………………………………………… 174

第七章　口语创作的语感 ……………………………………………… 178

第一节　讲稿诵读与语感培养 …………………………………………… 178

第二节　口语传播艺术中的情绪调动 …………………………………… 184

第三节　口语传播中情、声、气的关系 ………………………………… 185

第四节　为"说服"的口语策划 ………………………………………… 188

第五节　访谈式口语的录制 ……………………………………………… 191

第八章　在口语传播中的普通话使用常识 …………………………… 194

第一节　什么是吐字归音练习 …………………………………………… 198

第二节　口语传播中的语音概述 ………………………………………… 201

第三节　怎样才能做到发音吐字清晰 …………………………………… 209

第四节　口语创客嗓子的保护方法 ……………………………………… 212

第九章　关于传播场的建立 …………………………………………… 215

第一节　镜头前化妆基本常识 …………………………………………… 215

第二节　口语创客的镜头感 ……………………………………………… 217

第三节　"话语场"的构建 ……………………………………………… 219

拓展篇——口语能力的融通

第一章　出镜口才 …………………………………………………… 223

第二章　创客口语与播音主持 ……………………………………… 230

第三章　创客口语与朗诵 …………………………………………… 233

第四章　创客口语与演讲 …………………………………………… 234

第五章　熟悉口语录制过程 ………………………………………… 237

附　录

　　关于口语创业学院建设——以合肥区域为例 ………………… 239

参考文献 ……………………………………………………………… 266

编后话 ………………………………………………………………… 267

起源篇

——口语创客的时代

　　当一种旧的格局被打破，技术的革命会推动着创客的不断涌现。就从口语传播而言，播音员主持人的话语控制权正逐渐从广播电视走向互联网，而这个过程正是口语创客兴起的过程。

一、创客们因"玩"而改变世界

创客①这个词译自英文单词"Maker"，是指出于兴趣与爱好，努力把各种创意转变为现实的人。它源于美国麻省理工学院微观装配实验室的课题，是以创新为理念，以客户为中心，以个人设计、个人制造为核心内容，参与实验课题的人即"创客"。创客以用户创新为核心动力，他们作为热衷于创意、设计、制造的个人群体，最有思想、活力、热情和能力，在"互联网+"时代为自己同时也为全社会创造一种更美好的生活。

口语创客最重要的标志是运用口语创造和实现价值，这是一群在互联网环境下进行口语传播的人，其中少数人已经是靠口语创业的人。他们利用音频、视频传播坚守文化，持续创新，乐于分享并且追求美好生活。自媒体时代的每个人都可以传播，都同时是信息的发送者和接受者，而口语创客是玩创新的一群人。基于从个人语音到个人视频，再到创客群体的社会发展脉络，试图构建以用户为中心的应用和融合，建立从创意、设计到创造用户的创新环境。"创"的含义是：开始做，创造，首创，开创，创立。它体现了一种积极向上的生活态度，同时有一种通过行动和实践去发现问题的需求，并努力从中找到解决方案的含义。"客"则有客观、客人、做客的意思。客观，体现的是一种理性思维。客人、做客则体现了人与人之间的一种良性互动关系，有一种开放与包容的精神在里面，而开放与包容体现在行动上就是乐于分享。②

截至 2015 年第一季度末，微信每月活跃用户已经达到 5.49 亿，用户覆盖 2 000 多个国家、超过 20 种语言，各品牌的微信公众账号超过 800 万，移动应用对接数量超过85 000个，25% 的微信用户每天打开微信超过 30 次，以微信等自媒体为代表的新媒体环境正深刻地改变着社会结构和社会习惯，影响着人们的行为方式和思维路径，也使得媒介自身发生着深刻的变化。③

"玩"是一种状态：自由、放松、惬意。

"玩"是一种实践：不仅动脑，还要动手。

"玩"是一种分享：与受众一起玩，才更有趣，更有意义。

"玩"是一种境界：当越来越多的创客加入这个行列时，世界将因"玩"而改变。

---

① 《咬文嚼字》编辑部 2015 年十大流行语，中国社会科学网．http：//www. cssn. cn/yyx/yyx_ tpxw/201512/t20151216_ 2783970. shtml.

② 创客，百度百科．http：//baike. baidu. com/link？url = yDJ5X7F2NN8HvEuOnob3VInog3wZDzyIHCHk8Vq0V_ i5r1ZTLciOXcFAY22qo4lRMzOcl5mY-RzvNZK7mQlpAuea-3rxTd7GyBt9yYlvp3m.

③ 高贵武．新媒体环境下的主持传播格局演变［J］．国际新闻界，2016（3）：6-19.

随着大众传播的普及，每个人都具备成为口语创客的可能。然而平台和技术的迅速发展却向文化传播提出挑战，任何吸引眼球的创意都可以在网络上发布和传播。商业目的、自我实现甚至畸形心理会影响到社会文化，国家有关部门的管制底线是查封"黄赌毒"，而对低俗文化传播的抵制和对优秀文化的弘扬最终要依靠创客们对传播权利的博弈。创新不能仅仅依靠技巧，而是心智的流淌。心里装着热爱，才能进行文化创新。口语创客包括了资深传媒人、艺术家、教师、网络主持等诸多领域的优秀代表。我们的着眼点聚焦在通过口语表达实现艺术传播与信息传播合一的创造性劳动，因为媒体话语方式的变革将变成一种传播软实力。

二、口语创客的兴起

网络技术的发展除了娱乐功能之外，还将不断推动创客的产生。2016 年初，"papi 酱"通过她的口语视频在短短几个月时间云集近千万粉丝，虽然因"爆粗口"被国家新闻出版广电总局勒令整改，但经过一系列事件发酵，创下了所谓新媒体传播史上的"广告标王"。同样在 2016 年初，风起云涌的各类手机直播软件让每一个有手机的人在任何时间、任何地点都可以进行直播，直播经济似乎成了下一轮商家博弈的新战场。而 2012 年则被称为"慕课元年"。从孔子开创了中国的平民教育模式，千百年来教育一直是普惠大众和开蒙启智的手段，而在新媒体时代慕课将成为教育的一种革命。慕课在新媒体时代兴起的原因有两个：第一，创新不仅仅是实体经济的事，它同每一个人的生活息息相关，而创客教育将对人类社会产生更加深远的影响；第二，生源竞争已经成为各类各级高校的焦点，国家在各种"重点院校"中投入大量的教育资源，使得教育资源的优劣对比越来越明显。而创新是国家的未来，为了给当今教育体制一点借鉴，多构建一些教育的创客空间，为那些渴求优质资源的人们提供开放式的学习环境，时代让每一位慕课教师都成了口语创客。

每个人心中都有自己的英雄，但是创客更大意义上来讲是一种追求，判断一种行为是否符合创客精神要看它的境界。互联网创客就像江湖剑客，靠智慧和口才脱颖而出必须拥有自己的利器，要找到剑客手中的利剑，然后凭借高超的剑术，往往一招制敌。但剑客如果没有强有力的行动，那一切只是虚幻泡影。《罗辑思维》是目前影响力较大的互联网知识社群，从 2012 年底创办知识型视频脱口秀，几年来，它已由一款互联网自媒体视频产品，逐渐延伸成长为全新的互联网社群品牌，其线上和线下活动层出不穷；2015 年 10 月完成 B 轮融资，估值 13.2 亿人民币；其传播体系包括微信公众订阅号、知识类脱口秀视频及音频、会员体系、微商城、百度贴吧、线下读书会等具体互动形式，打造互联网知识型社群。《罗辑思维》倡导独立、理性的思考，推崇互联网思维，凝聚爱智求真，倡导自由阳光，创新发展，影响了一批人格健全的年轻人，是国内自媒体运营的典范。

三、口语创客的使命

口语创客是一群喜欢或者享受创新的口语达人，追求自身创意的实现。有些已经实现了商业价值，而现在多数还顶多算是玩家，不能称其为创客，因为大多数还没有达到以盈利为主要目的的层面。创客空间就是为这一类人群提供实现创意和交流创意思路及作品的线下和线上相结合、创新和交友相结合的社区平台。

对于口语创客而言，个人通讯—个人传播秀—个人创造的网络平台链已经为他们构建了以用户为中心，面向应用的从创意、设计到制造融合，面向传播的从调试、分析到管理的各个环节创新。口语创造将不只发生在资深媒体人中间，而是有机会在任何地方由任何人完成口语传播。网络的发展广泛带动了个人设计、个人创意浪潮，创客空间应运而生。[1] 国内创客空间属于初创阶段，除了少数先行者外，多数口语创客们还没有形成有显著特色的、可持续发展的模式。除了个别空间属于综合性平台之外，今后创客空间的专业化趋势在所难免。创客空间本身的商业模式和运行模式也是值得探讨和摸索的。

随着信息技术的发展和知识视听的普及，以传统传播手段为导向、电台电视台为主体、专业传播人士为载体的口语传播模式正在转向以用户为中心、以社会实践为舞台、以共同创新和开放互融为特点的"互联网+"模式。创客们试图构建以用户参与为中心的，面向应用融合，从创意、设计到制造等各个环节的创新制造环境。

创新正逐渐消融行业边界，用户可以成为创新的动力、创新的主体。不管是电台电视台的主持人全媒体转型，还是草根族利用新媒体从事各种行业的"互联网+"创业，从发展趋势看，互联网必将成为创新活动开展和交流的场所，也是口语创客聚集的场所，必将成为创意产生和实现以及交易的乐园，成为创业集散地。

口语创客们以好玩为主要目的，而爱好和创业吻合将会带来人生的巨大幸福感。因为他们可以工作着，快乐着。当创意及其作品有成为商业模式的可能时，创业就是一件顺理成章的事情。一旦有创业的想法，就要去思考商业模式，搭建创业团队。所以，凡是有创新想法的人，就要有心做创客，从创意到完成创意实

---

① 创客，百度百科 . http：//baike. baidu. com/link？ url＝yDJ5X7F2NN8HvEuOnob3VInog3wZDzyIHC Hk8Vq0V_ i5r1ZTLciOXcFAY22qo4lRMzOcl5mY-RzvNZK7mQlpAuea-3rxTd7GyBt9yYlvp3m.

现质的飞跃，进而从创意产品到形成商业模式的二次飞跃。每一个飞跃都不容易，也都有可能会失败。另一方面，创业中作为创客的纯粹乐趣也许会减少，有创业想法的创客们要做好心理准备。但这一定是痛并快乐着的过程，是人生境界的一种升华。主要口语形式有：

（1）简易录制。起步阶段的口语传播手段可以通过微信、QQ 语音、手机视频。

（2）品质化录制。口语产品、配音、视频主持、慕课。

（3）混合运用。定制口语、微博微信特推等从人际、团体、组织、公众传播的叠加运用。

让创新成果在众人中共享和扩散，新的环境使得中国在世界范围内脱颖而出有了更大可能。浓郁东方特色的口语艺术创新实践，将为中国创客展开无限可能的未来。借助互联网，创客们通过自设计和自制造口语作品，成为新媒体中的博弈者。可以预见：在开放创新精神的指引下，创客们借助彼此的肩膀，登上华山之巅，创客的收入将超过明星和巨贾等高收入人群。在"互联网+"时代，人类社会文明、商业文明，当然还有创客自身正在发生巨变。他们将逐渐肩负起传播社会公德和推动经济发展的双重使命，他们正在缔造一个新的时代。

互联网创客的未来使命将是引导大众养成健康的网络生活习惯，让网络成为身体的有益"器官"，而不发生癌变。除了创造产业价值，在未来的文化传播中，口语创客们将任重道远。

发展篇
——口语创业的新空间

在人人都可以发出自己声音的时代，附着在互联网上的口语传播将迎来更多新的发展空间，教育、文化、传播等将呈现繁华创客时代。

第一章
慕课将是创客教育的宠儿

第一节　慕课概况

"大众创业，万众创新"，教育是基础，是起源。慕课（Massive Open Online Courses，简称 MOOC）。作为大规模在线开放课程，是把广大教师推上互联网的一种教育变革。从事慕课教学的老师一定要以口语创客的身份来给自己定位，在创客教育范畴当中，慕课是未来以行政推动或教育产业等方式稳步推进的口语传播形式。目前，它的发展经历了数字"海啸"式恐慌、行政手段的推动、运行中的尴尬等过程，但是可以断言：互联网时代的慕课将以一种不可或缺的教育资源存在，并不断发展。创客教育将推进各级慕课平台建设，而兼容商业化的慕课合作模式也将日益成熟，它将成为口语创客中最稳健的一支力量。

一、慕课的发展①

1962 年，美国发明家道格拉斯·恩格尔巴特向史丹福研究中心提出一个研究"扩大人类智力之概念纲领"，并强调使用电脑辅助学习的可能性。2000 年之后逐渐发展免费线上教学课程，2007 年 8 月大卫·怀利尝试早期的大型开放式网络课程原型，课程随着网络开放，本来只有 5 个研究生选修变成有 50 个来自 8 个国家的学生选修。2011 年有超过 160000 人通过赛巴斯汀·索恩新成立的知识

---

① 有关数字和资料来自百度百科 http：//wenku. baidu. com/link？url = Y8BHLigqpjpg3DftEKNtTOr ZwnQibITq3－RtsoXQXBVRLMFXatOhyb7EF2jYYxJNUcvF79c4yi1qrtkXyU1Za_ BgALziKctf－xyQhzc0LWq.

实验室参与索恩和彼得·诺威格所开设的人工智能课程。

2012 年被称为"慕课元年"，美国的顶尖大学陆续设立网络学习平台，在网上提供免费课程，Coursera、Udacity、edX 三大课程提供商的兴起，给更多学生提供了系统学习的可能。

2013 年 2 月，新加坡国立大学与美国公司 Coursera 合作，加入大型开放式网络课程平台。新加坡国立大学是第一所与 Coursera 达成合作协议的新加坡大学，2014 年它会先通过该公司平台推出量子物理学和古典音乐创作的课程。

（一）慕课的特征

（1）能自由取得资源，不需有学校的学籍也可以免费使用大型开放式网络课程。

（2）没有学生人数限制，许多传统课程师生比都很小，而慕课课程在设计时就考虑了大众传播的运行因素，课程没有人数限制。

（3）早期大型开放式网络课程有一些其他特征，开放授权、开放架构和学习目标、社群导向，等等。

教学设计原则：

（1）集结：连结主义式的慕课让大量资料精华集结成短视频，碎片式传播以方便让学习者读取。

（2）混编：连结课程内的教材或其他内容。

（3）重新制定目标：重新编排教学内容以配合不同学习者的目标。

（4）回馈：与其他学习者或全世界分享依不同学习目标编排的教学内容和想法。

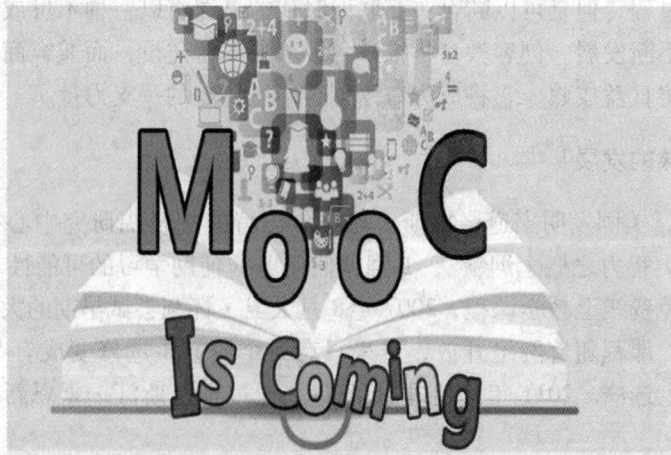

（图片来自安徽省网络课程中心）

（二）全球三大课程平台

由美国哈佛大学和麻省理工学院（MIT）成立的 edX 所提供的免费开放课程，已经吸引了大约 6000 名我国内地学生。2013 年 2 月，edX 表示，它已经将新增的 6 所国际大学，包括澳大利亚国立大学、荷兰代尔夫特理工大学等加入了其组织的 X 大学联盟。

Udacity 由大卫·史蒂芬斯（David Stavens）和另外两个创业伙伴塞巴斯蒂安·史朗（Sebastian Thrun）、迈克尔·索科尔斯基（Michael Sokolsky）在 2012 年共同创办。而在这之前，早在 2011 年秋天，就已经有 16 万创客注册了史朗博士的"人工智能入门"网络课程。

Cousera 由加州斯坦福大学的计算机科学创客 Ng 和 DaphneKoller 创立于 2012 年 4 月。Coursera 提供的课程来自 33 所著名大学，包括普林斯顿大学、布朗大学、哥伦比亚大学、杜克大学、香港大学等。香港中文大学已在 2013 年 1 月加入 Coursera 平台，并承诺从 9 月开始向该平台提供至少五门课程。Coursera 在世界各地与 62 所大学建立了合作关系，不断扩展课程科目，增加不同语言的课程设置，这些语言包括中文、西班牙语、法语和意大利语。

（三）中国的慕课

2014 年 5 月 8 日，教育部"爱课程"网中国大学 MOOC 平台正式开通，全国高校可通过此平台进行慕课课程建设和应用。中国大学 MOOC 是由网易云课堂承接教育部国家精品开放课程任务，与爱课程网合作推出的在线学习网站。中国大学 MOOC 提供中国"985 高校"的免费课程，首批加入的高校有北京大学、浙江大学、复旦大学、中国科学技术大学、哈尔滨工业大学等二十多所高校。针对中国大学较为封闭的教学模式和学籍管理模式，正逐步引入大型开放式网络课程教学模式，全国各地出现了大量学习平台。

（图片来自安徽省网络课程中心）

慕课的发展对于中国大学教育现状的改革，以及高考升学选拔制度的优化，逐步实行大学教育的普及，都有着一定的现实意义。从 2011 年开始，中国各大精英学校的网络课程开始"海啸"式地发展。从 2012 年到 2013 年 3 月，网易公开课开放的科目的数量增加了一倍，多达 12000 门。一天大约有 460 万用户，其中约有100万学生通过电脑和智能手机访问这些课程。各地方高校的慕课建设也风起云涌，一些有着网络教育基础的教师成为先行者。安徽工商职业学院的谷小城老师拥有较丰富的网络培训经验，他自己制作的"表格之道"课程深受网络学习者欢迎，"谷哥小城"的网名已拥有10多万粉丝。近年来，网易云课堂、百度传课、腾讯课堂商业平台发展迅速，地方各级教育机构的慕课建设也如雨后春笋般涌现。一个现实的问题浮出水面：除了教师的专业能力，拥有大众传播的口语技能成为慕课教师亟待解决的问题。

二、慕课与创客

只要能上网，所有人都能注册课程，教师不与学生进行单独交流。大规模公开网络课程的呈现与互动方式是针对大规模人群设计的，这样从传播学角度来看：每一个慕课教师都变成了口语创客，教师应该用传播学的理念来设计课程，完成录制并由此掌握一项技能。慕课实际上担负着人际传播、小团体传播和组织传播的多重任务。注册同一课程的学生可以通过加入当地的学习小组或者在线论坛上讨论等方式，来互相促进、学习。课程的成绩也可以通过学生互评等方式产生的。随着手机直播和自媒体的普及，有些慕课课程已经建立了直播互动和视频教学交融的多渠道方式。

慕课可以将世界上最优质的教育资源，传送到地球最偏远的角落，让人们能够有更好的学习途径，提升智能，扩展人脉。那么问题随之而来，首先，一个课程是否能够照顾到如此之多的学生。其次是评分机制，一些非科技类的人文、艺术等学科的评分机制很难面面俱到。所以，慕课的制作者要了解碎片传播的核心要素，逐步摸索出学院教育和慕课教育双轨运行的架构模式。

第二节 慕课"翻转"首先面临教师口语的"翻转"

新媒体使每个人都成为信息的发布者，慕课翻转课堂使教与学之间的界限日渐交融。在未来，除了文字信息，各类网络视频课程的发布和制作将逐渐普及，了解和掌握媒介语言的转换成为教师的一项基本技能，像如今人们开车和使用电脑一样。如果说，在课堂教学中的人际传播可以使用一些小众化的，甚至通俗化的方式被学生认可和接收，那么在网络教学中的教师实际上已成为一名教育创客，他们必须懂得一些大众传播的技巧和能力。从数量上看，普通课堂教学的学生是几十到上百不等，而慕课口语接受的学生可能成千上万；从平台来看，普通课堂是人际传播，师生面对面，沟通方便，而慕课是口语音视频通过媒介传播；

从手段上看，普通课堂教育者的可用手段仅为语言、多媒体和实物道具，而互联网慕课口语则可以使用大量口语视听呈现手段，课程的画面和声音开发空间巨大，传授时间更宽泛。

另一方面，随着研究的深入却发现了一大堆新问题：课程策划与实际录制吻合度、教师本人在镜头前的适应度、视听短片中重难点的呈现度、学校对课程管理和评价度，等等。从课堂到口语，教师从讲台转向了镜头，实际上是由舞台剧转变成了电视剧。对教师而言，将教案和讲稿准备上讲台的二度创作已经不在话下了，到镜头前就变成一种新的二度创作。这种创作经过策划、讲课、拍摄、制作等环节而形成的产品将长期保存，可以反复使用。所以，走上互联网的口语创客们应当认真学习镜头前的表达技巧。这是一项新的教学技能，而且是时代所需要的。

从孔子开办言语科开始，我国历来重视教师口语训练，很多师范院校都开设《教师口语》课程。有的国家将教师的语言课程分为："课堂语言技术""谈话、训话的艺术""与家长的谈话"等专题，那么，创客教育将为教师新增一门训练专题——"网络课程语言表达艺术"。

（一）慕课的分类

1. 按媒介分类

作为在线课程，它是互联网的产物，网络、手机等新媒体均可作为其传播载体。

2. 按创作形式分类

包括教师视频出图像、画面配音、flash 动画和角色扮演等。

3. 按专业性质分类

按课程类型可分为理论课和实践课；按专业属性可分为文科和理工科课程。

（二）慕课的建设

1. 宏观方面

课程策划、讲稿准备、团队整体分配协调、课程使用情况及评价。

2. 微观方面

教师出像、镜头前角色转换、拍摄、口语配音、画面制作。

（三）慕课口语的特性

（1）慕课是未来知识传播的发展方向；

（2）慕课是一种信息整理、加工的艺术；

（3）慕课是一个二次创作的过程。

（四）慕课教师的角色

（1）信息传播者；

（2）信息整合者；

（3）知识加工生产者和把关者；

（4）上线课程和受众之间的桥梁与纽带；

（5）学校和课程的形象代言人。

慕课教师已经从教室走上了公众媒体，由小众传播走向了大众传播，所以，未来的慕课教师都扮演着媒体创客的多重角色。随着传播技能的提高和普及，每位慕课教师都有可能成为"教育明星"，慕课正期待着越来越多的教师成为口语创客。

第三节　慕课的自媒体化意识

准备做慕课的老师一般是有一定课程建设基础的，其课程的资料大多已经数字化，比如有全套教学 PPT，或者有一些教学录像。面对慕课来袭，老师们经常问的问题是："我的课程适合做成慕课吗？""如果要将我的课程做成慕课，我需要做哪些事情？""开设一门慕课是不是很花时间和精力？"从自媒体传播的角度来思考和策划才是慕课制作的根本立足点，教师从讲台走上屏幕的过程实际上就是他们内心对自媒体的适应过程，大规模传播已经使每一个在屏幕上讲课的老师变成了媒体人。下面就来看看作为一位教育创客开设和运行慕课需要完成的创作。[①]

很多老师才开始做慕课没有任何经验，下面我们就一门慕课的制作过程当中可能会遇到的一些问题，老师根据现有的能力如何借助周围环境获得帮助，进而加以借鉴，谈一些建议。

首先，刚接触慕课的老师应该参加一些慕课建设培训，从中了解慕课研发、制作和运行的流程、已经开设慕课老师的体会、教师视频录制的步骤、教学内容和测验题型的呈现形式、知识产权方面的建议，等等。

一般来说，如果是学校组织开设慕课，学校会事先选择课程上线的平台，并组织相关培训，往往会介绍学校所选的慕课平台能提供的在线学习功能、提供上机出像和操练的机会。进而挑选课程，设立慕课改造的标准，确定分批上线的计划表。

经过慕课培训，老师可以提出自己的设想。在得到审核认可后，就可以开始组建慕课建设团队。慕课建设要求教师从以往的单兵作战模式向合作共建模式转

---

① 慕课教师开课流程，百度文库 . http：//wenku. baidu. com/link？url＝2MBIbOJHfGr9jM3HKmors Wg-GzDgWFw7605rgpYyQEOTRrjO2oVUCRPVpNmgTq4w3Kii7KymJCXDAkO5p5XKQRl0uq7J5ZuF−K2Ph0−rRY57.

变，慕课的制作涉及多种角色的参与，包括内容制作人员、测验编制人员、教学支持助教等等。内容制作人员分工大致为策划、拍摄、制作、画面包装，要求较高的团队中可以有化妆、灯光、录音等专业人员。在团队建立之后，教师就要以创客的身份进行课程规划了。在这个阶段，教师需要结合自己对在线教学理论的理解，以及对建课平台所能够提供的工具功能的认识，为课程框架做一个大致的规划与整理。综合考虑教学目标、教学活动和学习考核，以确定教什么、教多少、怎么教、怎么练、怎么考。除此之外，课程的收视状态、课程设计的创意性、文稿的口语化处理和录制时教师的画面转换等问题成为课程呈现的另一道关口，必须从传播学角度认真分析和策划。

在策划阶段，课程团队开始课程设计。在这个阶段，教师需要做第一步的策划：这门慕课打算采用什么样的风格制作，是"百家讲坛"方式，还是"新闻联播"方式，抑或是"动画片"方式，甚至是"真人秀"方式？课程有多少资源需要制作？希望学生与课程内容怎样互动、与同学老师怎样交流？讲课的视频可以在哪里录制，教室、演播厅、户外还是直接录屏？也许，有教师还会提出这样的设想：能否做一些创新教学活动，完成面授教学做不到的事情？然后，根据课程规划制订慕课建设的项目执行计划，确定项目要分几个阶段进行，每个阶段的里程碑是什么，重要的时间点，可用的人力、出现问题时的应急程序和后备方案。

当老师确定了课程的教学风格、教学策略、制作路径之后，对于课程的全面设想就已经完成，教学团队就可以开始制作课程宣传材料了，以便在学校选定的慕课平台上广而告知，并接收学生报名。课程宣传材料包括对于课程内容的描述，用于宣传和摆放在课程页面的标志性图符，还有用于宣传的文字稿和宣传片等等。虽然，慕课是全面开放的，但课程的内容还是有对应的学习群体，教育创客们需要考虑哪些人是我们在宣传过程中要特别关注的对象，这样才能选择更好的宣传形式和方式。

开始制作课程时一般不建议从第一讲开始，而是建议教师选择课程中最有代表性的内容来制作课程样例，并进行课程开发实施路径测试，以测试课件制作的工作量和用时、团队协作方式、课程形式的表现效果等，以便及早发现问题，及时调整建设路线。当多次修改课程样例达到了要求后，就可以样例课程为模板，基于已有经验来制作整个课程了。在课程全面建设阶段，教师要重点查看课程是否关注了慕课学生的学习体验规律，比如有哪些周、哪些时间段需要给予学生特别的关心和支持。

课程全部制作完毕后，在正式发布之前，老师还应该组织进行整体的测试和调试，除了内容的科学性和趣味性，制作的质量有没有问题？是否达到了较高的水准？为了防止测试不完备，建议老师可以先在校内学生中以小众化的 SPOC（Small Private Online Course 小规模限制性在线课程）教学运行一遍，以测试教学效果、发现其中存在的问题。当课程通过测试和调试阶段后，就可以请技术人员将课程上传到最终的授课平台上，完成课程的正式发布。

正式发布的课程进入运行阶段，在设定的开课期间就可以开始上课了。在课程运行期间，教师需要时刻保持关注，对学生的反应做出及时调整和反馈，比如发布课程公告、提供答疑视频、开展激发或保持学生学习兴趣的活动等。还要利用多渠道的网络传播建立互动，比如微信群、微信公众号、QQ 群和利用门户网站上传宣传视频等等。

当课程到达尾声时，教师需要选择怎样的课程关闭方式？是让选修的学生继续看到课程内容，不断地来温习呢？还是直接关闭课程，想学的学生下次再来？也有一些课程会选择可以持续注册，让感兴趣的人在非课程开设时间也能看到课程内容。

课程结束后，学员最关注的就是课程证书了，教师在确认证书阶段可以考虑，不仅仅是简单地签署电子证书，还可以举行一些特别的在线仪式来庆祝结业，比如，表彰优秀学员，建立达标学员形象墙，为学生推荐一些其他的课程，等等。

当课程结束后，并不意味着该课程就此隐退，教师也随之深藏功名，教师仍然可以和课程建设机构保持联系，决定是否再次开设以及何时再次开设该课程。一些教师在课程结束后，还会与研究人员一起对课程数据进行较为深入地分析，以确定完善课程的方向，有关机构可以对慕课教师的教学质量进行评价。

当老师经历了建设和运行慕课的全部过程后，他对于慕课建课和上课历程能有一个初步的、整体的印象。很好的慕课表达应该能够达到：

（1）能有效地提高教育教学的效率和质量；

（2）能有效地激发学生的思维力和创造力；

（3）能给学生学习语言提供示范；

（4）能使师生关系更加和谐；

（5）慕课制作收视的艺术效果；

（6）慕课传播的影响力反馈；

（7）慕课的进一步包装和节目化处理。

每位慕课教师在不知不觉中已经充当了自媒体人的角色，但是很多教师对自媒体还缺乏认知，必须跳出讲台前的人际传播思维，从大众传播学角度审视自己的慕课。

第二章
自媒体的认知[①]

第一节　自媒体的概念

自媒体（We Media），又称"公民媒体"或"个人媒体"，是指私人化、平民化、普泛化、自主化的传播者，以现代化、电子化的手段，向不特定的大多数人或者特定的单个人传递规范性及非规范性信息的新媒体总称。

微博、博客、百度官方贴吧、论坛/BBS 等是以文字为主体的自媒体平台，而涉及口语传播的自媒体平台包括：微信、二维码音视频、有声读物、慕课平台、网络电台、视频网、网络直播、微信公共号等网络社区。

美国新闻学会媒体中心给"自媒体"下了十分严谨的定义："自媒体是普通大众经由数字科技强化与全球知识体系相连之后，一种开始理解普通大众如何提供与分享他们自身的事实、新闻的途径"。简言之，自媒体即公民用以发布自己亲眼所见、亲耳所闻事件的载体，如博客、微博、微信、论坛/BBS 等网络社区。自媒体的起源可以追溯到 20 世纪末，当时的个人主页、BBS 个人专辑都可以称之为自媒体，然后就是博客、微博等。而狭义的自媒体则是可以微信公众号为标志，再加上之后的百度百家、搜狐、网易、腾讯等自媒体写作平台。随着制作手段进步，在这些自媒体当中，口语类自媒体创作不断增加。有声读物、慕课、微信视听链接、门户网站视频节目等正表现出巨大活力。

---

① 本章概念、数据来自"自媒体"，百度百科. http：//baike. baidu. com/link？url＝2NAiiJoDrkt55EQ
_ 5Cp1 L1 V5lN9 V3Z9 ao5 rYRYvttiawfQPmeU08 EyohcijXLCM40lOdFt－QGlhy0aHLm5NPC.

而视频门户网站是指汇集综合性资源，通过传播视频并提供有关信息服务的应用型网站。由于市场竞争激烈，门户网站快速地扩展了新业务，其中视频和原创视频的服务业务发展很便捷，他们大量吸收自媒体视频，来吸引并留住互联网用户。目前我国的视频门户网站包罗万象，有一些影响专业性的网站，如优酷、土豆、乐视、爱奇艺等等。[①] 在自媒体时代，各种不同的声音来自四面八方正包融着"主流媒体"的声音，人们也不单单接受一个统一的声音，每一个人都在从独立获得资讯中，对事物做出判断，寻找新的情感上的突破。

自媒体有别于由专业媒体机构发布的信息传播，它是由普通大众自主的信息传播活动，由传统的"点到面"传播，转化为"点到点"的一种网络式传播。它也包括为个体提供信息生产、积累、共享，私密性和公开性并存内容的传播方式。自媒体之所以爆发出如此大的能量并对传统媒体构成巨大威慑力，从根本上说取决于其传播主体的多样化、平民化和普泛化。

一、多样化

自媒体的传播主体来自各行各业。单个行业的知晓能力可以说是覆盖面更广。在一定程度上，他们对于新闻事件的综合把握可以更具体、更清楚、更契合实际。现在位于信息渠道"尾部"，但他们的专业水准并不比位于"头部"的传统媒体从业人员差，甚至还更有优势。

二、平民化

自媒体的传播主体来自社会底层，自媒体的传播者因此被定义为"草根阶层"。这些业余的传播爱好者相对于传统媒体的从业人员来说体现出更强烈的客观意识和创新性，他们对事件的传播往往更客观、直接，他们的参与带有微观的自我立场，却少有宏观的舆论驾驭度。

三、普泛化

自媒体最重要的作用是：草根阶层和普通民众拥有话语权，媒体使之张扬自我、助力个性成长，铸就个体价值。这种普泛化的特点使"自我声音"的表达愈来愈成为一种趋势。然而伴随着自媒体主体普泛化程度的日益提高，自媒体的力量愈来愈积聚成长。

---

① 视频网站，百度百科. http://baike.baidu.com/view/1557113.htm.

第二节 内容构成

一、自媒体作品的五个元素

多数野蛮生长的自媒体创客们迫切需要营养慰藉，口语创客上传每一件作品都离不开以下五个要素。一是创意构思，可以针对某一话题、某一议题、某一事物、某一现象，找到一种可信的、具有说服力的呈现过程。口语创造的关键在于思考过程。二是谋篇，就是如何将搜集到的数据和一些基本素材有机整理，然后加工形成一个系统的音视频作品。三是风格，就是作品以视频或音频呈现出来的基本风格，可以是幽默型的，或是严肃性的，郑重宣告的，等等。四是语言的流畅度，就是如何能够把稿子或者准备的文字语言，能够用流畅的口语表现出来。五是表达的技巧，指创客在表达过程当中的声音色彩、声音状况、表达技巧，包括副语言的运用等。

二、创客口语的五个特征

第一，任何一个自媒体创客推出作品首先必须有计划性，就是有计划地运用口语形式，有计划地选择内容，有计划地确定对象和用户定位。然后再探索怎么把作品完成好。第二，要适应听者。因为上传之后好不好看，有没有受众，完全取决于作者的创意，所以必须从受众的角度来思考和策划自己的音频、视频制作。第三，相对于其他传播形式，自媒体更直接地揭示个人的动机，达成个人的某些承诺目标、欲求、目的，但这些作品必须反映出人类共性的东西才能引起共鸣。第四，要适应情境，口语创客的作品都会引发人们产生对观点的响应。这种响应是在私人环境下，口语传播在电脑前或者手机前完成，那么要在这种情境实现传播目的，对受众设想的越具体越好。第五，努力追求说服的效果，努力让受众接受自己的观点。通过某种思想的碰撞，或者某种象征性的比喻，引起群众的反映；还可以组织一系列信息来进行大规模的轰炸；还要学会使用美学润滑，通过美的事物，或者象征性的表达，让受众接受。现在有人说在互联网上混是靠脸吃饭，颜值起了很重要的作用。诚然颜值可以博得一时的新潮，但仅靠颜值是走不远的。一个自媒体的职业规划应该着眼未来十年、二十年、甚至终身，作为一个自媒体创客的终极归宿是内容为王。①

---

① 秦琍琍，李佩雯，蔡鸿滨. 口语传播［M］. 上海：复旦大学出版社，2011：26-27.

三、传播空间

口语自媒体的内容构成也很宽泛，没有既定的核心，想表达什么都可以创意，只要觉得有价值的东西就分享出来，甚至不需要考虑受众的感受，有时还会分享一些出格的观点，优秀自媒体作品是创作者的智慧呈现，它们给受众们留下的印象是自媒体的个性。文字作品一般都会控制在1000字左右，让受众可以在10分钟内流畅阅读完，视频、图文配音、配乐，甚至出个人图像的自媒体就更受欢迎了，时长一般在5分钟左右。聚焦视频、音频传播的自媒体将会开辟不一样的发展空间，自媒体的口语传播形式主要表现为：

（1）口语自媒体人；

（2）微信、微博音视频特推；

（3）二维码音视频、有声读物；

（4）网络音视频定制；

（5）网络电台；

（6）视频主持；

（7）微信公共号语音。

当然随着互联网技术飞速发展，相信会有更便捷的形式出现。自媒体使网民从"旁观者"转变成为"当事人"，每个平民都可以拥有一份自己的网络报纸——博客，拥有一个自己的网络广播或电视——播客。"媒体"一夜之间"飞入寻常百姓家"，变成了个人化的传播载体。人们自主地在自己的"媒体"上"想写就写"、"想说就说"，每个"草根"都可以利用互联网来表达自己想要表达的观点，传递自己生活的点点滴滴，构建自己的社交网络。

对电视、报纸等传统媒体而言，做节目是一件复杂的事情，需要花费大量的人力和财力去运营。同时，一个媒介的成立，需要经过国家有关部门的层层核实和检验，测评很严格，对民资介入管理的门槛极高。而在互联网文化高度发展的时代，我们坐在家中就可以看到世界上各个地方的美丽风景、就可以欣赏最新的流行视听、就可以品味各大名家的激扬文字……互联网似乎让"一切皆有可能"，普通人成立一个属于自己的"口语媒体"的门槛已经很低了。

在搜狐、优酷等所有接受自媒体视频的网站上，用户只需要通过简单的注册申请，根据他们提供的网络空间和可选模版，就可以利用版面管理工具，在网络上发布文字、音乐、图片、视频等信息，创建属于自己的"媒体"。其操作简单、进入门槛低，令自媒体大受欢迎，发展迅速。

自媒体没有空间和时间的限制，任何时间、任何地点，我们每一个人都可以经营一个自己的"媒体"。作品从制作到传播，其迅速、高效是传统的电视、报纸媒介所无法企及的。自媒体能够迅速地将信息传播到受众中，受众也可以迅速地对信息传播的效果进行反馈。自媒体与受众的距离为零，其强大的交互性是任何传统媒介望尘莫及的。2016 年 5 月 24 日早晨，在合肥的朋友圈中有人预告：上午有学生家长到省教育厅门口针对高考呼吁"教育公平"，下午在朋友圈中就不断转发家长在街头的视频，短短六小时的视频在朋友圈蝴蝶般地转发。

在媒体交融的世界里，"自媒体"将成为应用最多的个人门脸。除了博客、微信社区、手机 APP、微视频等通过自媒体载体，以"六度理论"和病毒式的传播，实现信息传递速度和规模无限的放大。人人都拥有发言权，那么不管是不是电商，做基于搜索引擎的关键字营销，都会受到自媒体的影响。当然，如果网站的品牌和商品是正向的，让用户使用后心理价值感受超过其预期值，则通过用户自媒体的影响，自动会形成产品的口碑，有形地助推企业价值。但是如果产品使用户不满意，而又没有在售后服务上给用户一个很好的解决，则自媒体的负面效果会加倍放大于对正面效果的传播，这些都属于基本的常识，互动营销的基础。

2016 年较受欢迎的自媒体类型：新闻类、知识类、经验类、行业类、搞笑类、情感类、鸡汤类、爆料类、故事类、励志类、八卦类、观点类、排行类、案例类、研究类。[①] 从发展趋势来看传统媒体将传播者与受众分得很清，它们是"自上而下""点对面"的传播方式。而创客式的自媒体打破了这种不公平格局，不再有传者和受者的界限，每个人都是传者，每个人都能做节目，是人人即媒体的点对点传播。播客网站已不再提及"受众"一词，而更习惯说"用户"。

移动互联网时代，手机成为"零门槛"的传播手段，任何用户都可以成为传播者。在技术层面，播客具有非线性传播、零门槛、低成本等优势，正是互联网的这种特性决定了用户发布的信息内容不完全受网站的控制，传统媒体对信息的筛选以及议程设置的特权将面临前所未有的挑战。

第三节　自媒体的特点

传统媒体的专业新闻工作者利用长期积累的集团优势以及技术支持，方便地在世界各地收集信息进行报道。而播客式自媒体的出现打破了时间、地域的局限，用户也能成为新闻的采集者和传播者，传播格局正发生变革。以 2009 年 2 月 9 日发生的"央视配楼失火"事件为例，中央电视台新楼北配楼失火发生半小

---

① 坤鹏论：盘点 2016 年最受欢迎的 15 种自媒体内容类型，A5 创业网 http：//www.admin5.com/article/20160513/663203.shtml.

时后，"草根媒体"先于主流媒体透露消息。一位叫"加盐的手磨咖啡"的网友，在事发时恰好路过现场，随即用带照相功能的手机拍下火场照片，这些照片迅速上传到网上。之后 12 小时内，这批照片的访问量超过 37 万次，跟帖 1700 多个。而另一位叫"msun msun msun"的网友于 2 月 9 日 22 时左右将一段现场视频上传到 Youtube 上。约 6 分钟后，新华社才在主流媒体中第一个发出了有关火灾的快讯。这类突发性事件的视频材料是主流媒体无法企及的，而传统意义上的"受众"成了"新闻源"。

目前网络平台越做越大，越做越成熟，而处于初创期的自媒体却此消彼长、此起彼伏，有一定影响并形成稳定特色的并不多见。自媒体平台包括但不限于个人微博、个人日志、个人主页等，其中最有代表性的托管平台是美国的 Facebook 和 Twitter，中国的 QQ 空间、新浪微博、腾讯微博、微信朋友圈、微信公众平台、人人网、百度贴吧等。众多自媒体创意人，有的起步于门户网站，有的是传统媒体人出来做的，有的脱胎于传统媒体自谋发展。原央视主持人马东加盟爱奇艺任首席内容官，创办《奇葩说》等原创节目，2015 年他离开爱奇艺，在个人视频领域创业。而东方卫视启用没有任何播音主持背景的金星开办《金星秀》，收视率一直居高不下。透过种种现象，我们可以看到自媒体交互传播对时代的影响。

自媒体是以微内容进行传播的，微内容是相对于传统媒体的主流内容而言的。传统媒体体现新闻的重要性、接近性、时效性、显著性和趣味性。微内容原指用来描述一个网页上所显示的短小精悍的链接。然而在庞大的互联网资源中，微内容的范畴注定不会是简单的"导引文字"，它包括互联网用户在网上的所有独立数据，可以是文字、语音和短视频。比如《罗辑思维》每天 60 秒的语音，用户的每一次点击都构成互联网的微内容。

第四节　表现形式

2012 年 8 月，微信推出了微信公众平台，慢慢出现了很多公众账号。而除微信自媒体之外，微博自媒体也在不断地调整和发展。一些涵盖各行各业的专业人员正以他们独特的公众号发声，向所有对他们感兴趣的读者传播一些原创的信息。2014 年 6 月 12 日，微博自媒体计划正式启动，该计划面向具备一定影响力的微博自媒体用户，单月阅读时在 300 万以上的微博自媒体均可进行申请。同时，微博还额外召集大量优秀的自媒体人，为提供覆盖众多垂直领域的品牌广告等业务机会，大量吸引优秀自媒体加入。

自媒体向传统媒体发出挑战。以播客为新兴形式的自媒体使原来处于新闻圈边缘的受众成为新闻信息传播的中坚力量，搞笑视频在互联网、手机微信朋友圈中广为传播。不仅年轻人喜欢，连很多老人都加入了这个行列。虽然观者褒贬不一，"自媒体"时代来临后，每个人的媒体权力扩张了，学生通过手机直播吃饭也能引来大量围观，大学生把自己的宿舍生活、课余活动、食堂饭菜问题等经过夸张，拍摄成视频发布在网络上，说出了一个群体的共同语言，会得到很高的点击率，制作者也能从中得到自我满足。但是作为传播思维的一种革命，一定要弘扬真相。心里有爱，才有艺术，才美好。做自媒体需要你打开感知，用心精耕细作。

第五节　问题及管控

人人都可以做自媒体，必然会出现良莠不齐的现象。每个人有各不相同的人生经历，代表着个人的自媒体也有良莠不齐。人们可以自主成立"媒体"，当媒介的主人，发布的信息也完全是按照自己的意愿随心所欲地编辑。这些信息有的是对生活琐事流水账式地记录，有的是对人生境遇的深刻感悟集锦，有的是对时事政治的观察评论，有的是对社会现象的探索与思考……

每天人们花在手机上的时间正逐步增加，对媒体过分沉迷会使人玩物丧志，而优秀的自媒体可以让受众得到思想的启迪，发现生活的意义与价值，乃至有助于事业的成功。目前，部分自媒体还只是一些简单的"网络移植"，记录一些广告内容，甚至是一些不健康的东西。李某是博客"夜色朦胧"的博主，因为在自己博客上转贴了数十篇色情小说而被北京警方刑拘，他也是国内首个因为在博客上传播色情内容而被刑拘的博主。这些内容虽然给他的博客带来了很高的点击率，但其影响却是负面的。

网络自媒体的数量庞大，其拥有者也大多为"草根"，网络的隐匿性给了网民"随心所欲"的空间。在平民话语权得到伸张的今天，"有话要说"的人越来越多。有的自媒体过分追求信息发布速度，或者说为了追求点击率而忽略了信息的真实性，为了追求点击率甚至在创作时故意打擦边球，导致部分民间写手降低了自身的道德底线，使自媒体所传播信息的可信度降低。另外自媒体创客们在传播中的法律基础薄弱，很多该注意的传播底线没有把控好。比如：有一个转发较多的视频是记录几个妙龄女子因杀人等各种犯罪，从被宣判到押赴刑场执行枪决的全过程。视频本身对社会有警醒作用，可能在当地听到这些恶人被处决，老百姓会觉得大快人心，但视频最后每个女子被执行枪决的过程完整播出，这从大众传播的角度来看是不妥的。

让个体声音得到充分释放的同时，势必也会让一些与法律和社会道德规范相悖的声音得以散播。自媒体是个人言论自由权的延伸，从一诞生就受到了诸多法律的限制。作为一种权利，自媒体当然有很多的界限是不能突破的。虽然我国已经有很多条例管制网上活动，但是还只是停留在对网站的管理上，对于网民的朋友圈管理这些法令显得不够全面。如何对自媒体进行规范与引导，迫切需要全社会来共谋良策。相对于西方"自媒体"的迅猛发展，中国的"自媒体"有着自己的特色，以微信为代表的自媒体发展速度惊人。每个人都应该研究在这块言论最自由的领域如何作负责任的表述，在行使权利的同时不忘义务，使我国自媒体朝着健康的方向发展。

公众平台和自媒体人是共生关系，平台需要好的自媒体内容，自媒体需要借助平台将内容传播出去。国内自媒体在市场竞争中开始寻求共赢发展渠道，已形成很多自媒体联盟：①

> WeMedia 自媒体联盟：覆盖多行业的自媒体
>
> 熊猫自媒体联盟：自媒体的扶持、推广和私人订制
>
> 碉堡新媒体联盟：做运营公号的小编
>
> NewMedia 联盟：自媒体联盟和营销
>
> 微媒体联盟：综合性的自媒体联盟
>
> 犀牛财经联盟：高端财经自媒体
>
> 深圳新媒体联盟：深圳自媒体
>
> ZMO 企业自媒体联盟：以企业自媒体建设为主体
>
> 野马财经新媒体联盟：财经记者自媒体
>
> JMedia（界面联盟）：自媒体社群平台
>
> 浑水自媒体门户：专注于财经领域
>
> MediaPro 全球华人自媒体联盟：华人自媒体
>
> 腾讯微校联盟：专为高校设计微信公众号
>
> SocialAuto 汽车行业自媒体联盟：汽车行业

当然，所有传播都需服从平台的规则，这就是很多人奇怪为什么被无缘无故封号的原因。平台的规则就好像是"家规"，再加上"国法"的管控，自媒体才能在有序范围内得到比较好地发展。几乎每个人对于自媒体都有着自己的解读思路，自媒体这一群体在跌跌撞撞中行走，终于有的人活了下来，并逐渐发展壮大。我们要注意到，自媒体在整个市场当中还是相对火热的，但是来自各方面的

---

① 【盘点】史上最全自媒体联盟，简书．http://www.jianshu.com/p/aeaee35314f5.

竞争压力也很大，要想在这么多自媒体人当中找到自己的一席之地，可以从三个方面来做：内容、运营、定位。这三个是做好自媒体的主要关键点。能"面面俱到"的自媒体少之又少，随着自媒体的发展，细化是必然的结果。所以，给自身定位是自媒体的首要关键因素，生存的第一步是给自己定位：内容定位、传播定位、受众定位……

第六节　自媒体运营

受众是自媒体不可或缺的重要组成部分，当受众的数量达到一定后，他们形成的传播影响力是所有自媒体梦寐以求的，但其最终去向是产品化，使创作者获得经济回报。但是让受众记住某个平台几百个自媒体的名字，或者让读者订阅几百个自媒体的账号是不可能的。自媒体之间也是存在隐形竞争的，平台之争、读者之争、上头条之争，诸多竞争源于自媒体自身，结果也因自媒体而变。受众的口味会发生变化，互联网环境、自媒体氛围都会发生变化，做自媒体要给自己定位和规划，坚持自己的路走下去，为自己造血，第一步是自媒体人必须先活下来。

那怎样研究受众？受众，有人叫读者、粉丝或用户。起初他们是自媒体所能影响到的人群，然后逐渐向深度转化。首先要学会互动。和受众互动是一个脑力活儿，也是一个技术活儿，不可轻视。互动得好，一片欢声笑语；互动得不好，骂、喷、踩样样都来。受众基本上来自于全国各地，五花八门各不相同，即使是一个问题，问法和答法都很难一样。不要一味地去迎合所有的读者，也没必要把自己端起来，平等地传授应在宽松的环境下进行。第二个问题是时间。与受众互动是一件很费时间的事，这个需要自媒体人自己去调节有限的时间。因为内容绝对是自媒体运营者的核心。自媒体将自己的信息、价值、理念传播出去，靠的是内容，而文字、视频、音频等介质均是传播载体。

自媒体在 2014 年已经取得了很大的突破。内容是根本，以微信公众号为例，微信公众号内容的来源一般有几个方面：第一，通过多方信息的整理、在信息加工后，融合自己的观点、想法等，将外部的信息变成自己的内容；第二，通过采访、参会的形式，从外部获取信息后，整理成自己的内容；第三，广泛的阅读量以及自己通过实际操作经验沉淀下来的内容，整理后形成自己风格的创作。微信公众号有了自己的内容，还要拥有一个对路的传播渠道。渠道和自媒体人是共生关系，而不是竞争关系。所幸我们所处的互联网平台是相对开放的平台，只要内容足够好，平台都是"开放"的。微信公众平台是在微信已经有了一级用户的基础上，挖掘自己用户的价值，这个平台增加了更优质的内容，创造更好的黏性，形成一个不一样的生态循环，利用公众账号进行自媒体活动。简单来说，就是进行一对多的媒体性活动。微信公共号分为企业号和个人订阅号，它的主要价值在于让企业服务意识提升，在微信公共平台上创客们可以更好地提供服务。那么运营方案上也有很多方式，可以是第三方开发者模式，也可以是简单的编辑模式。但是在微信公共平台上，最终还是以内容取信。微信公共平台从不同账号的区分使用，以及人性化的设置，平台的认证手机，纪检平台，包括加好友的方式，以及平台的更新，包括终止公众号等一系列的功能，具备了一对众的媒体传播平台方式。现在越来越多的人重视起微信，微信的互动性越来越强，那么借助微信公共平台，定时的发送语音就成为一种大家比较重视的东西，比如《罗辑思维》，每天 60 秒的语音，全年不休息，形成一个固定的模式。①

内容的影响力可以从多个方面去体现，粉丝量、粉丝活跃度、评论量等都可以作为参数，而哪些人在看，可以从微信公众号内容传播的渠道去发现和观察，对看的人会产生什么影响，还是得看内容本身。就像很多用户喜欢看"深喉"、爆料一样，自媒体人每天发文章、发音频、发视频，影响着热爱他们的一群人，而带有语音和音乐的文章将使传播氛围增色许多。

做自媒体是一种生活状态，创业者要从创意、制作、传播、互动和运营的流程体系找到稳定的心态。当这些创业程序和自己的生活默契相处时，就是一个真正意义上的自媒体人，是一个工作着、快乐着的"互联网+"创客。

---

① 微信公众平台，百度百科. http：//baike. baidu. com/view/9212662. htm.

第三章
自媒体思维的培养①

第一节　口碑意识

一个成功的创业者，离不开良好的口碑驱动。做口语创客，必须依靠粉丝经济才能做起来。创客本人的魅力因素中口碑作用非常重要。传统的口碑仅限于亲戚朋友和邻里之间，而在互联网上创客的口碑是指在线口碑。在线口碑经过互联网的传播以后超越了时空限制，传播范围超越了熟人圈子，让陌生人之间的交流变成了分享，口碑已经深入到网络的每一个角落。口碑网、博客平台、社交群等都可以方便地传递口碑的信息，有数据显示：相当数量的网民在线购买商品时参考网上其他人所写的产品评价，超过90%的大公司相信用户推荐和网民意见，用户影响在是否购买中起了决定性因素。口碑的传播有三大要素构成，分别为口碑发送者、口碑内容和口碑接受者。也分为正面口碑和负面口碑，而且正、负面口碑之间是可以相互转换的。

那么口碑的来源有哪些呢？一是来自强关系的口碑发送者，也就是说口碑发送者和消费者有很强的关系。比如朋友和家人；二是来自弱关系的口碑发送者，口碑发送者主要是消费者，可能是刚刚认识的朋友，也包括陌生人。总之，在决策购买的过程当中，任何消费者都会受到来自强关系和弱关系人群的口碑信息影响。从独立层面来看，口碑的来源有三个方向，消费者、供应商和第三方传播者。正面口碑主要来自：

---

① 创意快枪手. 快感制造［M］. 北京：台海出版社，2004.

（1）消费者完全自发产生口碑；

（2）在一定的引导下消费者自发产生的；

（3）公司操控产生。

那么负面口碑是怎么产生的？消费者对产品或服务不满出现抱怨，或者生产者没有做出合理的反馈，都会带来一些负面的口碑。而最新口碑的传播动机主要有以下几点：

（1）消费者的社交需要；

（2）经济利益的需要；

（3）对消费者的关心；

（4）自我强化[①]。

当然口碑是有度量手段的，度量口碑主要有这几个指标。首先是效价，就是口碑所谓的极性。正面口碑的效价为正，负面口碑的效价为负，可分为个体口碑效价和总体口碑效价。还可以参考在线评价密度，就是指在一个给定的时间段内参与在线评价某一商品的总人数和在某一时间段内购买这些商品人数的比例，这是评价口碑的一个有效工具。其次就是渗透度，渗透度等于传递口碑的人数除以样本总人数的比例；还可以参照口碑的频率，它是指传递口碑次数和传递口碑人数的比例。再次就是口碑的影响范围，影响范围等于渗透度乘以频率，它是口碑影响大小的指标。如果从网络的全视角来看，它的度量可以参照以下指标，包括网络的规模、平均路径、平均度、关键节点，参与社团数、网络传播时间，它们从不同角度反映了一个口语创客的口碑。

所谓口碑影响力是指口碑改变消费者态度与行为的能力。巨大的口碑影响力是由口碑作为非正式沟通特征带来的。第一，口碑是自发传播的；第二，口碑更可信；第三，口碑有助于打破信息不对称。互联网让世界变成一个互动互融互通的大家庭，那么借助互联网，一个创客的口碑可以传遍全球的每一个角落。所以，在线口碑对消费者的影响力已经达到了难以想象的地步，而且还将继续膨胀。

在互联网时代，人不是孤立的。"说"的重要性在于沟通，那么，创客所谓的"说"，就是语言、动作、行为，神态所呈现的故事创意，是一个制造快感的过程。如果说我们还是坚信事实胜于雄辩，那只能为别人做嫁衣，很难获得人生的高成就。"说"和"做"是一件事情的两个方面，传统意识认为事情只是"做"，但在互联网时代，"做而不说"的处事逻辑正在改变，"做"的同时要学会"说"。那么，怎样找到"说"的支撑？为了避免被别人讥笑，"做"的时候

---

① 陈明亮．在线口碑传播原理［M］．杭州：浙江大学出版社，2009：3-21．

就要为"说"做好准备，目前多数人只局限于文字的范畴，认为口语传播是广播电视、报纸和广告公司的专业工作，和自己的自媒体无关。而事实是无论你做产品推广，还是在单位里汇报工作，无论你是和家人含情脉脉，还是和身边的每一次同事之间的意见表达，都是传播，都是宣传。事情做得很好，质量一流，但是如果把这种好处介绍出来，它就会更加供不应求，独占鳌头。一个好的产品是一根接力棒，光产品好，离成功还差得很远。好产品是从生产的角度去"做"，而我们必须学会从传播的角度思考怎么去"说"，这对一个创客来说是非常重要的，怎么样提高收入不光在于营销，更多存在于人生追求。人在财富和地位获取过程中，必须运用传播去掌握话语权，成为意见的主导者，甚至成为舆论领袖。只有懂得传播，才能懂得受人尊敬，才能让人惊讶，成为成功者的榜样。"做"让人获得财富，"说"让人获得一定的话语权。大家应该两只手都用起来，一只手是做内容，而另一只手应该是做传播，左右开弓才能深谙处世之道。

每个人都会存在自己的幻想成分。其实传播就是一个"塑造真实"的过程，在创意世界里人是虚幻的角色，也是真实的，产品是虚幻的，品牌是真实的。虚拟的比真实的更有力量，人所扮演的角色本质上是一种幻想。人本向善，每个人都向往美好的生活。那怎样让自己的幻想成为品牌？首先必须要让幻想找到一个替代品，让幻想成为符号，传播中的战斗其实就是符号之间的较量。那么符号或者叫标识，无论是商业品牌的竞争，还是国家价值观的核心利益竞争，都离不开符号的较量。我们国家的品牌是什么？就是中国的传统文化。符号不可变，但内涵可以在博弈的过程中发生调整。品牌是传播当中最核心的东西，但也是最危险的东西，品牌形象到底是满足了谁的幻想？这是我们要思考的问题。我们树立一个品牌，对于受众定位，尤其对于忠实用户群体定位，一定要把握准，如果说品牌形象属于一种学科，那么眼下的传播实践中，各种各样的自媒体纷繁复杂，但是传播从来都是很简单的，必须要制定一个游戏规则。在纷繁复杂的传播环境中，面对突发事件，携带一把关键的小匕首就可以制敌于死地。在目前移动媒体高度发达的情况下，我们可以抛开广播、电视那些烦琐而投资巨大的直播设备，有一部手机就可以完成现场直播。在传播的世界里没有人，只有角色，所以传播一直在人类的消费场里，或者叫娱乐场里。我们认识角色也要以游戏的方式来定一些规则，比如决策在游戏中的存在关系，生物属性的人成为商品的价值所在。创客的角色种类定位繁多，必须对创意建立最基本的决策认知，其实最基本的也就那么几种。在传播幻想中主要有以下这些典型的创意角色：

天真者、探险家、智者英雄、亡命之徒、魔法师、情人、播撒欢乐者、照顾者、统治者、美的化身、弄臣创造者、窥视者。

口语创客在初期策划中可以借鉴上述类型，结合自身情况加以设计。品牌在真正意义上我们更愿意将它称之为符号，是给消费者提供某种优秀角色的符号。在口语传播的战斗当中创客必须像一个军师，在工作之前有关行为就已经发生了，传播产品已经被制造好了。应该说在传播人眼里，产品并无好坏之分，只有满足受众欲望之分。在传播人眼里的好产品，往往和生产人员的眼里的好产品不一样，就像律师和神父的差别一样。要从传播的结果中总结出好的策划，因为在很多人的生命里缺乏传播意识。

第二节　不要做这样的自媒体[①]

一、跟风盲目刷存在感

看到自媒体的传播影响，厂商在自媒体上投的钱也多了。于是很多人也跟着坐不住了，开个公众号，设个专栏就开始美其名曰"自媒体人"。其实大部分是在刷存在感。不用心、不在乎、也无所谓、只要有就行，自媒体做得怎么样没有概念，也无所谓。只要出去"吹牛"的时候，也能以自媒体人自居就够了。但是随着时间的推移，自媒体传播常态化，不具备炒作价值的时候，这部分所谓的自媒体往往会名存实亡。靠刷大数据灌水是自欺欺人的做法。

二、以传统方法替代自媒体思维

自媒体与传统媒体有着截然不同的基因，生存法则也完全不一样。比如，自媒体强调的是自我立场鲜明。而传统媒体要强调媒体的中立性，要客观报道，不能露出偏向。如果还拿运营传统媒体的方法来做自媒体，做得好的，就会持续久一些，打好可持续发展的根基；做得不好的，在还没有人知道时，可能就已经死了。央视二套原主持人王凯自办《凯子曰》，完全模仿他在央视主持的《财富故事会》模式，结果没撑多久就没有后续了。

三、不能持续地输出精品内容

自媒体要想持续发展，粉丝的关注至关重要。只有聚焦足够多的固定读者，自媒体才能吸引广告商的赞助。但如果三天打鱼，两天晒网，不能持续输出精品内容，粉丝会很快失去热情。当前，是一个信息极度丰富的时代，读者不愁注意力找不到着陆点。一旦读者转身，再想拉回来，成本会更高。随着时间的推移，

---

① 李海刚，百度百家. http：//lihaigang. baijia. baidu. com/article/10728.

优质自媒体的影响力会不断提升，优质自媒体的门槛也会水涨船高。当自媒体"大号"的数量级标准由万级，升到十万级，或百万级时，如果创业者没能跟上集体的步伐，也就从优质自媒体名单中被除名了。

四、没有定位和特色

自媒体表现形式多种多样，有爆料评论、心灵鸡汤的，有社交活动、搭线相亲的，还有求职招聘、小商品售卖的……自媒体覆盖行业五花八门，有娱乐八卦，有实体产业，也有教育产业……但是核心只有一点：自媒体最大的价值在于它的独特性和专注性，做自媒体一定要形成自己的特色，没有特色就没有未来。今天说这个，明天讲那个，读者很难记住你。自媒体必须选择一个强势领域，精耕细作，持续深入，才能不断赢得读者的目光。还是原央视主持人王凯放弃高大上的《凯子曰》，转而做《凯叔讲故事》，定位于讲幼儿故事，将本人的声音特色和生活体会融会贯通，粉丝量大增，自媒体步入正常发展之路。

五、靠抄内容"骗眼球"

当前市场中有两种自媒体人。第一种自媒体人不做内容，只做平台和传播。第二种自媒体人既做内容，又做平台和传播。两种自媒体人的玩法、活法非常不一样，但是想活得好有一点是共通的：需要有超强的信息敏感性，能从海量信息中快速筛选出有价值的信息，并能够与产出内容的作者保持良好的合作关系，持续找到符合自己特色的内容。如果转载的内容仅是简单的抄袭，抑或标题罗列，很难真正建立起自己的特色，在短时间内可能会吸引人们的目光，但从长期来看，并无竞争力。

有些自媒体人，定位也算清晰，人也较勤奋，对信息的敏感性也不错，但没有固定的内容来源，也没有联合到适合自己特色的撰稿人，每天只好去各大媒体上找内容，抄内容。开始运营得还不错，很快聚集一批粉丝，但一两个月后，粉丝增长速度明显变慢，粉丝数量级很难实现大突破。这是为什么？该怎么调整？要知道，抄来的内容不具备独特性和唯一性，读者很容易在其他平台找到同样的内容。时间越久受众的标准越来越高，你也会越来越累，靠抄内容"骗眼球"的自媒体大部分会撑不下去。要想办法做出有特色且独家的内容出来，不断强化自媒体平台的特色和不可替代性。

六、将自媒体做成赤裸裸的广告推销

很多自媒体还算不上媒体，仅是一种推销产品的工具，有些甚至是非常简单、生硬的产品介绍。这样做自媒体其实就是企业官网的移动化，如果将自媒体

平台当产品推销工具，会很快由于无人关注，或有关注没流量而死去。这里还需要注意：自媒体并不等于微信公众号。微信公众号有三个属性：媒体属性、社交属性和服务属性。作为厂商，完全可以充分利用微信公众号的服务属性，做出一个完全为公司产品相关信息的服务号，但是微信服务号做得再好，从本质上讲也不算自媒体，只称得上是自媒体类工具。

第三节　关于网络社群①

网络社群是通过各类网络应用联结在一起，在建立的网络群体中，每个用户的行为都有相同而明确的目标和期望的群体。网络社群一般指规模较小、交往密切而关系松散的群体，比如腾讯 QQ 群、微信朋友圈、各类论坛等群体，属于小团体传播。

按照虚实状况来分：有线下接触的网络群体和没有线下接触的纯网络群体。

按照规模来分：可分为 2 人私密型，3~10 人特殊型，10~100 人小规模型，100~200 人普遍型，200~500 人大型规模，以及万人的超大规模型。

网络社群具有四个要素：

（1）明确的群成员关系；

（2）持续的网络互动；

（3）一致的群体意识和规范；

（4）一致的目标和行动的能力。

小团体传播的几个重要因素：凝聚力、团队规模、权利结构和团队互动。遵循的规范包括成员如何完成团队使命、团队外在形象规范、社交框架下成员怎样建立互动关系、资源如何分配等。沟通技巧除了语言技巧之外，非语言技巧的作用不可忽视，非语言技巧包括体态语、外表传播、副语言、空间传播、时间传播和碰触传播。小团体传播包括以下阶段：形成期、激荡期、规范期、表现期和休息期。在传播团队里，彼此的信任比才华更重要，因为无论是合作还是传播都可以通过远程合作完成。

互联网是一个虚拟的社群，互联网创客的所有作品离不开受众的幻想，那么想象在创客口语创意中起到了非常重要的作用。想象的主题可以依靠场景、角色和行动，还要依靠合法化的机制。场景是依靠人物活动的地方吸引受众。那角色怎样引起广泛的共识？主要是在作品中人物的一些特质或者特点。而行动主题其

---

① 网络社群，百度百科：http://baike.baidu.com/view/7522686.htm.

实就是一种表演，是语言和副语言综合在音频、视频作品中的戏剧张力。角色意识的受众认可程度，而导致的一种行动就是他们言行魅力合法化的内心约束。互联网传播是一种公众传播，习总书记强调要净化网络环境，口语创客必须意识到这一点。作为一个正能量传播的代言人，才能长久地生存下来。受众幻想类型也是他们必须思考的定位，也就是自己在受众当中树立一个什么样的个人形象，那么言语表达能力的阈限范围就会影响到口语传播的生命力。创客们必须要针对所在社群的受众视野，来研究作品怎么去创作。然后反复地付出，反复地播出，就会在社群当中被反复地传送，甚至复制粘贴，相互转载，这就形成蝴蝶一般的效应。①

---

① 秦琍琍，李佩雯，蔡鸿滨．口语传播［M］．上海：复旦大学出版社，2011：40-42.

第四章
网络音视频定制①

这几年，网络上的配音秀让很多喜欢创意的人得以实现自己的愿望。相比于朗诵爱好者上传的作品，网络配音普及面更广。不管是朗诵爱好还是配音秀，他们都是口语创客的起步，是一种自我愿望的实现。网络配音是一种以网络为平台，以声音创作产品的行业，它是各地配音需求者通过配音公司或中介人与配音员达成配音服务，以获得定制的声音产品，简称网配。进而言之，随着网络带宽的提高，大文件视频内容定制已变成可能，这样，影视制作机构和播出平台之间可以远距离传输视频文件。可以断定：在网络配音的基础之上，网络视频主持远程定制将很快出现，也像网络配音那样成为一种新兴行业，实现真正意义上的平台和制作的分离。

网络配音起步较早，在 2000 年的时候，X-ZONE 这个国内知名声优爱好者论坛就已经开始进行最早的配音尝试了。根据网络上流传的配音作品来看，第一个在网络上出现的中文配音的日本视频动画作品应该是 CHAOSDUST 配音社团的作品，不过因为当时网络配音处于起步阶段，各地交流较少，很多资料都已消失，一些早期的配音公司和参与者也已经淡出了这个圈子②，而一些纯音频平台，如喜马拉雅等却在大浪淘沙中慢慢崛起。

互联网的普及使得网络上传输的信息流逐渐增长，信息传速的速度和质量使大文件传输成为可能，网络配音便应运而生。网络配音从 2010 年开始引起广泛注意，它逐渐发展成配音公司与配音员合作，为各地配音需求者提供配音服务，

---

① 配音秀，百度百科 . http：//baike. baidu. com/link？url＝PEw21GmCxlhxJtFXxkGUKY8Ue1PC1g5Bk FniH8UAZ40eP5zHCPuYTVaevOGND-BCJCQcaE8Elq5f9Kuk9VrCvDy1UatnAFMgYFKLvg83r0G.

② 网络配音，百度百科 . http：//baike. baidu. com/link？url＝Fav9iHLFyggRJ8goS-jHeQe-W6vraEMX- vQGtdAOg1r515yVqmLCsZiUT_ IWq25eLpt6JTDs-2CcpgL3Dx3_ 3q.

并以互联网为桥梁开展业务。网络配音秀，特指以年轻的学生群体为主参与网络剧或者片段配音的网友，绝大多数没有专业背景，仅仅凭着一股对用声音讲故事的热情而参与配音，网配就像一场人人可为的大众娱乐风暴，只需要一个话筒就能录下自己的配音片段，只需要安装一个简单的音频制作软件，就能把自己的声音编辑为音频文件。虽然网剧热潮分散在互联网的各种层面，但是却由于社团数量众多、规模庞大而形成了"网配圈"，为更多网友参与配音提供了便利条件，也催生了众多杰出的网配作品，人们称靠声音创作的人为"声优"。

第一节　玩配音秀的乐趣

配音秀是手机配音软件，作为原创配音短视频社区，除了拥有众多的配音爱好者之外，还云集了明星创客、达人创客、知名配音老师等。用户可以通过手机直接配音，可以模仿原声或者创意编词，甚至可以用方言。有些人甚至因配音爱好而组建社团。

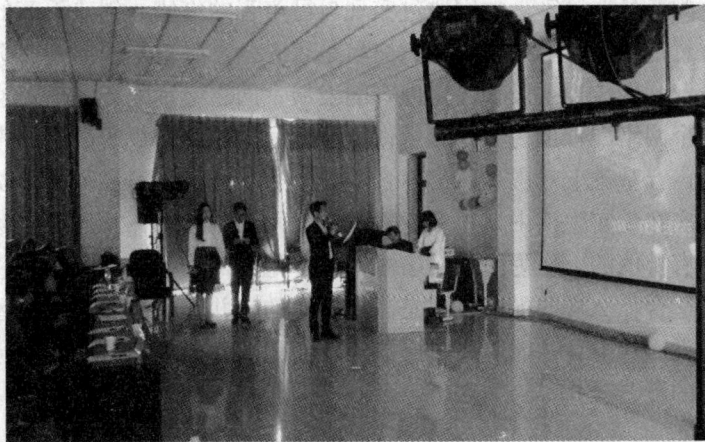

（校园"声优"大赛）

一、配音秀的魅力所在

看视频：看看配音高手们的作品，搞笑的、创意的、模仿的，各种有趣的视频应有尽有。

玩配音：每天都会更新很多好玩的配音素材，加上便捷的配音功能，轻松创作一部属于自己的大作。

秀作品：配好的作品拿出来分享，看看大家给你的鼓励和评价，当然也可以通过微信或微博分享给朋友们。

二、配音秀作品特点

简单易玩：简单的操作设计加上精心剪辑的视频片段，后期制作一气呵成，轻松体验配音的乐趣。

素材丰富：不同的片段、不同的角色、不同的台词，每天都有不同的新素材，总有不同的体验。

创意无限：曾经熟悉的视频片段，融入特别的声线和无限的创意，用一种全新的方式来演绎经典。

娱乐搞笑：独特的声音、搞笑的台词、专业的模仿带来别样的传播效果。

第二节　网络配音员

网络配音员包括的范围很多，比如有广告配音员、动画片配音员、专题片配音员、角色配音员，等等。他们通过实现自己声音的价值，创造不菲的收入。网络配音要注意是否专业、是否高效、交易是否安全、服务是否周到、选择是否更全面。随着互联网传播手段和传播内容的发展，网络定制配音将越来越专业化。

作为一个网络配音员为各种影视作品配音时应理解用户所需要的声音，是自己在本色的声音基础上对影片所需声音的再创造，配音员第一个基本功就是要学会模仿。其实在现实生活中，很多配音员是大家认可了的，并且一直认为他们的声音是比较有价值的。作为一个网络配音员，他们都有各自声音的特色，什么样的影视作品适合什么样的配音员都是需要挑选的，并不是说当一位配音员就必须全能地为各类影片配音，能脱离自己的声音而驾驭各类影视需要的声音才能算是一个很优秀的配音员。

一、配音特点

（1）在网络上广泛传播的有搞笑配音动画片，也有中规中矩的正能量专题配音，也有商业广告配音等。网络配音更口语化，也更便于配音爱好者自由地发挥创意。

（2）最早参与网络配音的团队应该是全国各地的网络广播剧制作者，参与网络广播剧配音的网友以年轻的学生群体为主，大多数没有专业背景，凭着一股对用声音讲故事的热情而参与配音。

（3）好声音有创意更好听，一些专业或准专业配音人士开始进入网配圈子，同时原有的网配社团也吸纳了很多新鲜血液。当网友对网配的接受度已经比较高的时候，网配作品中的创意成分就越来越受重视。

（4）除了曾经大量流行的"日和"系列动画配音，现在各种微信社区的配音作品层出不穷，每天都吸引大量的点击率，创客们同时通过微博、开心网、腾讯等网站广泛传播，吸引了大量粉丝，也不断发掘网络配音新秀。

二、设备和水准

配备专业级别的配音设备，是保证配音质量的前提条件。录音棚需要配备专业设备，主要包括专业声卡、调音台、电容麦克风、话筒放大器、创客声效果器、专业监听音箱和耳机分配器等。

配音员要从配音题材的风格特点出发，不仅要注意前后语气、声音、情绪上的衔接，还要考虑到音乐、效果和对白的比例关系。因此，配音员素质的高低，直接影响着配音质量。拥有高素质的配音师和配音员，是保证配音质量的关键因素。配音师因为声音质量的不同，其产品价格也不同。好的配音师不仅声音技巧出众，而且能熟练操作设备，具有丰富的录制经验，可以有效提高配音效率和保证配音制作质量。

三、制度保障

网络配音都是通过互联网合作，创作者和用户都没有在线下见过面，除了声音和诚信合作外，标准化管理和严格的流程控制，是保证配音质量的制度保障。网配者长期为客户提供高品质配音服务的过程中，逐渐形成自己的管理规范和控制流程，配音的各个环节衔接更为紧密，操作规程更为合理，处理效率也会得到很大提高。

第三节 如何从事网络音视频定制

如果已经超越了起步阶段的配音爱好，想要提供配音服务的话，可以通过贴吧、论坛、QQ群找到需要配音的客户，他们把文案发给你，然后你根据客户的要求录制一小段样音，如果客户听了没问题就汇款过去，你再把配好的成品音频发给客户，从事网络配音服务必须有良好的服务态度和配音专业经验。小团体传播是指一群由二三十人所组成的群体，比如微信朋友圈，每个人都可以完成一个小团体传播。这种小团体的功能主要是分享信息、知识资源、进行决策和解决问题，以达成目标和建立关系，建立身份共识的一些社会需求。企业组织或者商业组织,有许多的小团体或团队运作,形成一个组织的管理和目标。那再扩大一个层面来看,在社会的人脉当中,可以通过其他级别的传播交互扩散,包括政治传播和大众传播的许多东西,都与小团体的传播有关。①

相信将来网络远程合作录像或直播主持将分布在各种门类中,网络音频定制因为其投资小,门槛低能够在近几年迅速普及。而视频口语定制因为其播音主持专业性,且投资也较大,合作要求的洽谈等共识问题,普及起来还没有配音那么广。然而随着网络带宽传送问题的解决,加上灯光设备等投资费用降低,相信网络视频定制也会逐渐成为口语创业的新领域。

一、有声读物

有声读物就是有声音的书。1934 年,世界上第一部有声读物在美国诞生。21 世纪以后,随着知识化和信息获取方式的多元化,有声读物与数字化出版相互交叉。有声读物是指其中包含不低于 51% 的文字内容,复制和包装成盒式磁带、高密度光盘,或者单纯数字文件等形式进行销售的任何录音产品。有声读物的传统形式和内容多样,包括录制成音频形式的章回小说、文学诗歌、散文、纪实传奇、相声小品等。新态势除了传统的有声读物,还有有声读物网站自己筛选编辑做内容,而非简单的一个文字录制转换过程。其内容的跨度也很大,包括文学、生活、科技、时尚、财经等。中国的有声读物起于 20 世纪 90 年代,发展速度较为迅速。国家非常支持数字图书馆的视听发展,很多有声读物进入政府各类发展计划。网站在传播有声读物同时应对上传的有声读物进行严格检查,出现问题的网站将受到严厉的处罚。可以肯定,有声读物的网络传播是一个具有无限潜力的行业,但由于种种原因,壮大的过程当中会遇到各种挑战,从事有声读物录制的口语创客们要确定好自身的长期发展目标,然后陆续地推出自己的有声作品。②

二、创意改编

在经典画面基础上翻版配音催生了无数的创意作品。围绕某一时期的大众话题都会有各种配音作品产生。任何作品都可以被配成方言版、伦敦音、孙悟空版、擎天柱版、易中天版、周迅版……惟妙惟肖的声音令网友拍案叫绝。2016年初,中央戏剧学院研究生姜逸磊以“papi 酱”的网名,用一系列变速的声音视

① 秦琍琍,李佩雯,蔡鸿滨.口语传播［M］.上海:复旦大学出版社,2011:15.

② 有声读物,百度百科.http://baike.baidu.com/link?url=ecKb-X3Ef_ c-wxQk4doWl7RedeXzFDsl Q8WENP2BKe_ BJFf6GtbtRZKO2yWFLziAlJmuT5p-q0mj9d8Dr4Y9j.

频引发网络大热，此后诞生了大量网友自发的各种"papi酱"视频作品。来自民间的声音开始和网红影视作品结合在一起，创作出很多风行一时的作品。2016年4月21日，"papi酱"广告招标前夕因"爆粗口"被国家广电总局勒令整改。但这并没有影响"papi酱"的商业进程，经《罗辑思维》等新媒体运营商的策划已经摘得所谓新媒体标王，进行商业运作。将创意智慧用于配音改变也已经在商业的或者非商业的领域被广泛采用。

网络配音已经成为一种不可或缺的乐趣。有很多人喜欢，也会有成就感。①许多传媒类专业学生是网配圈子的活跃分子，在学校里一般配的都是电影片段。他们自创声优社团，细分为策划组、文字组、记者组、打杂组、手绘组、后期组等工种。把熟悉的日和系列动画与擅长的配音结合在一起，一开始只是发到校园网上和同学们分享，然后开始建立微信公众号将作品传到外面的网站上，在实现自我价值的同时往往意外地红了。

三、商业合作

著名的"夏青杯"诗文朗诵大赛发现和培养了大量的配音后备力量，曾与中央人民广播电台等主流媒体合作，它在网络配音群体触发了播音主持向网络配音延伸的互动发展。现在各种配音网站业务量非常巨大，有固定用户，也有一单一算的零散用户。做商业配音可以一边做一边工作，主要给广告片、企业宣传片和多媒体课件配音，也有一些角色配音。影视制作机构也好，配音公司也好，个人工作室也好，为用户专门定制声音一般流程为：用户提供文稿→寻找配音员→样音审听→确定打款→成品提交→修改完善。视频内容合作刚刚起步，其初期合作模式也与此类似，随着视频产品的丰富，合作会更加深远。不过要注意，当下的各类配音制作的版权管理还是不很规范的。对于各类音频、视频作品的网络版权维护，建立健全的相关法律法规势在必行。

四、个人音频频道

随着网络技术的成熟，一些音频平台正逐渐发展起来。像喜马拉雅、蜻蜓、荔枝、考拉等都成为个人音频上载的舞台。和传统电台不同的是各行各业的创客都可以靠声音赢得粉丝，频道愈发聚众化、个人化。

---

① 配音秀，百度百科.http：//baike.baidu.com/link？url＝PEw21GmCxlhxJtFXxkGUKY8Ue1PC1g5Bk FniH8UAZ40eP5zHCPuYTVaevOGND-BCJCQcaE8Elq5f9Kuk9VrCvDy1UatnAFMgYFKLvg83r0G.

第五章
主持人难当？节目难做？[①]

在新媒体时代，很多主持人觉得很难当，节目也很难做。媒体的转型，行业的洗牌，这个过程中有挑战，也是有机会的，每个传媒人都不能错过这个机会。因为媒体生态发生了巨大的变化，互联网改变了世界，新媒体改变了生活。我们如果在 2006 年的时候遇到重大事件，会有很多人聚集在现场，而在 2016 年的时候，时间仅过了十年，所不同的是在现场不光有人头，还有无数个闪烁的手机，这就是我们身处的时代。

那么做传媒的人，面临着内容的变革有两个趋势：一是内容的融合，固定的生产模式越来越被弱化，去主持人化、泛主持人化以及内容的剧本化，让受众传受之间的距离更接近。节奏更快，互动更大，节目的产品化运作不同了。但有一点是不变的，就是节目必须推行市场，让粉丝认可。粉丝经济让节目变成了产品，观众变成了用户。在新媒体时代，新的内容怎么做？该怎样发挥传播的长尾

---

① 参考 2016 年合肥电视台浪潮 TV 的讲座内容。

效应？每个人都能传播，不一定每个人都能生产好的内容，每个人具备了传播的条件，但并不是每个人都能成为很好的内容生产商。我们必须用一个机制，激活潜在的内容生产制造者，比如手机直播。我们可以通过地方社群、地方的娱乐文化、地方的商业资源、传统媒体的栏目组网罗一些手机传播内容爱好者来玩转本地的精彩城市，使其成为精彩的本地手机秀。一谈到新媒体，就会谈到罗振宇，谈到"papi酱"，谈到"火星情报局"。而很多跨行业媒体人创办的自媒体已经产生一定影响，比如"吴晓波频道"等。那么作为草根，每个人怎么去努力地与他们缩小差距呢？第一，需要一个内容策划团队；第二，运作节目所需的资源；第三是社群制作体系，对内容爱好者进行三大外挂，首要的是与资源单位广泛联系，还要拥有大量全媒体的主持人，最后孵化一定的手机栏目。这三个外挂会逐渐使自己的传播团队发展壮大，现在很多传统的媒体也都开始涉足像手机直播这样的一个延伸链，因为这是一个内容极客的时代，全新的技能、全新的角色，我们可以做手机直播的真人秀节目、IP策划研发、手机直播节目、制片人的角色定位、社群生产的编导节目、生活导演、手机直播主持人。

第一节 《罗辑思维》节目简介[①]

有种、有料、有趣！《罗辑思维》是一个互联网社群创业的先行者，罗振宇把自己视为"手艺人"，在互联网上为大家读书，做大家的书童，集结一群勇于创新的小伙伴，一起用全新的思维方式重新发现世界，创造价值。

（图片来源：极客公园 http：//www.geekpark.net/topics/196473）

---

① 罗辑思维，百度百科.http：//baike.baidu.com/link？url＝7V1ITuCJRhq1b9u3Yqhj4ypRSGdJ408B Nmoe6uZSyKwjRnun9rLnUe_ zN2VTivUE6K2nPodHvHOCddfYT7Ba_ tPv0owEiBaB5NAJwW-WfpG.

播出时间：微信公众订阅号《罗辑思维》语音，每天早上六点半左右发出，365 天全年无休；视频节目每期 50 分钟，每周五在优酷网播出，全年 48 期。

一、用死磕自己唤醒尊重

《罗辑思维》死磕精神的最典型体现是每天早上六点半的 60 秒语音。很多人无法理解为何非要 60 秒，但罗振宇看来，60 秒代表一种仪式感，代表对用户的尊重，通过死磕和自虐获得用户发自内心的尊重与信任。随着互动要求的增强，从 2016 年 8 月开始，60 秒语音的回复关键词被调整到开头第一句，细节的改动反映他们对用户的体贴和对互动的重视。

电视台在录节目时，通常会用到提词器，但在录制《罗辑思维》视频时，罗振宇完全采用纯脱口秀方式进行讲述，虽然录制过程很辛苦，每期不到一小时的节目都要花数倍时间才能录制完成，但节目充满强烈的视听对话感。

二、用情感共鸣黏住用户

开始做线下活动时，《罗辑思维》设置了两个特殊环节。第一个是爱的抱抱，鼓励人们表达自己的真实情感，演讲结束后一群年轻人冲上台去拥抱罗振宇。第二个设计是两个箱子，一个名为打赏箱，一个叫吐槽箱，如果对活动满意可以进行不限金额的打赏，如果不满意可以写下意见以助改进。

在日常的运营中，《罗辑思维》团队长期坚持在微博、微信及客服系统中面向用户回复意见，解决客服问题，与用户进行直接互动。《罗辑思维》运作空间充满平等、分享、创造和自由，跟用户之间建立真实的连接。

三、用人格思维凝结社群

在互联网时代，连接的成本迅速降低，每个人都可以成为一个具有高连接力的节点，价值将越来越快的回归到个人。在很多创新领域，魅力人格都将战胜庞大的传统组织。工业社会用物来连接大家，互联网社会要用人来连接大家。创新就必须要从物化的、外在的东西，重新变回到人的层面进行思维。因此，《罗辑思维》一直强调 U 盘化生存，"自带信息，不带系统，随时插拔，自由协作"。未来大家可以用自己的人格、自己的禀赋，为自己创造价值，市场进入万物有灵的时代。

四、用势能思维建立品牌

罗振宇将传统的品牌建设与"势能思维"分别比喻为"塔"与"浪"。他认为工业社会一直在造塔。品牌就是塔，因为地基坚实，不会改变，只要有钱有时间，你就能造出塔来；移动互联网时代，自媒体只能造浪，因为水无常形，急剧变化，只能像造浪机一样，不断掀起新的浪潮。基业长青是工业时代的妄念，移动互联网时代不会再有长久的商业势能，势能呈现出"浪"的特征。所以，"势能"本质上就是被连接的可能性，"势能思维"就是造浪的能力，这种能力的养成需要跨界协作。

五、用社群力量拓展边界

作为自媒体创客，《罗辑思维》除了数百万用户，还建立了一个由数万人组成的付费会员群体。这个群体成为《罗辑思维》不断扩展边界互联网产品的核心力量。每年只开放一次招募会员，向用户公布会员上限人数。在每次会员招募时，《罗辑思维》都不承诺任何的会员物质回报权益，会员更多的是秉持"供养社群"与"价值认同"的理念来支付会员费，《罗辑思维》会员群体是一个以价值观为基础的创业和知识社群。

从2012年底至今，《罗辑思维》已经上传近200期节目。除了获得各行业的广泛融资，在他们的自媒体平台上衍生产品也逐渐形成特色，每周五是他们的图书上新日，都会推荐一本新书。

第二节 "papi酱"——新媒体广告标王？

2015年10月，"papi酱"① 开始利用变音器发布原创短视频内容，她在各大内容平台的人气都一路高涨，她把握网络公众的心理，凭借张扬的个性、毒舌吐槽时弊，短视频迅速引爆网络。2016年1月初，她微博粉丝数量突破200万，同年2月末，她微博粉丝数量已经有480多万。同年3月末，其微博粉丝数量超过760万。

2016年3月，真格基金、《罗辑思维》、光源资本和星图资本分别投资500万人民币、500万人民币、100万人民币和100万人民币，占股分别为5%、5%、1%和1%。"papi酱"团队持股88%，"papi酱"获得共计1200万元融资。2016年4月18日，根据群众举报和专家评审结果，新闻出版广电总局已要求该节目进行下线整改，去除粗口低俗内容，符合网络视听行业的节目审核通则要求后，

---

① papi酱，百度百科 . http：//baike. baidu. com/link？ url＝－mido0uTs6TErLNFQRSsN02iiEycuKbmsdICwOh7Q4QVmrVNMjvqu_ ZXfdyud4NZFLhezhFwF5CJCQUp79Sa0a.

才能重新上线。她很快做出回应："立即整改！"这却似乎成了给三天后广告招标效应的前奏。2016年4月21日，被誉为是"新媒体史上第一拍"的拍卖会终于正式在北京举行，"papi酱"在获得了第一笔1200万融资之后，《逻辑思维》创始人罗振宇和"papi酱"的合伙人杨铭等人决定对其第一次广告，也就是"papi酱"视频贴片广告进行拍卖。虽然前几日刚刚被要求整改视频内容，此番乃是其接受整改后的首次招商，却最终以2200万天价卖出。此后"papi酱"的经纪人表示，拍卖的净利润将全部捐给其母校——中央戏剧学院。

"papi酱"抓住了短视频内容井喷的契机，加上在内容打造方面充分结合了其影视专业的知识，选题设计十分出众，从生活到娱乐到两性关系都有覆盖涉及，以极其接地气的草根气质叙事，同时结合时事热点，在几分钟的短视频内布置诸多贴近年轻用户的槽点，更直接地满足年轻群体对娱乐视频的需求，在当下"有趣"内容并不多见的环境生态中脱颖而出就不足为奇了。

在短视频获得成功后，2016年7月11日，毕业后的"papi酱"首次在八个平台同时直播。一个半小时内，在线粉丝达2000万，阅读量达到2.5亿，据网友推算：打赏礼物超过90万。虽然该数字未获得确认，但我们应该看到，好的经济收益并不代表这是一场成功的直播。脱离了后期加工剪辑的"papi酱"就像素颜出门还可以再改进。不少网友对没有经过变声处理的直播吐槽道：这还是"papi酱"吗？

我知道，
大家一定很关心今天有关我的一些新闻，
谢谢大家～～
我是一个愿意并乐意接受批评的人，
只有接受批评，
及时改正自己错误或不足的地方，
才能让自己往更好的方向去前进。
作为一个自媒体人，
我也会更加注意自己的言辞与形象，
坚决响应网络视频的整改要求，
为大家传递正能量。
以后有问题也欢迎大家继续及时指正，
让papi越来越好。
谢谢大家~♥

直播**首秀**！
7月11日21：00
欢迎围观

（图片来自网络博客）

可以看出她的首次直播有些编排和安排，但是也看出了过程和功力的欠缺。从开场形式到无聊的唠嗑，伴随着数次暂停和结巴；从恋爱生活到中戏的学习，甚至连为什么养猫都讲完后，"papi酱"只能词穷。如果说明星就像总披着一层层神秘的面纱吸引粉丝一探究竟，那么像"papi酱"这样接地气的网红可能变成家门口的"水塘",天天看迟早会知道其深浅,失去新鲜劲儿。那么面临着观众新鲜感的考验,到时候已经摸清套路的观众还能否被留住?[1]

第三节　传统媒体也在变

让人思考的是,传统媒体资深主持人白岩松在巴西奥运会开幕式的直播就获得了网友的一致点赞。可以看出他在寻求变化,因为观众已经从过去的电视观众逐渐转变为网民,他多年的电视直播功力很难得地融入互联网脱口秀的元素,使白岩松被誉为巴西奥运直播的段子手。

各级广播电视机构都纷纷专注互联网传播的交融性。以安徽广播电视台为例,2016 年 3 月,该台打造了一款主攻音频细分市场的垂直 APP——"达耳闻"[2]。这款 APP 主要对声音产品或声音服务有个性化需求的人群,搭建个性化音频互动社区和专业化声音服务交易平台,让声音流动起来,重塑声音价值。"达耳闻"以声音内容为主架构,分为"听""定制""玩"三大功能区:

"听"——以电台专业主播上传的原创个性化音频节目为主要内容,分为"星主播""听新闻""嗨娱乐""聊感情""说故事"等若干子版块,并将已有内容逐渐升级,对主持人采用排名激励机制,带动更多实力主播加盟。

"定制"——以声音产品和声音服务的海淘和定制为主要内容,分为"司仪""提醒""祝福"等几个子版块。受众可以轻松找到自己心仪的电台主持人,并邀请他做婚礼司仪,也有专为高端活动量身定制的时尚大气范司仪而"提醒""祝福"等小版块则会增加生活的乐趣,个性定制,瞄准的是居家旅行之便捷服务。

"玩"——以方言秀为主打。用合肥话读《再别康桥》什么味儿?用四川话说星爷电影的经典台词啥感觉?去外地旅游碰上热情的当地人说的方言一句不懂咋办?达耳闻方言秀板块分为"方言读诗""方言新闻""方言模仿"等互动版块。在官办媒体的手机 APP 里不仅可以感受中国方言文化的魅力,也能找老乡、交朋友,赢大奖。此外,安徽广播电视台九套广播频率举行的线下活动也将适时开放线上互动,参与即有礼,给受众不断的惊喜。

---

① 从 papi 酱尴尬首播到文化部查处直播还能烧多久? 东方财富网 . http：//finance. eastmoney. com/news/1682, 20160714641579783. html.

② 达耳闻升级版闪亮上线音频 APP 界迎来一匹黑马, 安徽网络广播电视台 . http：//www. ahtv. cn/c/2016/0331/00742912. html.

（"达耳闻"APP 的校园互动活动现场）

现在央视的一些直播节目除了昂贵的电视信号，也开始采用手机软件进行同步直播。从报纸到广播，从电视到互联网，从 QQ、微博到微信，信息的传播媒介伴随着每一次的技术进步演变成新的形式。而网络直播更是省去视频的制作环节，变成实时的信息传递。移动直播的便捷化、低门槛，能迅速吸收利用更多视频领域的新技术新应用，促成视频行业的进化，可见其是视频行业的趋势。如今我们应该越来越清醒地认识到，直播应该只是各行业未来的一个标配产品，而很可能不是什么单独运作的普泛的传播产品。未来各行各业都可能基于传播的需要，投入到直播领域，但通常会强调最低的经营成本来完成这项工作。特别是那些拥有超级流量的入口和渠道，最终仍将掌握直播的受众的实际需求。如今直播热的尝鲜派告诉我们：直播的时代才刚刚开始。

第六章
关于直播

第一节　网络直播——形式超前内容[①]

直播拓展和延续了互联网的传播优势，利用视讯方式进行网上现场直播，可以将产品展示、相关会议、背景介绍、方案测评、网上调查、对话访谈、在线培训等内容现场发布到互联网上，利用互联网的直观、快速，表现形式丰富、交互性强、地域不受限制、受众可划分等特点，加强活动现场的推广效果。现场直播完成后，还可以为受众继续提供重播、点播，有效延长了直播的时间和空间，发挥直播内容的最大价值。

当自媒体人还在钻研内容的最大化传播时，2016 年初手机直播突然走进每一个人的生活，它使能够互动的低成本视频直播变成现实，引起手机用户的广泛关注。其实，网络直播早已在 PC 端，也就是电脑桌面存在，比如 YY 等直播软件，只不过 PC 端直播还是一些玩客的小群体传播。当然，网络直播是通过网络系统在不同的交流平台观看视频或影片，主要分为实时直播游戏、电影或电视剧等，也可以是直播视频，视频内容以播客娱乐、教育等方面为主。而随着各种手机视频直播软件迅速普及，让手机直播成为一个新风潮，包括一些涉及人际沟通的基础性运用。

从技术层面上看"PC 网络直播"大致分两类：一类是在网上提供电视信号

---

① 网络直播，百度百科 . http：//baike. baidu. com/link？ url ＝ u6YcsSyyql5jvgbQdJ2axRzWf63H ＿ ＿ DR62QaMi2W3pUfZHev7QdsvN8hxxEo2mGnTU1TQWCnoC2JIuWFpJx7M.

的观看，例如各类体育比赛和文艺活动的直播，相当于"网络电视"；另一类则是在现场架设独立的信号采集设备（音频+视频）导入导播端（导播设备或平台），再通过网络上传至服务器，发布至网址供网民观看。这类网络直播较前者的最大区别就在于其自主性。独立可控的音视频采集，完全不同于转播电视信号的单一收看。随着带宽问题的解决，观看流畅度问题解决了以后，很多政务公开会议、群众听证会、法庭庭审直播、各类考试培训、产品发布会、企业年会、展会等活动都可以进行网络直播了。

一、互动直播

主要由直播客户端、直播网页端以及管理后台构成。众多用户将其用于在线研讨会、营销会议等网络活动场景，扩大市场活动，有效提高管理和运营效率，直接促进企业销售业绩提升，使企业竞争力得到极大提升。它有别于电视直播，视频直播更注重互动性。

二、主要功能

可以插播、直播前期暖场、一键参与、问答审核、在线抽奖、收看文字实时直播等功能。进行多方异地实时互动，在多方实时多媒体音视频以及数据的互动交流的同时，实时稳定地把直播情况传播到网络虚拟会场上，供广大普通受众观看。

三、应用现场

2016年3月15日，云南首档大型真人秀旅游节目《我在这儿等你》在玉溪映月潭景区正式开机。首期节目"欢乐映月潭"于3月16日在云南旅游新闻网等网络平台如期直播。

有些商家看到了直播的巨大开发潜力，着手投资打造自己的直播平台和主播，但人们对于直播平台的关注是形式远远超前于内容，或者说直播时段中内容的研究才刚刚开始。

网络营销：市场营销活动、在线研讨会、虚拟活动、产品推介会……

日常工作：远程招聘、在线面试、员工大会、高层会议……

企业活动：企业年会、论坛、峰会、活动庆典……

平台搭建只是第一步，当直播发展为一种自媒体传播时，对内容的研究就必须跟上了，可以从这五个主要方面开始着手。一是主播在直播时要注意话语和行为，要分析日常生活中人和语言一些聚焦行为，越接地气越好。二要强调时间性，沟通是一个持续的过程，要探究传受双方互动中的协调和调试。三是聚焦社

（图片来自云南旅游新闻网）

会认知度，探究人类共同思考的一些内心活动和过程。四是关注不同类型的人际之间掌控，包括人之间的影响，顺服地获得关系掌控。五是强调个体的差异，就是根据传播者个体的自我认知、性格等种种差异，影响沟通的变量。

第二节　从电视到网络直播的变革

网络现场直播是指在现场随着事件的发生、发展进程同步制作和发布信息，具有双向流通过程的网络信息发布方式。电视直播、手机直播和 PC 直播属于"网络直播"的大范畴。

电视媒体的直播极大改变、丰富着广大观众的生活方式和审美趣味，从而深受观众的喜爱。但是随着网络技术的日新月异，许多电视媒体网站根据自己的能力或多或少地开通了网络直播节目，这种网络直播以新颖的样式和相对便捷的服务给网民带来一种全新的视角体验和视野冲击，特别是网络双向流通显现出给予受众应有尊重的特性，受到网友尤其是年轻网民的青睐。电视媒体网站推出网络直播的最初考虑大体有三个方面：首要的是在于对本电视媒体各类节目的服务延伸；其次，聚集人气，留住基本观众，扩大、培养、开发网络新受众群；再次，顺应网络技术的发展，关注商业门户网站的动态，满足网民的需求，尝试网络新的表现手段，借此提升本媒体的形象。2016 年央视开始在重大活动中除了电视通道，还采取手机直播的方式以介入更多受众。

一、成本下降

电视现场直播在报道事件全过程时，一般需配备转播车，车内配置视频切换台、调音台、监视器、录像机、微波发射机等设备，将现场摄制的图像信号经微波发送或卫星转发至电视台同步播出。一场为期半天的电视直播动辄百万元，成本长期居高不下是制约电视现场直播的重要瓶颈。网络现场直播对现场信号的采集要求较低，一台数字摄像机不到 5 万元即可做到高清采集，其他设备总投入不高，并不需要大量专业直播人员，传输过程均在网络上进行，成本是电视现场直播的零头。手机网络直播就更没有成本了，下一个软件在手机平台上就可以直播，无需任何投入。

二、方便快捷

电视现场直播从接洽到活动开始需要漫长的执行周期，期间需要各类专业人员的协同合作，从人员组织到设备架设，现场也需要专门的空间与电力支持。而单机位短时间的网络现场直播完全可以由个人完成，现场不需要额外的电力支持和过大的工作空间，大大缩短了前期准备的过程。

三、互动性强

网络直播的最大特点即是"交互"，由于直播在网络平台上进行，观众的自主选择与参与度得到了巨大延伸。网络直播的互动方式多数停留在从文字到图文阶段，再结合到语音和视频互动。新闻媒体网站和商业门户网站都已下大力气拓展，在网络直播"四面开花"中。既有一只小企鹅诞生过程的直播，也有心脏搭桥手术的直播，还有"见证世纪新生命"分娩过程的直播，而且一些如"人造美女"和"变性手术"的直播，可谓热闹非凡，成为时尚。在地球村的大家庭里，人们通过互联网的传输，一系列的网络现场直播吸引着全世界亿万网民的眼球。

（图片来自人民网视频截图）

从政治层面上讲，媒体网站的大局意识和阵地意识非常重要，这是正确引导舆论的基本条件。国家的政治意识可以通过精神内省、价值认同、道德感化的方式，以舆论、宣传、教育的手段去影响和引导公众的价值观和行为方式。政府门户网站及其网络直播需逐渐走向常规化和规范化。同时，网络直播呈现出的交互性特征使普通受众拥有了话语权，广大受众可以通过网络发表意见与建议，为政府的政策制定和媒体舆论监督提供了反馈信息和依据。

现在手机网络直播在年轻人当中很火，但主要还是玩客的一种娱乐生态，随着自媒体人和传统媒体人的关注必定会实现多种媒体的交融。在一般人眼里，直播市场犹如从天而降的一台"印钞机"，它给受众带来"眼福"的同时，也给网络平台带来经济利益，潜藏着巨大商业价值。发展初期的手机直播需要实践者、研究者和投资者携手走出一条崭新的道路。

第三节　亟待规范化提升

如果说慕课和自媒体需要解决的问题是主讲人在镜头前的自如化，那么直播目前需要解决的问题则是主播在网络上的规范化。这种风行于草根族的网络直播没有广播电视直播那样的正规，那样有时间和内容的限制。它是不限地点、不限内容，没有任何制约的个人空间直播。所以，为了追求围观效果，千奇百怪的造型、状态和内容蜂拥而至，一时间手机直播圈鱼龙混杂，出现了所谓"吃货帮""歌舞帮""卖萌帮"，等等。以主播身份吃活虫、吃灯泡、喝辣油、"大胃王"等，奇装异服之类的直播成为网络转载的新闻。我们都知道靠低级的感官刺激只能算是短期效应，要想真正"以口谋生"必须做长远规划，野蛮生长的网络口语恰恰给有志者提供了发展空间。手机直播其实是一种闲谈化的大众传播方式。目前一般的闲谈都不深入，没有明确模式和过多约束，主播进行认定主题化提升的空间亟待研究。那么很多人在直播当中为了制造一种气氛，或者吸引更多的人来关注，往往会需要一些感官愉悦的表现方式，所以颜值在手机直播收视中起了很大作用。那么在这种闲谈式的交流中，我们怎么样妥善地运用在社会场合的交流方式，使个人社交的直播受到欢迎，达到拓展人脉的目的？这场传播方式变革带来的将是不可估量的商业前景。由于处于起步初期，从业者和直播平台都没有政策基础和传播专业的经验，给风起云涌的手机直播带来很多问题。五花八门的直播平台最高峰时发展到近2000家，商家们都将市场竞争的核心瞄准了对基本受众群的争夺。但是在文化和金钱的博弈初期，金钱诱惑只能是短期效应，而文化的影响将永远是持久战。

部分直播平台一览图①

2016 年 4 月，文化部将斗鱼、虎牙直播、YY、熊猫 TV、战旗 TV、龙珠直播、六间房、9158 等 19 家网络直播平台列入查处名单。主要是因其涉嫌提供含有宣扬淫秽、暴力、教唆犯罪、危害社会公德内容的互联网文化产品。2016 年 9 月 9 日，国家新闻出版广电总局下发《关于加强网络视听节目直播服务管理有关问题的通知》，要求网络视听节目直播机构依法开展直播服务。重申直播平台必须持有《信息网络传播视听节目许可证》，未取得许可证的机构和个人不能从事直播业务，进一步规范火热的直播现象。

网络直播平台主要有两类违规情形：一是演艺类直播平台提供含有宣扬淫秽、色情、危害社会公德内容的网络表演；部分"主播"通过肢体和语言进行性挑逗、性暗示，存在"闪现""骚麦"等违规情形，吸引观众付费赠送虚拟礼物，行为低俗下流，社会影响恶劣。二是游戏直播平台提供含有赌博、暴力、教唆犯罪的游戏内容展示，宣扬赌博行为。② 国家新闻出版广电总局还对直播活动中涉及的主持人、嘉宾、直播对象等做出了具体要求，直播节目应坚持健康的格调品味，不得含有国家法律法规规定所禁止的内容，并自觉抵制内容低俗、过度娱乐化、宣扬拜金主义和崇尚奢华等问题。

今后，网络直播平台应严格遵守《关于加强网络视听节目直播服务管理有关

---

① 数字及图片来源：东方财富网 http：//finance. eastmoney. com/news/1682，20160714641579783. html?_ t_ t_ t=0. 7831460926681757.

② 文化部查处 19 家涉黄涉暴网络直播平台，网易手机 . http：//mobile. 163. com/16/0415/06/BKM194GN001166V5. html.

问题的通知》和《互联网文化管理暂行规定》，落实内容自审责任。据了解，文化部拟出台加强网络表演管理的政策，在经营主体管理、事中事后监管方面对网络表演关键环节进行规范；建立违规网络直播平台和违规"主播"警示名单和黑名单制度，通过信用惩戒机制约束网络直播平台和"主播"的行为。

对手机直播的引导除在技术投入、人才储备、形式创新上下功夫外，还必须最大限度地整合与利用好平台的各类资源，逐步培养主播形成特色文化，努力培育市场，靠文化留住受众，靠内容创新博得市场竞争的有利位置，最终创造出较高的经济效益，达到企业、平台、主播稳步发展的目标。

第四节　网络直播的内容期待

直播市场的规范发展亟待文化引领，网络直播作为一种新的互联网文化业态，市场规模增速很快，用户数量已经达到两亿，其对社会意识形态的影响巨大。大型直播平台每日高峰时间有三、四千个直播"房间"同时在线，用户数可达二、三百万人次，手机直播用户数量更是惊人。[①]

在人人皆可主播的传播环境下，主播口语已经影响到民族文化的传播，可以通过一些低门槛的培训加以完善。2016 年 8 月，影星王宝强离婚事件引起不小的网络反响，就有主播在直播时对马蓉开口大骂。网络直播虽然不像广播电视那样管理严格，但要做个有品位的主播还是要学些传播技巧的。有的技巧其实很简单，首先要用善意的眼神交流。其实在闲聊的过程当中，透过摄像机镜头，让对方感觉到充分注意和镜头前的温暖，当然也要警惕不同文化的人在交流中是否有抵触，因为各地不同的传播习惯和文化差异会带来不同的结果。适度的谈话和恰当的发问能引起对方的专心聆听，不要一个人唠叨不停。整个聊天过程应该是轻松的、正面的，尽可能聊些有趣好玩的事情，而且是多数人都聊得上来的话题。可以聊一些最近发生的事，经常关心时事的人会了解一些他们关注的话题。最好不要谈及敏感性的话题，要通过直播的方式来了解对方，并缩短彼此的距离，但是不该谈过分私人的问题。在结束的时候也不要持续说个不停，懂得见好就收。

手机直播使每位播客走进了公共场合传播，传播时的自我披露包含了四个区域：开放区、盲目区、隐藏区和未知区。所谓的开放区就是包含了自我和他人可以公开交换的信息；而盲目区就是指他人观察到而自己却浑然不知的信息；隐藏

---

① 从 papi 酱尴尬首播到文化部查处直播还能烧多久？东方财富网 . http：//finance. eastmoney. com/news/1682，20160714641579783. html？ _ t_ t_ t=0. 7831460926681757.

区是人们不愿意对他人透露的关于个人隐私的信息；未知区就是自我和他人都不清楚的信息。大家在直播的时候，要注意一个自我达成的约束。在人际交互的过程当中，注意避免影响他人自尊，也不能培养负面的基因，应该表达向他人学习的较高期望。当然这种期望不能不切实际，遥不可及，让人觉得高不可攀。受众就是播客互动的对象以及自我传达的期望，对于传播中的自尊心和自我意识要具有坚强的定力。

要考虑传播的同理心。同理心是去尝试感受他人感受的一种能力，有同理心的人才会揣摩他人在某种情况下的感受，会站在其他人的角度来思考问题，能够试着用别人的观点去看世界。这样在沟通当中就不只是关注自己，也让自己能够感受了解别人的想法。这就是为什么有些人的谈话会引起更多共鸣的原因。要注意人际传播的伦理道德，互联网的匿名传播在直播互动变成大众传播之后，网络主播失去了伦理道德的制约。面对谎言、欺瞒、剽窃、抄袭种种缺乏伦理道德的现象，每个传播者心里都应该有一把道德的尺子作为衡量和评判他人言语的标准。国家对直播软件的整治，目前只能划定"黄、赌、毒"的禁令底线，还无法将伦理道德作为语言传播考查的标准。打算靠直播口语创业的人一定要自我约束，如果都以讹传讹，甚至肆无忌惮地谈论他人、社会乃至国家的是非曲直，这个社会就会形成文化混乱。

借助互联网进行人际沟通的口语创意，一般可分为三个阶段。第一个阶段叫入口期，这个阶段就是传受双方比较明了，可以通过比较容易的方式来得到对方的信息，比如说对方的身高、体重、长相、打扮和年龄等，这是入口期。第二个阶段是个人期，就是当媒体运作一段时间以后，已经有一定的粉丝量之后，就会分享一些深度想法、态度和价值观，甚至一些较为隐私的信息。最后一个阶段是出口期，就是双方决定这个团队不要再继续发展下去了，也就是说双方决定这个合作或者这种互动终止，就是出口期。

在"大众创业、万众创新"的背景下，如何把握机会、探索方法、加快发展，是每个主播和直播服务提供商面临的问题。在目前手机直播还处在闲谈式的口语传播方式时，要记住几个根本的因素。首要的就是直播怎么样去吸引人？颜值会暂时吸引好玩的人，但是靠直播创业就必须对它有所规划。要研究如何使用自我披露，人们在虚拟环境当中最愿意倾听一些自我披露的隐私，当然也有区域和程度的不同，包括开放区、盲目区、隐蔽区和未知区，都可以做不同程度地披露。要学会自我达成，以预言方式给以承诺。2015 年，《罗辑思维》的罗振宇承诺未来二十年，每年都做一次年终演讲。在 2015 年底他把二十年以后的门票全部卖出，居然也卖得很好，这就是自我达成的预言。此外，还要研究同理心，有人可能认为在直播的时候同理心很难做到，因为我们是不可能完完全全地站在别人的立场，用他的立场去思考事情。但是通过一定的努力，我们仍然可以靠近，甚至能够去揣摩别人的感受。同理心和同情心不能混淆。富有同情心的人虽然也会感觉到他人的遭遇，但并非同意当事人的立场，而是从自己的角度去体会整个事件。最后要记住伦理和道德是社会必须弘扬的一个永恒的真理。中华民族五千年的传统文化，为什么屹立不倒？就是因为它对人本质的这种描述非常有价值，加以吸收，对现今社会的发展有非常大的作用。①

---

① 秦珲珲，李佩雯，蔡鸿滨. 口语传播 ［M］. 上海：复旦大学出版社，2011：63-70.

创意篇[①]
——口语创客的感性质量意识

感性质量是网络视听作品呈现出来的文化张力，它是视听创意和人在镜头前表现魅力的综合体现，是作品思想渗透力的考量手段。丰富多彩的创意最终要通过人的画面视听来表现，所以人和镜头之间的传播适应是首要解决的问题。目前很多自媒体视听内容制作重创意、轻品位，内容制作的基本功不够。而在众多自媒体视听样式中慕课教师的镜头感具有广泛性和代表性，与其他自媒体视频创作具有基础共性，我们细致剖析慕课的内容录制为广大口语创客找到镜头前的创作状态做些铺垫。

---

① 张颂．中国播音学［M］．北京：中国传媒大学出版社，2003：216~271.

第一章
从慕课教师和镜头之间的"温度"说起

如果拿产品质量来衡量的话，慕课音视频的精彩程度属于课程的感性质量。为什么这样说？打个比方，我们到饭店吃饭，或者到哪儿去买个东西，除了买产品本身的消费之外，在品尝那个饭店里的佳肴之余，餐馆的环境，服务员的态度，包括一些售后的服务，大家都有要求。买东西时，对盒子的包装也会很在意。那么，慕课也是这样的，而很多教师说恰恰缺少这种"包装"，这也是所有教师从课堂走向镜头前的一个坎儿。其实说难也不难，但是确实是博大精深，这是所有口语创客都要面对的问题。如果只是达到上课的要求，其实也并不是很难。慕课的"感性质量"是相对于"定性质量"而言的，因为每位教师的教学功力和专业造诣是"定性质量"。但如果选择了慕课，教师在摄像机前与镜头之间的这种交流能力称为"感性质量"，现在这种"感性质量"已经影响到了"定性质量"的传播，因为不像在课堂，每位教师对环境和学生都很熟悉，课堂属于人际传播，而慕课已经属于大众传播了。如果教师有志于做好一门属于自己的慕课，那我们就一起来一次教育的创客之旅吧。

第一节　慕课教师的视听素养

每位教师都熟悉了在课堂上和学生之间的沟通，因为眼中有学生，而且适应这种交流和谈话场，很容易找到熟悉的讲授感觉。那么现在慕课是什么状态呢？教师眼前失去了学生，面对的是镜头，于是大家就会觉得多年熟悉的那种教书状态找不到了。在普通课堂，教师做了准备，能找到信心的因素包括：自己的形象气质，教师的责任心，教师的爱心和耐心，这些都可以征服学生，因为教师和学生是面对面的。而慕课录制，教师见不到学生，学生看到的只是教师的作品。慕课教师的自信来自于一个默契的团队、专业的设备、良好的话筒前状态和一个很好的视频策划，它是团队合作的产物，相当于做电视节目一样。团队组合是什么？或者跟教师合作的平台是什么？团队之间的这种合作对慕课的影响非常大，因为教师只是代言人。那在录制过程中哪些是需要合作的呢？教师是被拍摄的主体，作为拍摄的摄制团队也好，后期制作团队也好，他们和教师都有合作环节。那么一个庞大的课程制作过程中，相互衔接就非常重要。教师对慕课的镜头感也好，或者说这种课给人带来的视听享受也好，我们可以称它为慕课的"感性素养"，这是各个环节都要教师关注的团队活动。外在的表现是教师的个人魅力，内在的就是教师对镜头讲课的学术造诣。还有一点更重要，就是团队共同的价值观和使命观，大家知道做电视必须具有团队精神。

那么慕课主讲人的视听素养是怎么形成的呢？它主要是依靠创客式的感知力。其中有三点：第一点是镜头前的感受态度和情感；第二点是讲稿的视听化；第三点是副语言的注意事项。当教师站在镜头前选择做慕课的时候，首先要给自己定一个基调，大家对每种讲解的风格都很喜爱，但都有自己的偏好。当我们把自己推上了互联网，其实在学习氛围中，或者说在传播大数据当中，教师已经成了那门课的"主持人"。接下来就是给自己定一个什么样的风格，或者叫讲述风采。可以靠亲和、靠风度，甚至可以选择幽默来赢得学生认可。当然每个人都有自己的特质，应该是先给自己定好位置，你是"撒贝宁"的话非要选择"白岩松"的风格，可能就比较痛苦，完全可以走出"撒贝宁"自己的道路来。而你是"白岩松"非要去做"撒贝宁"也很痛苦。白岩松从来没有在电视上笑过，但他做得新闻很有吸引力，而2016年巴西奥运会开幕式上，他的幽默式解说被网民们赞誉为"段子手"。这提醒每个教师在选择自己镜头前状态的时候，可以考虑一下自己最适合的状态。

我们面对的第一个问题就是话筒前的感受、态度和情感。很多在线上平台的慕课教师几乎都是面临这样的状态问题：从课堂到镜头的这种转换。其实这种转换早就存在，只不过教师没有到镜头前去录慕课，没有意识到它的存在。大家走到镜头前，从课堂的人际传播到镜头前被摄录，流于大众传播的时候，才发现这种转换很难适应。因为大家面对冷冰冰的镜头找不到感觉，因此，我们第一步就要研究：怎么把镜头当成学生？怎么做到"目中无人"，而"心中有人"？有一位教师为了拍慕课搞了很多学生照片，拍的时候放在摄像机后面，他认为这样可以产生对象感，但这种办法是行不通的。从专业角度来说，这也是徒劳的，为什么？大家看慕课的时候，都是通过镜头来看慕课。那么讲课的时候只能把目光给镜头。可如果你虽然面向镜头，而目光给了镜头后面别的地方，你呈现的对象感就会不一样。我们通过视频看你的时候，就会觉得你不是在看我们，你在看后面的什么东西。慕课教师试试看就知道了：你的目光只能给镜头！这就是很麻烦的事了，面对镜头，我们怎么感之于外受之于心呢？

首先，我们谈谈感受，怎么能够对冰冷的镜头产生它就是自己学生的感觉？在镜头前，想象变得非常重要。感受当中有很多要素，有形象的感受，比如说教师可以想象这堂课哪些学生会听？我最喜欢哪些学生？他们会有什么反应？这叫形象感受，当然还有逻辑感受，逻辑感受就是你的稿子要说得抑扬顿挫，它们的前后关系要做到心中有数。总之要形成话语场。此外，还有一个重要元素——物理场，它主要是物质上的定位感，你的目光是给谁的？目光是给镜头后面的照片？还是给镜头后面你想象的某一个人？你只能把注意力给镜头前所想象的某一个人。比如教师在大礼堂讲课的目光肯定是给现场观众的，但要是录慕课的话，必须把注意力分配给摄像机，而现场的观众只是受众的一部分，这就很麻烦了。所以，我们鼓励有条件的教师可以在家里录。为什么在家里录会好一些呢？因为教师一下子进入录影棚，那种环境对他来说需要心理上的适应，很难形成自如的心理场，在家里就会很自然，很释然，录错了自己就可以再来。这样就会徜徉在自己的话语场当中，交流感很容易建立起来。中央电视台工作那么多年的主持人在春晚上台前都会紧张，一个资深的主持人遇到大的场合都会这样，何况是没有任何录制经验的教师？所以，公众场合录像的确较困难，在家里录就容易多了。

最后，教师要注意形成一个整体性意念，就是录制过程从摄像机红灯亮到红灯灭，教师要心里有数。想使观众牢牢地被抓住，让他们盯着视频，教师的心就不能离开观众，如果对象感时有时无，镜头就会反映出来。教师自己的注意力都离开了镜头，受众就不会认为被注视。纵然知识很有必要学习，但是感觉没被重视，慢慢地会游离掉的。所以，在创作的时候脑子里始终要有观众，然后一句一句地具体感受，融合成一个整体的感受。当然镜头前也有态度，要具体地把每句话说出来。我们在网上也看到很多视频，讲课态度都是很客观的，作为教育创客的状态不鲜活，没有自己有血有肉的状态，是也好，非也好，或者褒也好，贬也好，要让人感觉到，这还是感受的问题。态度是变化的，而且是有分寸的，当然有时候要用适当的情感。讲课的时候，虽然可以用一些煽情的元素，但不可多用。对教师来说，恰当的情感还是和镜头之间交朋友。这种感觉虽然比较虚，但是教师—学生—课程三者之间就是通过一段段视频完成的。感受、态度、情感，这三者是相互依存、相互促进的，不是孤立的，是你中有我、我中有你的，这种融合发展形成课程的"温度"。教师看着冰冷的镜头刺激自己的神经系统，然后让自己兴奋起来，状态活起来了，这是第一步。

在具体操作过程当中有的教师是有提词器的，录像时可以看着提词器读。还有一种是没有提词器的，只有讲稿。有的教师觉得自己可以驾驭课程，没有稿子就讲，是脱稿的。这些选择取决于教师对知识点的把握。在五到十分钟的视频中，选择某一个知识点，心里要有数，教师就可以直接对着镜头讲，这是没有稿子的。有的是准备了稿子的，但不管有无文字稿都要经过把"稿子变成自己要说的话"的过程。先看无稿的讲课，没有稿子的讲课就是以教材或知识点为依据，在话筒前进行即兴的口语创作。但是肯定有提纲或者有腹稿，它包含情绪的成分在里头，是一种口语化的活动。应该说，所有讲课都是口语化的东西，即使是有稿子的，如果只对着文字念，就像有的教师在课堂上也对着书念，学生会觉得很单调，所以无稿慕课出镜的独特性就在于教育创客必须对所讲授的课程有多年的研究功底，多年的课堂讲授经验，还有提炼技巧，然后注意在转换过程的拓展性。很多教师都觉得慕课难，主要是在提炼课程的时候怎么选择问题点？怎么把一门课化整为零分成若干视频小片？视频设置不一定要依据教材，应用性的项目化教学是可以根据工作流程以任务来提炼视频分配的。

在无稿录制过程中会出现大量的即兴口语，讲课内容有可能会变化，或者是准备好的腹稿会有变化，对镜头前的适应问题都会存在。很多教师到镜头前，总找不着感觉，真实感觉就是很难维持下去，或者是勉强撑下去，这就很麻烦。怎么才能进入状态呢？怎样从教师的实际出发考虑找到亲切感呢？没有什么好办法，就是在镜头前反复训练。教师镜头前的准备功课做得越足，正式录像的时候，镜头前的麻烦事就越少，尽量别把麻烦留在镜头前。否则，别人看着别扭，自己也感觉不自在。要把问题克服在正式录像前，自己就必须反复练习。那怎么练呢？对着墙，对着某个固定点就可以了。大家讲课的时候，是有学生互动的，那么在家里录，没有学生怎么互动？举个例子，我们在舞台上给学生辅导毕业汇报演出时，训练项目是"电视新闻播音"。真实的电视新闻不是像舞台那种环境，是录影棚里进行的。而我们在舞台上演练的时候，目光就不能面对着现场观众，要对着镜头，或者对着某一个固定位置也可以。观众通过镜头就是说眼睛里是有对象感的，教师在家里也可以这样训练，既然选择了慕课就得接受这种"折磨"，如果不遭这份罪，教师在慕课作品中的镜头感就很不自然。

有的教师前期预案很多，镜头前的设想也很多，但是没经过专业演练也落实不了。这种转换是练出来的，练和想的能力要相互推动，光想不练或者光练不想都会很尴尬。必须在镜头前反复的去练，即使是没有镜头也可以练。录不录与自己没有关系，但与练习量有关系。有的人就是想得很多，一到镜头前非常激动，语言也不是很流畅，反而很麻烦。记住：自然是最重要的。再有一个问题就是松懈。特别是有些教师觉得无所谓，随便录一些音视频，到最后也会很麻烦。个人能力是存在转换的，每一位教师在生活中都是很有气质的，但是再有气质的人被拍下来的时候是会有转换的，因为我们生活中看人的时候是三维的，是立体的。而镜头可以放大一些东西，也可以掩盖一些东西。慕课教学教师是上半身图像，基本是中景为主，那么会掩盖一些面部问题，也会放大一些问题。即使大家再不关注细节，也都知道存在所谓的"上相"和"不上相"的问题。为什么会有这样的问题呢？因为人在镜头前会变，尤其在录影棚内，灯光、化妆、服装以及神态动作都会变化，要通过自己的录像反复调整。录影棚有专业的光源，摄像机是平面扫描的，所以有的脸就"上相"，有的脸就不"上相"。一般来说，中国人的"国"字脸比较"上相"，这种长相的人很多。其实出像效果在化妆基础上可以改善一些，但总体已经定下来了，所以出像时不用故作姿态了，手势和姿势也不要设计。内心修养丰富，自然而然释放出来的东西才是值得交流的。如果设计一些动作，本身就会产生隔阂，受众看的时候也会觉得很别扭。还有固定的腔调也是这样，很多教师都有固定腔调的问题，因为没有镜头前的反复体会，缺乏实战经验而不自信、太在意，语言腔调拘谨。

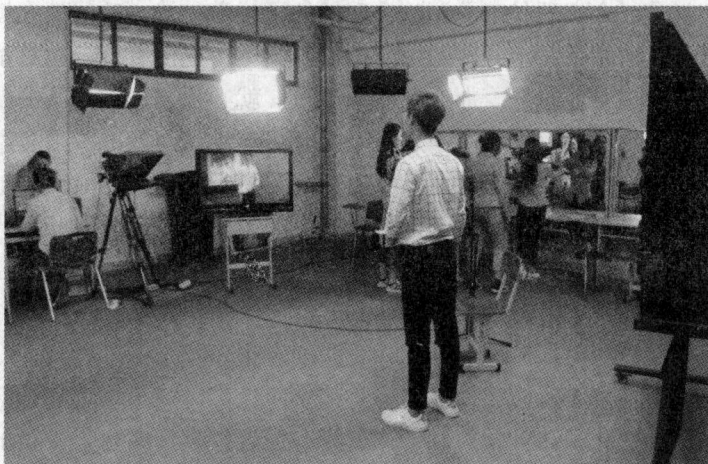

有人说多年的电视主持人才能适应的这种变化，我们这些没有经验的教师一下被推到镜头前，录像时实在太紧张，怎么办？首先在开始录的时候多做深呼吸，实在没办法，再做深度叹气。然后在镜头前调调弦，嗓音是要调的。过硬的专业造诣可以使自己在镜头前站住脚，那么面对镜头怎么去释放自己？可以和现场的同志开开玩笑，克服紧张情绪的秘诀就是开怀大笑。找到释然的身心状态，镜头前就自然了。既然选择了慕课，在镜头前就要释放自己的天性。搞艺术的教师要求学生释放天性，他们都有一种本事就是在镜头前释放自己的天性。很多理工科的教师选择了慕课，更该往这方面多看一看，多练一练，努力改善一点，在录像之前释放不自在的情绪。可以思考一下体察学生什么？要营造的是什么？在镜头前，教师要把镜头当成你的学生。这在家是可以练习的，比如对着书桌前的灯，当作那就是你的学生，反复去讲。一般来说，在拍片子的时候成品和素材比是5∶1，这样才能选出来满意的素材。录制的教师可以参考着去做，多练一些，按5∶1的素材训练，总能找到自己满意的状态，当然练得滚瓜烂熟上镜，才可能在录制时一遍通过。

录像时，如果有稿件提词器就会轻松一点，不用考虑抬头技巧，但是目光不能完全交给文字，一定要分出注意力给镜头后面的受众。教师也可以在桌子上放一个笔记本电脑，因为镜头是上半身像。教师可以坐在电脑桌前一边看笔记本，一边对着镜头讲课，这样在哪里抬头就成了一个问题，主要是目光怎样交流的问题。不管是有稿还是无稿，始终脑子里有一根弦——你的每句话都有人在听。有受众在看你，而你不买镜头的账，受众就觉得你不买他的账，这样就会失去受众了。无稿的时候，可能好一点，一门心思组织内容，录的时候话语场反而容易构建。这其实就是一个心理状态的调整，现场的干扰少一点，教师坐在镜头前心里更踏实一点。大家站在一个开阔的地方，教师会觉得更没着落。大家都愿意到棚子里录像，以为越专业越好。那么到棚子里录，就必须要适应棚子的状态。学习播音主持的学生到电视台去实习一般是不会有机会出新闻像的，很多学生就很着急，没体验的机会。其实很好办，已经上岗的播音员在出像的时候，他如果让你旁观，你就可以揣摩成熟播音员出像时的经验。出像的时间是很短的，结束以后，演播室灯灭了没有人，你就可以坐在那儿。天天在镜头前坐着，心态慢慢就适应了。还是那句话，所有的技巧归功到底就两个字：自然！我们可以说出很多的技巧，但到最后还是回到原点。比如镜头前有很多思维的一些规律，大家感兴趣可以去研究一下思维反应律、词语感受律、对比推进律等语言表达规律。它的魅力在于要学会变化，比如情声和谐律，光有声音没有情绪也是不行的，情和声要统一。还有呼吸自如率，不管心里有多忐忑，通过自我调节最后就剩下两个字：自然。

第二节　讲稿的口语化过程

文字稿怎么实现口语方面的转换？怎样把讲稿变成自己要说的话？首先在录之前要做一个准备工作，就是选择要录的知识点，然后有的教师会认真准备讲稿。讲稿是自己写出来的，要在录像讲课之前准备一下，即使是自己写的讲稿，也要把它消化成口语，需经过逐字逐句地消化，这个过程叫备稿。针对讲稿的狭义备稿可以分成六步（在本书后面会专门讲述），包括它的层次、目的、主题、背景、主次和重点。五六分钟的视频讲稿准备好之后，对讲稿层次心里也要有数，这段讲稿的目的是什么？最终目的是什么？它的主题是什么？这段文字存在的背景是什么？重点在什么地方？教师心里要有数，要在讲之前做好充足的准备。

所谓基调，就是基本的语调，是语气的综合。一般来说讲课都是讲述式的，基调不会有很大的变化。当然，如果有一些特定的课程，比如音乐教师、表演教师，包括文学教师，可能会有一些高亢的基调、舒缓的基调、亲切的基调等，这都可以去选择，只要适合课程的需要。而在大多数慕课教师转换口语的过程当中，以下这几个技巧可能会有用。前三个叫内部技巧，后四个叫外部技巧。为什么要叫内部技巧呢？就是在大脑当中对文字的反复加工技巧。它包括情景再现，对象感和内在语（本书后面会着重去讲）。外部技巧分为停连、重音、语气和节奏。比如我们口语中的顿挫肯定是和文字的标点符号有偏差，语文教学中要求读文章要注意读句，而标点符号在口语表达中可以抛开，作为训练表达力的参考。我们所指的重音不一定是重读。语气包括陈述的语气，疑问的语气，等等。每段表达的节奏都是语气的综合。

这些技巧最终都是为了帮助创客去练讲稿。很多稿子都是自己写的，对内容也很熟悉，一定要在镜头前保持充沛的精力。在录的时候如果教师仅仅是把讲稿背下来，那肯定不很成功，讲稿内容和表达状态的精力分配应该在 1∶3 以上，至少要抽出双倍的精力来做上述工作，教师在屏幕前才会有活力，教育创客的形象才会鲜活起来。对提词器不能投入全部注意力，要能够使自己摆脱讲稿，即使非常熟悉稿子，也得腾出大量的精力去做感性质量工作，做有"温度"的慕课。

第一是情景再现，所谓的情景再现就是稿子当中的东西，自己通过对文字的想象还原它的客观存在，然后来刺激自己，眼前的讲稿就不只是白纸黑字了，而是一个个的客观存在，有情也有景。来举个例子："蓝蓝的天上白云飘，白云下面马儿跑，挥动鞭儿响四方，百鸟齐飞翔"。为什么要举这个例子？因为一次在一个学校里搞朗诵比赛，笔者去做评委，那里喜欢朗诵的教师还真不少。以上述例子示范，可能自我感觉还好的人会这样读："蓝蓝的天上▲白云飘（↑不是高起吗，接下来要有变化），白云下面马儿跑～～，挥动鞭儿响四方，∧百鸟齐飞翔～～。"①（读法模仿请参见二维码视频）这种抑扬顿挫的表达赢得了大家的掌声，但是我在现场抱歉地说，鼓掌的人还比较业余。我们没有去过草原，但是通过电视、图片回忆，通过一些刺激，我们知道草原这种辽阔，大家可以看类似这些图片，那么其中的体会是什么呢？

欢迎扫码收看视频

应该是"蓝蓝的天上白云飘～～"读成"飘"了吗？没有"飘"起来，应该是"定"在那里了，然后就顶上去了，"白云下面马儿跑～～"，马儿跑是激烈地跑，是吧？大家可以想象这种表达方式，然后呢？"挥动鞭儿响四方～～"，

---

① 张颂．播音创作基础［M］．北京：北京广播学院出版社，1992：87.
（▲挫号，用于没有标点符号的地方，停顿时间短。∧停顿号，表示停顿时间稍长。∨连接号，只用于标点符号的地方，表示缩短停顿时间，连起来播。～～延长号，可用于任何词、词组、句、段落之后，表示声音延长。）

那个声音没有表现出来，"响四方"又错了，没响起来；最后一句最有意思，语势不是要有变化吗？"百鸟齐飞翔↓"，还塌下来了。这个例子是让大家看看创作想象的刺激，其实我想拿这来比喻一下。因为是大众传播，慕课中的表达不像在教室里，面对镜头前陌生的"学生"，教师在表达的时候，怎样把文字表达得恰当？我只是列举这四句话，如果是慕课制作中，也可以按照以下四步来走。第一步是理清头绪。怎样理清头绪呢？用画面感把稿子的内容理清楚。首先要把稿子还原成客观存在！对讲稿中的那些文字，在脑子中要不断地闪现出它所讲述的客观实体，每句的客观存在不断在脑海中浮现，它的结果怎么样？然后稿子的重点在哪里？目的是什么？稿子当中都会有的。不要以为是自己写的稿子就走过场，要把第二信号系统的文字还原第一信号系统的"真实"感觉，这种内心活动要去做，但是也不能陷进去。第二步要设身处地，不是理清楚稿子的头绪了吗？启动文字变成客观存在的感觉了吗？还不够！还要设身处地的进入。口语创作者这时似乎不是在录影棚里，而是在草原上，"看见"了蓝天白云，"看见"了奔跑的马儿，"听到"了挥动鞭儿的响声，要设身处地感觉到这些。第三步是触景生情，而且要学会自然流露情感。很多教师非常严谨，这就很麻烦，因为这步对大家提高"感性质量"是很有用的。镜头前的松弛是很重要的，要靠想象刺激自己，文科教师可能会觉得好一些，文字感觉有一些。教理科的和教文科的，他们接受文字的刺激和感染力不一样，理科教师往往会说：搞得那么艺术化有什么用，只要过程严谨就可以了。既然选择慕课，可能还要参考一下这种有"温度"的表达。而"现身说法"是最终实现者。以上这三步表达技巧，如果仅仅停留在脑子当中是没有用的，这三步是为了让自己说出感觉来，而不是仅仅做一下这个工作，或者陷在里边。这里边有三个关键点，就是感受、想象、表达。感受是基础，想象是桥梁，表达是实现，需要有感受力、想象力和表达力，那么这三步要做到：感受要真切，想象要贴切，表达要恰当。把这种能力培养当作镜头前创作的一部分，很多科研高峰都攀登上去了，这种技巧对于教师不应该害怕，下了功夫都能有所提高。

　　第二是对象感，就是大家在镜头前的时候，除了能把文字变成可感可触的客观存在以外，怎样建立面对镜头的对象感？对象感是一种设想，就是出像者在镜头前的时候，感觉到对象的存在、对象的反应，然后意识到自己要满足对象的心理需求，要意识到你的学生、听众和自己的情绪互动，这些都可以去想象，但全是口语创客一个人完成的。在录制现场是目中无人的，在目中无人的环境下怎样努力做到心中有人？这是需要训练的，也是一直要做下去的。对象感的训练在视频录制中是最重要的，因为即使一秒钟没有把注意力给镜头，观众只要认真看，就能察觉出来，视频收视率越高反应越明显。所以，大家在讲课的时候，眼睛看着对面黑洞洞的镜头，一定要把它当成一双眼睛，自己学生的眼睛，随之表达者的眼睛里就会有变化。这要靠设想，讲到哪儿，眼睛里就应该有相应反应，然后才能产生共鸣。这一内心活动做和没做，被录下来的效果是不一样的。当然这都有质和量两个方面的内容：质的方面，可以想象屏幕前的学生是什么样的学生？哪些类型的学生？然后量的方面从学生的状态，学生对某门课，或者某个章节的反应开始想象。越具体越好，以课程内容为依托来设想以获得对象感。设想的对象感应该是稳定统一的，就是说不能一开始的时候想着谁，过一段时间想象对象又换别人了，对象感就会有变化。每段课的视频，五六分钟之内，必须有一个稳定的对象感，不能走神，尽量地和对象之间建立一个平等的关系。这全靠想象，镜头就是最熟悉人的眼睛，就是教师在课堂上最能驾驭的学生。有了这种感觉就能找到把握对象感的自信。总之，质的方面，可以是学生的性别、年龄、职业、人数；质的方面，包括收看的环境、氛围、心理状态、学生的素养，等等，都可以去设想，这个过程完全由教师一个人完成。

第三，我们来思考一下内在语。讲课的内在语是什么？每个教师自己都有这种体会。一句话本来是该这么说的，但是你不能或不便表露。这种不能表露的语句内涵，我们叫内在语。它有两点，就是语句本质和语句链条。其实我们说一句话的时候，总是有目的的，这种目的如果不便表露，或者不能表露，你要通过语气把它体现出来。语句链条是什么呢？是逻辑关系，这一句和那一句之间的关系，你心里要清楚，因为什么？所以如何？虽然什么？但是怎样？你得心里清楚才能把这种关系理出来。比如："原来是他"。根据喜怒哀欲惧的不同，内在语就会有不同的感受和表达效果。又比如说我们在讲课的时候，就用到发语式的内在语："各位同学，大家好，我今天讲的这门课是什么，我是谁谁谁……"这不仅是礼貌性地打招呼，更是一种提醒，要引领大家这里是一个标志。慕课教师口语也是："各位同学，我是某某某，我现在讲的……"，在互联网的大数据潮流当中，第一句冒出的这种声音，就是教师自己的标志，就像"中央人民广播电台"这样的电台开场语，是发语式的。还有寓意式的内在语，就得听出弦外之音。关联式的内在语，就是你要抛一个砖，你自己把这个砖得搞清楚，这起什么作用？大家在讲课的时候都有这个经验，知道怎样抛砖引玉，诸位教师在课堂上都可以用，但是镜头上要用起来。关于提示性内在语我们会分得更细的，就是经常会有提示，大家经常课堂上抛一个问题出来的时候会有提示、设问、提醒、注意等等。那么在慕课中怎么去讲？有的慕课教师在视频中会有表演的因素，通过表演来完成授课意图，但是表演的过程也是有支撑的，内在语起了非常大的作用，搞不好所做表演就会被当作神经病。脑子里要有一根弦，就是内在语在表达情形当中起了非常重要的作用。在表演过程中心里要有数，一气呵成，展示过程就是一个完整作品。我们都知道讲相声要甩包袱，包袱是怎么抛出来的？才开始有铺垫，说了之后想没想，这个过程非常重要。最后就是感叹式的总结性发表观点，如果有需要的话可以有一些态度在里头，甚至反语式的内在语也可以用一点。

关于外部技巧——停连、重音、语气、节奏。其实每个教师都有自己的停连、重音、语气和节奏表达习惯。在讲台上处于人际传播的时候，每个教师都有自己的课堂魅力，每个人都习惯于自己的表达方式。在说话时不光有停顿，还有连接。重音也不一定是重读，还有话筒前的语气、节奏等，我们从这四个方面综合，不同的教师再去思量一下自己在课堂上的表达。有兴趣的教师，可以参照研究一下电视主持人的一些表达技巧，本书后面也做了专题讲解。

第三节 教师的仪态塑造

镜头前的副语言也很重要。副语言是什么呢？我们在镜头前的时候有两种信号，第一种信号是大家的声音，叫有声语言。那么除了有声语言之外的其他信号叫副语言，它包括体态、化妆、服装、手势、动作。首先要会微笑，对着镜头微笑，所以感觉很重要。既然选择了慕课，大家可以做这样一些练习，找一个供自己想象的镜子，跟"他"或"她"去交流，你就会进入状态。当然你也可以对着一个墙角慢慢说去，和你想象的对象交流，这是教育创客需要完成的任务。

体态语中有几种站姿，但一般来说上课的时候是比较正规的站姿。像下图左边的几种站姿都不是很规范的，有的可能在课堂上也做了，不录像也没留下了痕

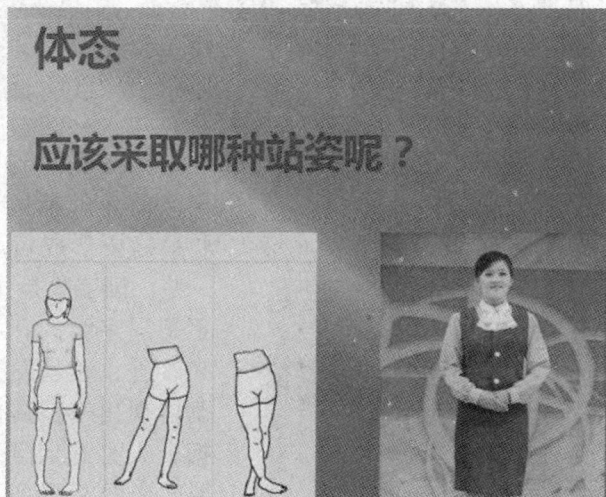

迹。但是录像的时候要注意，庄重的站姿是教师的媒体形象。再者就是手势，动作一定要放松，但也不能影响观瞻。有些教师有一些习惯动作，这些习惯动作被拍下来会是什么样，这就要注意一下了，当然可以剪辑，后期制作会很麻烦。如果录了半天，因为动作的某一个问题，要重来一遍应该是挺烦心的事。

着装要根据课程内容、参考季节、场所和接受对象来选择。来看看上面这几个年轻人。这种着装在户外的时候可以用。如果是在室内坐在镜头前，就要注意上半身的着装，运动装可以用在全身出像时，可以在户外讲课的时候用。全景和中景的着装是有不同要求的，这些就不展开讲了。不管怎么穿着都是为了好看的教师形象，所以着装不能过分地夸张，右边这个贴身的就不太好。

发型要做到适合出图像。出像前教师都做了发型，人的脸最终要形成黄金分割会美观一些。国字脸是比较上相的脸。不是国字脸的，可以通过化妆来改善，通过发型来把黄金分割体现出来。具体什么发型根据个人喜好，但是刘海非常重要。来看左图，大家觉得很洋气，很青春。录像全景没问题，但是如果你录上半身讲课的时候，就会很吃亏，为什么很吃亏？因为是圆脸，如果再把头发留到后面去，上半身就是一个很洋气的、很美丽的一个女教师的形象。所以，头发的刘海在改变面部协调性中起着非常重要的作用，主要靠前额刘海起作用，后面是拍不到。大家可以关注一下各个各级电视台，特别是专业台主持人的发型，就能明白刘海在面部轮廓中所起的作用。

　　然后来看看站姿，下图的两个站姿怎么样？这样的站姿其实是非正式场合的站姿，一个叫 A 型站姿，一个叫 H 形站姿。就是大家很悠闲的时候，在讲台上可以去讲。但如果录课的时候这样站立，属于很休闲的状态，这种站姿属于非正式的站姿。

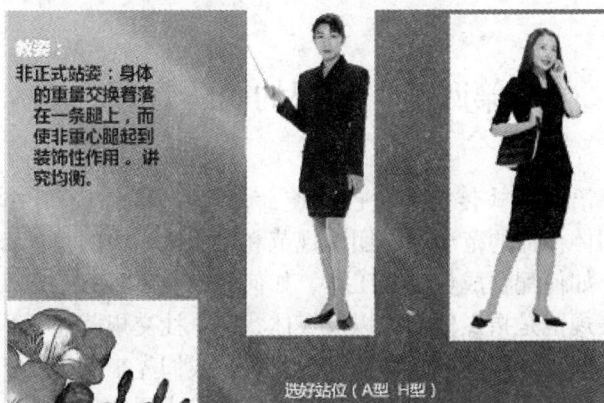

教姿：
非正式站姿：身体的重量交换着落在一条腿上，而使非重心腿起到装饰性作用。讲究均衡。

选好站位（A型 H型）

　　最后，谈谈坐姿。女同志的坐姿一般都是比较内敛，双脚是内扣的，而男同志正常坐正就可以，不要跷二郎腿，否则态度就不严肃了。因为我们录课在传播的过程中，也传播了每位教师自己。课程变成一种作品，被挂在互联网上，每位教师在传播知识的同时，也传播了自己的个人魅力，所以必须要思考一下，怎么样把自己的知识和魅力融合到一块，营造一种新的新媒体环境，成为教育翻转、混合式教育的体验。有的课为什么做得比较快，就是全部环节都是一个人做的，没有请什么帮手，所以采、编、播、都是一个人，如果能这样应该是最好的，为什么呢？因为视听课程自己亲自做的话，有缺陷后期可以弥补，或者录的时候不满意，在后期做的时候再补录些。比如课程当中需要配音的部分，后期自己随时再补些配音视频就可以了。下载一个编辑视频的软件，再学会如何操作并不是一件特别难的事。这是局限于比较容易操作的，成本比较低的微课，如果有一定的资金支持的话，还是团队合作好一点，团队的力量可以做出精品。

第四节　慕课的团队管理

　　教师要以口语创客式传播为自己的使命，起步阶段离不开小团体的传播形式。那么在小团体传播的范畴中，团体规范和在团体当中的角色都是教师要思考的，主要包括：如何配合成员完成工作，如何达成团体目标，以及该有多少的良好迹象。而外表规范是指媒体形象以及媒体状态。社交规范包括了成员之间如何建立一种关系，成员之间的利益如何分配，等。我们先来谈谈小团体的沟通和互动技巧。其中，传播模式的认识显得尤为重要，在小团体传播中包括语言传播和非语言传播。语言传播我们一直在讲，而非语言传播主要指体态语言，就像穿着是一个人的外表信息一样，它包括副语言传播、空间传播、时间传播和接触传播。人们透过网络变成"实体"接触。团队是指一群能够亲密地为某种利益彼此相互依赖、相互扶持，共享信息达成目标的一个团体，所以每个团队都是一个特定的团体。从团体进化为团队的必要条件是激励成员对团体目标有更多参与和更深的默契。那么团队既然是一群人集合在一起，能够密切合作的一个群体，它包含的内容比团队就更广。建立所谓评管圈，就是相同工作领域的人员自发组建成的团队，定期聚会来解决工作中的主要问题。

　　自我管理团队，又称为自治团队，除了执行任务和解决问题以外，还有独立自主的权利，就是传统意义上的领导者负责项目。虚拟团队就是以网络为平台的团队，成员之间可以利用网络科技来进行跨时空的沟通和运作，合理分工解决问题，达成目标。那么组建一个团队必须注意以下几个因素：慎选团队内成员、确定团队互动的程序和有效的激励和领导、确定团队目标。

　　当团队的传播发展到一定的规模以后，就可以演变为组织化的传播。组织传播当中，其价值取向值得口语创客们注意。首先是文化取向，作为文化产品，它的第一层面是看得见的创造物，就像身边可感可触的建筑物一样，包括上述的各种技术方法。第二层面是它所拥护的价值观，就是我们在真实环境当中可获得的社会共识。第三层面是基本认知的设定，就是课程组织所关注的人们日常生活的本性，人与人之间的关系，人与自然的关系。其次就是批判取向，在课程体系中能说什么，怎么说以及对受众的影响形式，这些都是批判取向范畴之内的东西。①

那么，团队传播的影响效应为口语创客营造了创业空间。而慕课教师只是创客教育的口语实践者，是众多口语创客之一。口语创客涉及各行各业，从事自媒体、手机直播的人们一定要以创客精神引导自己的言行，传播格局演变有客观规律，也有主观动因。每一位创客都应在遵循客观规律的前提下，把握主动，留下时代烙印。新媒体的处女地等待着口语创客去开发、去创造、去收获……

那除了口语创客个人镜头前的感性质量，创意思维的翅膀如何成长？如何从充满好奇的幼鸟长成展翅苍穹的雄鹰？

---

① 秦琍琍，李佩雯，蔡鸿滨 . 口语传播［M］. 上海：复旦大学出版社，2011：103.

第二章
用创客思维做慕课

在目前的教育格局中，慕课教育还是在"拓荒"中推进。不光是经费的问题，主要是人的意识。教育创新要靠慕课来转变，还要靠大家去努力，所以我们应该用创客思维来做慕课。创客这个概念本来是理工科院校提出来的，是美国麻省理工学院的一个课题，它是指能够把自己的创意变成现实的人。在 2015 年的两会上，李克强总理把"双创"——"大众创业、万众创新"列为经济发展的引擎，创客和创新、创业联合在了一起，所以这个词把它引入到教育理念中是我们势在必行之路。

第一节　创客教育的关键点

创客教育的关键点在什么地方呢？就是把创意用到教育项目当中去，对慕课教师来说就是怎样来创意自己的课。这两年慕课建设持续推进，在建设方面有三个层次：一是影视制作的创意，二是教育方法的变革，三是传播手段的创新。这三方面都是在慕课制作中可以考虑的，如果我们建设当中仅仅从课堂转到镜头前怎么去转换，这仅仅是第一步。当然开始时教师的适应、拍摄的适应、课程的视频化，这些转换是有很多工作要做的。接下来要做的应该是把教师的强项体现在教育的方法和影视结合中，最后在运营过程中和传媒结合好。所谓创客，网络上还有种说法叫剑客。剑客是英雄，很孤独的。但作为教育创客，每位慕课教师都是英雄。如果学校一开始做不了慕课，推动不起来的话，微课是可以推的，参加各级的微课比赛。慢慢地，在学校的教育意识中慕课的声音就起来了，慕课教育在学校里才会形成系统。

"创客式慕课"——把这个理念提出来之后，我想在制作的过程当中还分这几步。一是慕课怎么去策划，加上一个团队的制作，概括起来就是在策划和团队制作过程中的创意。二是录像教师和摄像之间的磨合。因人而异，琢磨课程设置都会有各自的特点，每个人都会有属于自己的长项，也有弱项，怎样扬长避短，必须开动脑筋。三是运行过程当中新媒体化运作。如果说我们现在的手法还是沿袭影视制作的手法，但广播电视是单向传播的，而我们的慕课互联网传播是互动的，双向传播是发散的，传者和受众是平等的，任何一个传者可以发出声音，任何一个受众也可以发出声音。那么在这种环境下，我们怎么去做慕课？

创客教育已经向我们走来，必须要意识到这一点：作为一个教师，既然选择了慕课，就已经是媒体人了，而一个自媒体人就会面临互动、实时的制约。慕课运作的这些基本流程是策划、文案、PPT，然后录像、剪辑、视频打包，这是基本的制作脉络；之后在运作过程当中要上传，上传和编章节是同步进行的。此外，还要布置作业和命题考试。考试也有一部分成绩是在慕课平台上进行的，考完以后别忘了问卷调查。既然选择了慕课，就应该是全过程的关注课堂内容。如果是传统课堂，45分钟全身心关注课堂内容，至于课下备课，教师只要充足运用好时间就可以了。而慕课是24小时的全过程关注，因为信息已经离不开我们的生活。现在最不容易丢的是什么东西？是手机，学生也好，教师也好，建立玩、学、创的教学体系，玩中学，学中创，在玩耍中学习，在学习中享受创造的快乐。

那么提出这么多设想，很多教师会问我们怎么去进入？作为实战派，像创客那样搞慕课是要做发明吗？不完全这样的，这是运用互联网思维贯穿慕课建设的全过程。我们需要再认识一下创客，狭义的创客是指工科类的产品，比如电子产品、计算机产品、机器人，这些东西就是创作出来的公益类产品。广义的创客包括非物质文明的产品，比如我们的创客教育。"大众创业、万众创新"，教育是基础。如果没有一个创新的教育理念，学生永远不会学着去创业，而说话也可以挣钱，这不光是现在野蛮生长的手机直播，互联网口语正在形成一个产业，我们为什么不能去好好研究？创客在互联网中靠说话完全可以创造很多价值，这当然包括教师创客，他们也是口语创客之一。创客教育不光是信息科技类教师的专利，它要成为每个教师新的教学素养，这是一个趋势。那么我们看教师的角色转变，应该是从知识技能教学向培养学生终生发展能力和思维这个方向来转变。这当中就有些问题，核心是自造，必须是原创，从消费者变成创作者。2016年以来，如果做媒体的人还能够只在手机上发发微信、玩朋友圈、买东西，那就是躺在金山上要饭吃。在做媒体的人眼中，互联网应该是一个可以挖掘不尽的金山，那么一定要从消费者转变为创造者，要在做中学。要会判断怎么去做某一个课？

能不能去做一个新的创意？或者某一项内容如何创意？从传播学角度怎么样把课程视频印在受众的大脑当中？怎样才能很好看，有黏性？在新媒体传播的过程当中，内容是为王的，讲台上熟悉的课如何用视频呈现出来，是值得大家好好去思考和探究的一个问题。伟大是由什么构成的？伟大永远是细节构成的，把身边的小事做到极致就是创客。简单就是极致的复杂，那么当把某一件小事琢磨透，你会觉得其实创业原来如此简单。

当然创客是要有精神的，创造精神不光是坚持，要有好奇心、有兴趣，一定要热爱。一开始出图像的人可能觉得适应镜头是个很痛苦的过程，但完全可以"痛并快乐着"，这是央视主持人白岩松在二十几年前讲的话。大家如果能够体验到这种"痛并快乐"的感觉，就一定会是一个成功的慕课教师。要学会改变，因为痛和快乐在过程当中也就转化了。先去设计话筒前思维，最重要的是沟通。因为慕课是一个团队，必须要会沟通，在沟通中解决问题。动手自己做一次，学一些力所能及的事情。教师都是具备匠人精神的，持之以恒也是没有问题的。

第二节　谈一谈创客文化

做慕课很可能后期有修改，但是在制作过程当中百分之八九十就成型了。也就是说在创作的过程当中，教师的思想、教师的教学积累、教师的人文魅力已经烙印在视频当中了，传播文化已经产生了。可能这个作品在十年、二十年之后还是这个作品，这个作品能够带来多少影响？当然后期会有些补充和调整，这要求教师用文化遗传的理念来做自己的课。从这个视野来思考课程、来设计课程、来运行课程，将民族基因渗透进慕课文化当中，因为既然是选择了慕课，也就负有大众传播正能量的责任。习近平总书记要求我们学习传统文化，这永远是每个教师不可或缺的责任。

教师创客和学生创客是有区别的。学生创客主要是造物，而教师创客是造人，那么教师通过混合式教育、开放式的课程怎么能让学生看了之后会震撼？几百万投资的电影式慕课会有震撼，小制作的课程就没有震撼吗？文化是没有阈限的，价值也是惊人的，几百万投资的慕课是大制作，小制作的课弄好了一样会让人惊讶。2016年初，有一个中央戏剧学院的编导专业研究生姜逸磊，网名叫"papi酱"。当时毕业论文还没有做完，她将自己的一些原创视频上传到网上。视频就是很简单的独白，但她剖析了当代网络年轻人内心深处的一些东西，通过视频反映出来，制作成本很低却创造了号称新媒体时代的广告标王，获得2200万的标价。也就是说创业是很难用价值来衡量的，大家要相信自己的智慧，如果把你们的智慧发挥到一定水平，相信你们的作品会非常吸引人。学生是项目的创意设计；教师是教案的设计，视频的设计，PPT 的设计；学生是做产品，教师是激发学生、帮助学生做产品。

这时候学生需要教师的帮忙，要教师做的是什么？为学生创业做准备。对学生创客的评价是产品的创意和效果。而对教师的评价是学生的创意过程和发展。创客教学法主要分为创意和分享。多数是才开始都用混合式 SPOC 的形式教学，SPOC 和慕课是有区别的，SPOC 是小规模的，就是局限于校内，或者经过授权以后的学生才能去看的课，慕课是开放式的，这两者有区别。用 SPOC 在校内远远没有慕课使用那样有成就感，而且现在的学生会有很多创意，但是创意完了之后就没有下文了，往往就是有很难把一个创意做完整，这是现在学生的特点。教师要帮助他们把事做完整。所以，设计一定要从学的角度来进行，制作的时候要考虑到这一点，还要考虑分享。分享是什么？一定要从传播的角度来分享。现在学生都离不开媒体，我们为什么不去用呢？教师上课讲得最多的就是让学生把手机关掉，其实手机已经变成学生身上的一个"器官"了，那为什么不把这个"器官"用起来呢？

下面的问题是怎么去用新媒体？2015 年，"创客"这个词成为网络的一个亮点，那么怎么样让我们的思想动起来？如果每个人的智慧发挥起来，那每个人都是奇迹。每个教师都要有媒体的意识，做媒体永远不是传统广播电视的责任，选择慕课的教师就已经是媒体人了。必须考虑怎么样去创新，让自己成为一个创客式的教师。首先每位教师要意识到自己已经是一个独立的媒体人，我们在微信圈里经常会有朋友发一些微博、微信，很有创意。那既然是慕课的主讲人，教师就是这个慕课自媒体的主持人。可以通过微信、微博，包括二维码特推，音频、视频做不了的话，文字是教师的强项，还可以建立一个微信公众平台。微信公众平台除了文字之外，可以每天推出一些语音，慢慢地学会推出一些小视频，在课程运行当中写一些延伸的文章。要深度思考"长在学生身上"的手机怎么用，清华大学推出的"雨课堂"就是很好的手段。还可以利用现在很火的网络直播，在手机直播、PC 直播中，我们可以尝试一下学生作品的展示。慕课不单单是把课挂在互联网上像放电视那样随学生去下载看，它应该还变成一个混合教学的升级版，逐渐壮大。一定要有这个意识，成为自媒体的创客式慕课教师是下一步的目标，既然大家选择了慕课，又处在创客的时代，我们必须从慕课开始着手创意自己的课程。这样的成长模式下，课程内容该怎样创意？初级的课程是教"是什么"，只是告诉学生有关知识是什么；再提高一点就是教"为什么"；而高级的课程是教"怎么样"，视频让学生看了之后，会知道怎么样去做，然后才会去创业。创客之间有些精华可以分享，可以互动，共同进步，特别是在运行过程当中肯定会遇到各种问题。因为以前的教师，在讲台上游刃有余，从传播学的角度来说，这叫小团体传播。当做成慕课以后，变成大规模传播。大规模传播里有组织的成分，也有个人传播的成分，它是一个综合性的传播。口语传播所包含的五个传播等级在创客式慕课运行中都有，都需要我们去应对解决，我们可以相互帮助。从开始到运行就是全天候、全过程地关注。课挂在网上，学生不去关注就很麻烦，教师一定要全过程地关注，团队之间相互协助。如何让学生找到你的课程视频？如何让课程在汪洋大海当中被人发现？怎么包装课程？怎么让人不小瞧你的课程？怎么样正规化的运作？尽量将课程打造成自己的品牌，我们可能不是跑得最快的兔子，但是我们永远要在最勤奋的位置上。资源分享了以后更要靠共同努力，逐渐普及慕课教育，搞了一个相关的微信平台，这里面事情很多，人多了就会相互推动。

第三章
互联网创意解码①

第一节　口语创客们如何洗牌

　　大家做自媒体，包括做慕课，除了兴趣爱好和社会服务，最终要走向创业。我们以慕课教师出镜过程来细致剖析人和镜头的关系。这对于各类自媒体创意视听作品同样适用，只不过除了出镜的状态，互联网视听作品的质量水准还有一个重要环节就是内容创意。电视垄断的时代，口语传播的组织影响是由组织内部决策把关到外部传播单线完成。现在互联网中的组织传播已经呈现交错发展的状态，早期在组织中的讯息接收和传达或者商业沟通的技巧，是为了传播在组织系统内成员的互动和协调，而实现组织目标的基本过程，口语创客的传播行为在组织中不再是线性的静态技巧，而是由互动的个体组成的组织系统传播活动，也就是构成组织的主要活动传播②。

　　主持传播权威性日渐消解，主持人被"围观"渐成主流③。在互联网时代，每个人都是自媒体，流量是金，如果要在互联网的环境下，能够吸引更多的顾客来光临的话，就必须要做营销，那么怎样获得一个人本身的吸引力，能够有更多受众光临？最终他们会拼流量，也就是说社交媒体或者叫自媒体，已经成为一种发展趋势，它让自媒体创客或者社交媒体人有了可乘之机。一个产品或者信息放

---

　　① 刘兴隆，康咏铧等. 互联网+为媒体——移动互联时代的新媒体营销密码［M］. 北京：中国铁道出版社，2016，69-151.

　　② 秦琍琍，李佩雯，蔡鸿滨. 口语传播［M］. 上海：复旦大学出版社，2011：16-17.

　　③ 高贵武，刘娟. 新媒体环境下的主持传播格局演变［J］. 国际新闻界，2016，［3］：10.

在互联网上，必须要建立一个新的游戏规则，或者叫用户习惯。如果不懂得用户习惯，不和用户握手言和，不会精耕细作，说明你的思维还是停留在传统阶段，只会用钱或者激情烧出的营销最终会原形毕露，或者败下阵来。怎样能够打破常规、勇于变革呢？微信公众号是个好办法，现在每个人都在各自的平台上享受新媒体，但如果开通了微信公众号，却只会花钱买粉砸广告，别人都会在发表原创观点的时候你却只会复制，这种口语传播者永远不会被大众所认可。因为用户的话语权、主动权越多，根本的游戏规则就改变了。口语传播的权利博弈首先取决于作品的创意程度。也就是说，一个在社交网络上靠口语传播生存的人，一定要用别人想不到的思路，实现他人完成不了的传播。必须有自己的想法和创意，跟风是绝对行不通的，这是第一点。第二点是用好网络传媒。在网络传媒当中，平台有很多，自媒体的音频、视频上传都会依托平台，定期上传自己的音频、视频作品，这些都是网络媒体资源。那么网络媒体有一个最大的特点，就是如果随波逐流的话，最终肯定是失败者。口语创客上传任何作品，没有自己的新意，没有自己的创意，本身就是失败的作品。我们在网络媒体上进行口语创作的时候，要综合考虑三个因素：一是媒体的营销模式；二是互联网媒体能够给用户提供什么样的信息服务；三是自己的内容运营策略，思考怎么样去运行一个网络的媒体，包括数据库的构建内容，策划编排内容，用户原创的一些内容。内容一直是传统媒体的最大优势，广播电视媒体通过自制或者采购合作等方式，获得优质的内容，把其按照用户的需求种类、时间、区域的差别进行编排，然后分发出去。网络媒体的运营内容一开始就不同，不建立在自制内容的基础上，而是一种对传统内容沉淀的盘剥和压榨使用，也就是说，网络有取之不竭的源泉。

我们从大量传统媒体的资源上，提取一些自己可用的东西，然后进行压缩和编制，弥补了传统媒体的某些不足。这决定了口语业务开发的多样性。未来互联网媒体面临的一种转变就是移动化，电脑平台逐渐被移动手机冲击，这是终端变化的冲击。也就是说收看我们信息的终端在风起云涌中不断变化。还有一个是媒介化的冲击，媒介的冲击使互联网的口语创意不能停留在吸引眼球、创造广告或者付费效益的层面来引发传媒效应，应该更深一层次考虑到媒体的社会价值传播，主流文化引导积极健康的生活方式。移动媒体是创造互联网新生态的推动者，比如在移动互联网媒体当中，最大的功臣莫过于微信平台了。微信平台起步于 2012 年 8 月。在两年时间内，微信公众号就达到了 600 万个。微信的时代，我们称为微生态。很多的企业管理者都知道不管营销做得好不好，先注册公众账号再说。这样，整个微信就是一个生态圈，也成了一片信息海。现在很多的企业放弃了短信沟通，而是用微信向用户发出消息。精准营销是大部分企业加入微信号的一个目标。我们每次推送的内容，对一个并不陌生的朋友圈来说，大家的一些生活习性，吃喝玩乐、旅游，包括休息、休闲这些的习惯，已经是物以类聚了。那么更重要的是在这个圈中去提升自己的品质，让用户关注你，成为你的资源。对于每个人来说，微信是一对多的，对于这种传播我们可以预言，微信电商是刚刚拉开了一个小的序幕，还有更多未被开发的红利隐藏在微信这座金山里头，需要我们口语传播者去深思。

第二节　为得"痛点"而转型

新旧媒体应该共赴转型，数字媒体是指包括文字图像，图形声音，视频影像和动画的感觉媒体。传统媒体不能只当看客，随着 PC 媒体和微媒体的驾临，各大行业面临着重新洗牌，"互联网+"会带来房地产业、通信业、出版行业、教育行业、餐饮业、新闻业和物流业的一系列变革，可以说新媒体是无孔不入的。那么在"互联网+"的环境下，新媒体口语创业是一种机遇。全球所有企业就如同在一个市场上厮杀，互联网使我们很多中小企业成了小微跨国企业。口语传播者能否触碰用户的痛点，取决于其口语才华。马云曾经说，每一次变革都是一次机会，投身新媒体是大势所趋。在这场变革中我们将见证一个口语传播者的快速反应能力和组织适应能力。他们必须深入到受众的骨髓里，传播者、用户和受众同呼吸，实现灵魂共舞。这样，创客们才能找到传播中的"痛点"。新媒体和传统媒体相比较的话，它使很多不可能变成可能。比如我们看过了一场"美拍"和"微视"的鏖战；了解了"爱屋及乌"跟"链家网"的对决；还旁观了"叮当送药"和"好药师"的生死时速；也知道"饿了吗"和"美团外卖"引发的圈地大战，包括点菜系统和"外婆家"所刮起的 APP 旋风。"APP 点菜"成为一种时尚，可以说在"互联网+"的环境下，微媒体正使越来越多的不可能变成了可能，因为新媒体可以让商家不砸钱也能做广告。

除了个人发现，新媒体运用也尤为突出。因为新媒体宣传有创意，有了创意才会有很多企业通过新媒体的运作，通过各种创意的宣传，企业业绩会扶摇直上；新媒体还在整合，整出了新媒体专车；新媒体还具有移动性，我们可以边看电视边购买周边产品；而新媒体电子商务，逛淘宝现在是每个人几乎不能摆脱的一个生活方式；我们要学会新媒体的大数据思维：数据思维、互联思维、内容思维和平台思维。如果我们不掌握大数据就如同盲人上战场，如果没有互联思维就如同在孤岛上的个人奋斗，与用户的关联是所有口语传播者的生存王道。至于内容，可谓得"痛点"者得天下。具备了大数据思维，我们在从事自媒体创业时，才能跟得上新媒体发展的步伐。

另外，面对口语传播的新媒体革命，传播效率有多高取决于口语传播者有多大的舍得。要舍得研究，因为新媒体可以让一个人用十五分钟的时间成名；要舍得学习，要做一个有互联网思维的学习型口语创客；要舍得下本，要敢于尝试性地探索实验新产品，不要怕试错了；要舍得转型，当外部环境变化的时候，第一时间要反应迅速。我们在这个身处媒体交融的特殊时期，既不能像盲人摸象一样去摸索，也不能做温水青蛙，对于新媒体创客来说，打造自己的品牌也好，还是为客户定制品牌也好，这种影响是无孔不入的。

第三节　从"广而告之"到"点对点"营销

那么微媒体品牌带来的是什么呢？微媒体的品牌有三个要素：价值、声音和故事，这三点，后文将进一步讨论。因为它的延伸产品还会产生蝴蝶效应。我们做一个新媒体应具有全方位的传播策略，如果左手是盲点，那么右手一定要抓紧痛点，因为我们看内容、看脸，同时主要看"芯"。比如我们的博客、微博，包括自制剧，一定要有创作品质的内容，让用户记住才是王道，动态的吸引力是非常有魔力的。如果身处这个时代，我们每个人还是无视那些微视频，再不介入新媒体就已经晚了。新媒体口语传播是一个很好的前沿阵地，一个很高明的口语创客，可以创作出很多奇迹。手机视频、手机语音已经博得了大多数消费者的眼球。人类的原始本能决定了动态传播更吸引眼球。

"互联网+"时代的大数据分析、精准渗透、精准传播等一系列的新概念将深入人心，逐渐被大家接受。在过去相当长的时间里，在传统媒体垄断的时期，我们总能听到一个词，就是"广而告之"。那么如今的广告是开始转向为"窄而告之"，因为窄就意味着更加精准。努力做到窄，才能减少不必要的浪费，这是时代的发展。那么如何支配用户的注意力，在防止涣散的同时能够吸引用户更多的注意力，而发挥更大的传播效益呢？这是口语创客绞尽脑汁创意的最终目标，我们今天所谓的眼球经济也是基于这个理论，从成本和收益的角度来看，"不浪费"将满足大部分企业主的需求。现在还有很多的企业在大把大把地烧钱，铺天盖地地去投广告，这并不是口语创客们所践行的道路。口语创客首先要从中找到自己创业的空间，下一步我们要解决的问题就是通过我们的语言等让客户不砸钱也能做广告。在部分传统企业主的眼里，所谓营销就是拼命地做广告，而新媒体传播的本质呢？广告只是途径之一，它是为了特定的某种需要而形成的一种媒体，广泛公开地向用户传递信息的手段。当然，广告就意味着投入，必然产生一定的关联。而打广告的人最关心的是自己的投入能否产生相应的回报，所以在新媒体时代的营销革命中，随之而来的并非谁都愿意多花钱，谁的钱花的越多，谁的广告就做得越响，名声就越大。新媒体营销其实是一种投资，在新媒体上投资，只要回报大于传统媒体，企业的投入就没有浪费。对一个企业主来说，投入和产出比是每个季度都会算的。事实上，大部分企业主期盼的还是投一块钱能换回三五元钱，甚至更多的回报。在新媒体上的口语创业，我们可以整合多种手段和形式，同时推出创新的传播方式。在网络时代以微博为代表的新媒体，我们可以借助传统的报纸杂志、电视广播等传统媒体，包括新媒体的创意，更灵活地拓展传播空间。整合新媒体的优势就是我们在做任何活动的时候，可以分成两步：第一步是预热；第二步是互动。当然在口语传播中要注意策略。它的一个很重要的手段就是借助事件。我们可以营造一些事件，或是制造一些事件，然后通过新媒体，多渠道地、在小众化的朋友圈里广泛地传播，产生病毒式的延伸。多渠道整合包括网络视听和电视整合，同时可以使电视以视频手段播出。用口语加软文发 APP 抽奖，通过口语创意的一些热议话题与视频多渠道地融合。这都是我们在用新媒体口语传播的时候要思考的方方面面。应该说新媒体极富包容性，它不是一个形式的孤军奋战。

平台思维靠收门票、懂得借力也能活很久。但是要建立数据思维，如果不掌握大数据，口语创客在互联网上就如同是盲人上战场。大数据让我们从现实看到了不远的未来。利用已有数据，我们细分自己的消费群体，有针对性进行品牌宣传。借助大数据，任何一个商家都可能消除消息不对称，精准地找到自己所需要的用户。大数据的到来让信息变得更加公平、平等。何为大数据？何为大数据思维？大数据是在用户无法承受的时间范围内，用常规的软件工具捕捉管理和处理的数据。在互联网时代，每个人都是大数据的创造者，比如我们上网时留下的浏览痕迹就是大数据。那么在万物互联的虚拟大数据中，不只是看到直观的数据信息，更重要的是通过对数据的分析，事先预测和有效地评估，来把握事物的发展趋势。这才是大数据思维。所以，口语创客首先要反映用户真实的心声。通过数据我们可以分析、判断用户的需求，有助于精准地营销。随着数据的深度挖掘，未来可能出现更高级的情景，比如你上网去购买一个歌手的 CD，在登录网站后，还没等你搜索，网站已经推荐了两个你可能喜欢的 CD，并且还是你心仪已久的限量版，这就是口语创客该做的事情。也就是说，口语创客反映了用户的真实心声，只有掌握和分析数据才能够了解用户的真实需求。那么，第二点，大数据是我们的资源，是作为口语传播者的一个天然优势。大数据就像你肚子里的蛔虫，它让你知道企业对什么感兴趣，需要什么，了解什么。大数据也是互联网口语创业者的天然优势，因为有了这些数据优势，我们完全可以做更多的事情。口语创客可以做到让一切皆有可能。我们首先要建立互联网思维，没有互联网思维，我们就是孤岛型的创业者。所谓孤岛，就是与外界失去联系，封闭一切的孤岛型创业，包括资源孤岛和信息孤岛，总之，适合自己的用户失去了联系，那么它的生存之道就是用户互联。

有人可能会说：互联网思维的平等、以用户为中心、专注、使命感等等，这些我们都努力在做，而且已经体现在口语创意和品牌营销当中，那么为什么还是一无所获呢？这可能是因为没有顺势而为。今天，互联网思维的发展迫使创客要顺应互联网，才能走得更远、更持久。怎样才能顺应互联网的发展趋势？一要从传统走向开放。在今天这个电商和传统行业都需要转型的时代，对于处在水深火热中的口语传播者来说仍然需要拼命营销。他们的第一步就是稳定地积累用户，不能急躁。这是对那些想一夜成名，或者一味地追求业绩的创客们的建议。二要鼓励互动，相互关注，要有参与感。我们都知道，在互联网的传播中，有微信、微博、附近的人摇一摇、雷达加朋友、面对面建群等方法，以后还会有各种各样更便捷的一起互动的手段，让每个人都能参与进来。多关注，就应该多运用些能够互动的手段，然后，怎么样让自己的口语创意能够更加满足每一个用户的需求，完成每一个用户的愿望，这是我们打破资源孤岛的途径。

第四节　内容思维

一、得"痛点"者得天下

我们思考一下内容思维，何谓内容？以口谋生的人就是凭"说"来赢得顾客，赢得受众的接受，获得消费者或者是投资者的接受。那么得"痛点"者得天下，创客说的话能不能否戳痛受众，包括投资者的痛点呢？这是创意当中最关键的，那么到哪儿去制造痛点呢？当然是内容，它要求我们在转型过程当中具备互联网的思维。大家在巴西奥运会的解说中为白岩松点赞，因为他始终在寻找受众的痛点。从电视垄断时期不苟言笑的"冷面主持"到奥运解说的"段子手"，白岩松始终关注"说"的内容。观众在变，内容也必须跟着变。怎么样才能够把内容做到位？要注意以下两点：一是专注，专注于用户认可的产品，才能赢得市场的回报。口语创意的动作再大，营销得花费再多，不能把最基础的最基本的核心业务和内容做好，都是不可能成为一个有影响的口语创客。二是内容，利润不是唯一标准。我们在做口语创业的时候，一定要注重内容，利润不是唯一追求，一个产品的成功与否，不能光看通过这个产品挣了多少利润，或者单看产品带来多少效益，更要关注产品转化为利润的能力，包括它赋予的社会责任和社会担当。要从以利润为中心走向以价值为中心，产品的经济价值就是包括有形资产的，这种有形资产固然重要。产品的社会价值是它的品牌效应，这是最重要的。

再来想一想平台思维，如果有了一个很好的平台就能成为一个收门票的人。创客懂得借力也能在互联网上以口谋生。比如很多商业平台就是我们创业的第一借力平台，现在有很多自媒体人可以借助的平台，像《罗辑思维》依靠优酷，"papi酱"借助的是一些大的网络平台，"大鹏嗷不嗷"借助搜狐，这种生存模式是互惠共赢的。开始时一定要注意组建合作团队，处于起步阶段的口语创客，如果有能力自建平台，一定要审时度势。比如教育界正在各地火热推进的慕课（大规模在线课程）平台，其实开始未必要自建平台，学校都没有能力去自建慕课，为什么要去创建一个平台呢？要知道很大的平台在互联网时代是可以相互借鉴的，而自建平台是一个非常复杂的过程，不仅要面对繁杂的管理，更要面临一场血雨腥风的竞争，稍不留神就会成为他人的踏板。所以，要懂得借力，现在已经有了很多好的平台，我们站在巨人的肩膀上与其互惠共赢，未尝不是一个很好的思路。

二、对互联网思维的误解

口语创客运用新媒体思维有一些需要注意的地方，下面就来看看关于互联网思维的几个误解。首先，认为其是短暂的时尚风，来得快，去得也快；第二，认为是小孩子玩的东西；第三，认为数量重于质量，忽视质量；第四，还没有时间来做新媒体的营销；第五，认为有微媒体就够了。下面分别来谈一谈这些误区。

第一，新媒体绝对不是一时兴起的风尚，来得快，去得也快。在很多人眼里，新媒体只是互联网的风尚而已。我们且不论新媒体在网络时代会怎么发展，就目前的局势来看创意类产品一定会继续走下去，而且它正在以一种强有力的营销激流影响着社会。我们在美国总统大选中已经见识到了新媒体的作用。各大新闻机构网络的新闻故事视频，包括他们关注的大事件，从他们发出的文字当中，有很多是从新媒体上获得的，因为新媒体已经是全球通讯的一部分，如果无视它，任何一个企业都会面临危机，所以它绝不是一时兴起的东西，也不会来得快去得快，只会有来得快去得快的创客，而这个行业只会越做越大。

第二，认为口语创意是小孩子们玩的东西。如果看看互联网上有多少企业，有多少市场巨头的身影，我们就知道在互联网上去做一些口语创意绝不是小孩子玩的东西。连一些世界巨头都要上互联网，因为顾客在哪里他们就会到哪里去。我们没有理由去把互联网口语创意当成小孩子玩的东西，而是一个需要认真对待的新行业。

第三，数量重于质量。很多做新媒体可以创意的，没有重点，没有焦点，自说自话，大谈国事内容，又漫无目的地发作品，大量的时间在做一些大海捞针之类的事情。甚至可以在互联网上口若悬河地说上几个小时不间断，这样做浪费了精力，浪费了时间。我们换个思路，用户关注你是因为你能帮助他们解决问题，比如痛苦、恐惧和知识等。如果能尽己所能登录你要找到的和该找到的目标点，废弃一些无效信息，运用自己的营销策略发布一些有价值的内容，应该会帮助你实现自己的商业目标，也帮助你的目标受众解决了诸如痛苦和恐惧之类的问题。不过聪明的创客会把参与的数量控制在自己力所能及的范围之内，而不是越多越好。

第四，其他事太忙，没时间做新媒体的营销。其实和所有值得拥有的东西一样，新媒体的营销需要你投入时间和精力。在信息高速运转的时代，每个人都很忙，要为自己最重要的事情腾出时间来，所以无需任何借口。我们的终极目标是扩大口语传播的影响力和规模，获得应有的收益。

但是，也不是有新媒体就足够了。我们要知道"互联网+"时代的任何事物不可能单独发生，一个口语创客能够获得认可，需要与时代、背景、环境及各种营销策略相结合，才能发挥最大的效力。我们不能把新媒体创意变成闭门造车，怎么样把新媒体融入营销策略当中来实现自己优先的商业目标，才是我们需要认真思考的问题，而不是仅有自己的一些朋友圈就足够了。

第五节　新媒体传播的革命

一、新媒体创业中的"舍得"

首先要舍得研究，因为它可以让每个人有十五分钟的时间成名。那么就传播而言，所谓的成名无非是想让消费者记住你创意的作品，成为进入卖场的时候第一个想到创客及其品牌，那么怎样才能让自己的品牌成名？消费者在选择商品的时候，往往会毅然地选择他们喜欢的品牌。从商业心理学的角度来看，消费者这种行为是非常好理解的。消费者进入卖场，真正的消费者其实就是我们的目标用户。投资商没有看到实际产品被挑选之前，其心理需求是非常抽象的，因为品牌本身就是很抽象的，这是值得注意的。那么问题就出现了，因为能被用户记住的单品就是创客集中资源打造的明星产品，明星产品最终会实现垄断。那么如何引爆明星产品呢？第一，我们的创意要符合大众口味，未必一开始就能成名，由局部实验到全面推广。总而言之，造势和推广是打造明星产品不可或缺的手段，目的是吸引受众和媒体的注意，软广告的创意活动，以及社会话题的方法来实现推广才可以实实在在地带来巨大的销量。我们这里一定要区分推广和销售，二者不可混为一谈。推广和销售是截然不同的两件事情，推广是为了销售打开阀门的过程。在互联网家的时代，无论哪一个明星产品，借助新媒体口语进行推广，营销的时候都可以省时、省力、省财且行之有效。那么，这种口语创业的影响力可以达到什么程度？用十五分钟打造一个明星产品已不是天方夜谭的事情，除此之外，还有深度、广度、温度和精度等"感性质量"。

其次，要舍得学习。就是说我们万物互联的时代，彼此互动的时代，包罗万象的时代，互联网思维要有全局的眼光，要心有用户，要有全局眼光，让用户有参与感。那么怎样成为互联网思维的口语创意者呢？人们习惯用运用模式的方法来对待参与市场创意的每一个运作人，它主要包括一些自身的优势。比如"简单"，只要按照设定的模式运转就可以；比如"高效"，固定模式和结构都具备，经过效率的考验；比如"牢靠"，我们清晰地把握企业的方向和市场需求情况下，往往能收到很好的效果，但是如果我们不想被淘汰，思维就得及时转型，跟上时代的步伐。

最后，也是最重要的是要舍得下本钱进行尝试性地探索，不要怕出错。听取用户的声音是我们创意者互联化的一个重要内容，就是不断地、尝试性地探索，试验新的创意，并让用户参与到你的创意当中来，进而听取你的意见，洞悉整个反馈过程。这有点像做一款软件，听取意见的同时能够不断地升级更新它，包括听取用户的声音，不怕试错，实验主体和参与者全部服务于投资企业这样一个过程。外面环境变化非常快，我们要第一时间做出迅速的反应，那么要敢于转型。如果外部环境依然发生变化了，我们还一味地固守以前的传播模式，就很难逃脱被淘汰的命运。我们只有时刻保持灵敏度，才能在外面的市场中立于不败之地，这是每一位口语创客铭记在心的东西。身处这个时期，我们既不能盲人摸象，也不能做温水青蛙。

有人说互联网时代是最好的时代，也是最坏的时代。好是指这个时代给更多人提供机会，而坏呢，就是很多人不知道如何把握机遇，要想真正地加入互联网口语创客的行列当中，必须要适应这个时代，实现思维转型。也有人会有顾虑，或者说不转型也不甘心等死，转型的话又怕死。转型这个词对口语创业者来说，近几年已经耳熟能详了，但说起来容易，做起来就非常的艰难。无论是一个在传统媒体工作了很多年的人，还是一个没有任何媒体经验的人，包括一些年轻的创业者，尤其我们谈到适应新媒体时通常包括以下两种情况：一是被形势所逼无可奈何的情况下转型；二是对未来有所预测的转型，我们称之为主动性的转型。口语创业者要想为自己的企业产品树立品牌，应该与首要商业目标一致，否则所传达的信息将会不协调，而消费者总会觉得有些不对劲。口语创客要思考一下，最希望解决顾客面对的什么问题？什么样的因素可以让顾客走出困境？你会用什么信息与"痛苦"的顾客建立对话关系？这是口语创客和目标受众之间的关系，作品应该呈现的品牌视觉形象就是创意、颜色、标识带来的视觉感受，我们称之为视觉形象。如果创意很糟糕，口述不是很好，那么潜在客户就会越来越少。

二、价值、声音、故事

我们剖析品牌的三个要素：价值、声音、故事，也是口语创客打造品牌的三个核心。

所谓价值，要找到起决定作用的价值。人们之所以会购买你的产品或者服务，就是因为他们有一些问题亟待你来解决。当然，这些问题可能是用户的痛苦，或者工作和生活的平衡问题，可能会影响一个人的人际关系和工作能力。就像破损的瓦片可能会导致房屋漏水，如果不及时解决就会付出昂贵的维修费用，用户遇到的问题如果不及时解决可能会付出更大的代价，所以用户迫切的从你那里得到他的解决方案。我们要深入用户背后的痛苦，才能说服潜在的用户，让他们相信你是有能力和技术帮助他们节省开销，获得更好的结果。成功的口语创客首先要将独一无二的决定性价值传递给最佳的潜在用户，再利用微媒体，从而有效快速地传递出有价值的信息。

所谓声音，是强调真实的声音更有力量。用真实的声音为企业做营销，让人觉得自然诚实，而且更让人接受。简单来说，真实的声音就是企业的形象反复出现在特定的用户群体中。那么宣传的时候怎样能找到自己？要用真实的声音来反映企业形象，有意识地运用这些真实的声音，会让媒体在营销当中向外传达出独特的富有魅力的引人入胜的信息，让媒体在分享这些信息的时候更加自然，更加自信，这是因为真实的声音在受众心中也是很卓越的。

所谓故事，就是学会讲述品牌自己的故事。即使在互联网时代，人类依然热衷于听故事，用故事的形式来传播。对于口语传播者来说，这是一个非常有力的手段。但是你在讲故事之前，必须要找到适当的故事素材，成为呈现品牌的故事。讲述真实的故事可以与潜在用户建立深刻的关系。这些故事可能会吸引更多媒体的关注和报道，从而将媒体品牌传播出去，甚至品牌的延伸品，产生蝴蝶效应。从中国本土走向世界，几乎是所有企业的梦想。但是一直以来，很多企业借助改革开放和全球分工的变化契机，通过输出廉价劳动力就认为走出了国门。这只能算是中国制造，而不是中国创造，两者有根本的区别。通俗地讲制造好比打字的时候，复制加粘贴，而创造是按部就班，打出每一个字，充分发挥主观能动性。而创意不是说来就来，尤其在互联网加时代，知识经济时代，企业想通过品牌走向世界，源于多层次的积累，包括商业模式，平台模式，战略模式和营销模式，我们可以思考：为目标用户服务的时候，这样的产品和服务能不能大量生产？要学习身边的全球性品牌，让自己的创造成为联系品牌和世界的纽带。

三、脸重要"芯"更重要

在新媒体时代，无论男女，颜值是非常重要的，有人说这是一个看脸的时代。但是对于口语传播者来说，我们在看脸的同时，"芯"更重要，可以说是看脸的时代，也是看"芯"的时代。"芯"就是品牌的内容。"papi酱"的视频、刘涛的影视剧为她们博得大量粉丝，但是多小时的直播开始让她们有些力不从心。对于口语创客来说，语言就像是一把匕首，一把利器，你把它磨得越锋利，就越能克敌于无形。对于创客们来说，这已经不足以来形容内容传播的威力，已经显现出杀手级武器的模样。那什么是口语创客的内容销售呢？所谓内容销售，是一种不需要做广告或推销，就能使客户获得信息，了解信息，并促进信息交流的营销模式。通过创造和发布原创内容，包括博文案例、白皮书、音视频、照片，增加品牌的知名度，形成一个专业的形象。越是在信息爆炸的时代，内容就越会成为吸引人的核心。因为究其根本，人们害怕自己被遗忘，害怕根本不知道外面的世界发生了什么，也不知道身边的人发生了什么事。这种心理促使了我们去积极地获取信息，获取自己想要的内容，甚至积极的创造与自己内容有关，与自己的圈子有关，与自己期待被关注的群体有关的内容。在这种传播的心态下，内容营销对于口语传播者来说就非常重要。

我们可以从以下三方面来做努力：理解、方式、营销。第一，很多人对内容营销的理解是片面的。内容营销的优势显而易见，但是很多人只是认为，传统的营销模式已经衰落，过分地期待新兴媒体的营销。实际上，纵观现在的营销方式，没有哪一种方式是绝对的完美。口语创客在这个营销环节当中，就能够看出他们之间或多或少的优缺点，然后取长补短、避实击虚。第二，是依赖传统的营销方式，借助于广播电台、电视台等媒体的平台进行推广，还是那种广而告之的大众化宣传。这个时候我们就会发现传统和新兴媒体之间这种共融性和相辅相成的这种关系，口语创客们从中可以发现很多的一些空白点。第三，很多人愿意花钱买粉丝，引流刷单，制造出一些华丽的数据来证明自己的存在。其实真正感兴趣的人有多少呢？那么有志于做口语创客的人，一定要做到：不刷屏，只用心打造内容的新颖，归根结底要看粉丝的质量，而不是数量，忠实客户要远远比海量的无效粉丝要好得多。创客传播的关键不一定非要有曝光力，重要的是要走进受众和目标用户的心里。

第六节　内容多元化

那么，我们怎样打造多元化的内容？我们从十个方面来谈一谈，创意者使自己的策划内容能够足够精良，足够吸引人，并持续地令用户投入和关注，这样才能形成自身的品牌和核心价值。

第一，就是找到自己的 VIP 用户群，或者叫重点用户群。从理论上讲，我们一定要从宽泛的群体当中寻找到最重要的、最合适的消费力度，最大的用户群。这就是我们说的 VIP 用户群，或者叫重点用户群。在利用内容做创业的时候一定要圈定 VIP 用户群体，依据他们的特性，去定制推广策略，以实现营销的精准性。在确定目标之后要知道自己的创意途径，包括引导他们生活消费的途径，了解他们的原始需求是什么，他们的痛点在哪里，最在意的是什么。

第二，要和专业的编辑人员合作。术业有专攻，我们在做内容营销的时候，视频要是离开策划编辑制作，包括声音的录制和形象的录制，是不能够确保你的内容能够给受众一个真正有价值的东西。必须要依靠专业的一些编播人员，才让你的想法能变成一个可感可触的音视频作品。三分钟的视频，那些有专业编辑特长的人，虽然不一定善谈，但是他们能够实现你想表达的意思。有的时候，个人的喋喋不休和一些画面的融合，会形成一个非常有可读性的作品。

第三，找到适合自己的方法。适合自己的才是最好的，这是口语创客一定要记住的一点。有人觉得自己的演讲比较有魅力，有人觉得自己的声音有特色，对着镜头说话比较有魅力，还有人觉得自己的表演比较有特色，一定要找到自己最适合的一种表达方式。

第四，寻找合适的传播媒体。找到用户群体之后，我们尽力开始定制优质的内容，然后，研究这个内容的传播渠道，因为没有好的传播渠道内容再好也是枉然，所以一定要找到一个合适的传播媒体来帮你发力。我们可以通过很多的推广渠道，可以合作的有：意见领袖，忠实粉丝和阅读者。只有找到全体效应的这种媒介，我们的内容营销才能展示出它的效果。

第五，制造让用户参与行动的入口，注意趁热打铁。就是咱们在做内容创意的时候，用户被优质的内容吸引了之后，在最热销的时候，就尽量转发分享，购买行动的入口，这是很重要的。比如一键加好友，微信扫一扫，购买链接，收藏转发等，这样会使传播效应迅速地发酵。

第六，适当重复和包装内容。一举成名的创意概率很少，多半都是经过后期包装，然后逐渐完善出来的。我们要知道，在一鸣惊人之前，肯定会有千鸣、万鸣。很多创客的优质内容找不到适当的机遇，因为消费者不可能天天等着传播者发布的内容，有可能发布内容的时候他们刚好没看到，所以，我们要在不同的时间反复使用，不断地修改、不断地包装，这是内容创作中一种不可缺少的工作。

第七，突出产品特点和价值。内容创业的核心是要凸显投资方的品牌和价值。当受众看完你的作品之后能用几个关键词描绘出来，那就成功了。所以我们的内容必须显示出作品的风格、内涵和价值。当然在追求风格的同时，也要分析客户的痛楚。将心比心就会有所共鸣，赢得客户的信赖。

第八，对内容进行多渠道地扩散。现在的碎片化信息传播，很难在一个渠道里获得成功，只有多渠道地进行传播，才能够收获一定的效果，比如说我们可以进行短期活动植入，包括付费频道插入，营销介入，包括媒介活动，就是多渠道去撒网，多少有点一些回报，同时有几条共同效应内容传播的话，可能会更有效地扩大传播效果。

第九，培养利用内容做营销的习惯。口语创客们一定要做一个中长期的战略，要坚持不懈而不是偶尔做做，或者是搞一两个有意思的作品就结束，没有信心坚持下去。一定要养成坚持做下去的习惯，每天更新博客，每天增加新的内容和视频。每天将优质的内容变成动态的内容，然后在线分享，只有定期做这样的工作，持续地做下去，才能真正地算是一种媒体。

第十，跟踪衡量内容的传播效果。我们可以通过以下四个指标来完成。一是制作效率，主要是指创客在规定时间完成的作品量；二是传播广度，就是查看在线作品的阅读点击量，或者有多少人参与评论或转发；三是展现次数，就是作品曝光的次数和相关数据；四是微媒体的表现，主要看网站的流量是否增加，搜索的词与直接登录页面内容是否与自己的品牌有关，这些词语搜索量是不是增加，这些都可以做后续的完善和改进。

除了以上的十种方法，我们如何去做有品质的内容，形成所谓的自媒体的"芯"呢？我们可以通过微博或微信平台绑定一些最吸引人的大事件来去做一些节目，自制一些剧。比如"大鹏"（董成鹏）主演的《屌丝男士》，原央视主持人李咏主持的《偶像就该酱婶》成为首档网络真人秀节目。有的人不擅于表演，却很擅长说，像2016年的"papi酱"，她会在几个月的时间能迅速走红，成为所谓新媒体广告的标王。微视频让新潮的口语创客们"可口化""可乐化""软性化"。

现在随着手机本身的消费，用户数量越来越多，手机替代其他设备观看视频的变化越来越明显，对于口语创客来说，创意手机视频会意味着多种多样的用户来源。通过手机视频来评价用户的兴趣，可以预见将会有更多新兴的视频平台展现在手机上，这是创客们要意识到的一点。我们在做内容视频的时候一定要让用户做主。那么，内容中到底是什么吸引了受众的眼球？首先要依靠动态事件。为什么动态的事件更能吸引眼球？这是由人类的原始本能决定的，因为每个人都喜欢有视觉冲击力的信息，所以动态的事物往往能呈现出更好的一种视觉效果。第二，在热潮之下要"冷思考"。受众不是也不能把他们作为旁观者，可以让其成为编剧、演员，成为情景发展的参与者或推动者。这样会极大地调动受众热情和思考话题，对咱们的内容创新有很大的帮助。

另外一个就是 APP 的选择，APP 是一种应用程序营销，也就说，这里的 APP 是通过特制的手机社区等平台上的运营程序来展现你的传播内容的一种方式，但是视频制作的时候要注意几个维度，比如说通过它的定位需求判断现有用户和潜在用户，它的功能、内容和界面，交互的情况怎么样，包括服务的情况怎么样，这里头牵涉到软件的制作和用户的沟通，在音视频的呈现环节就要重视。移动媒体作为一种新兴的趋势，用户有更多的主动权，更方便。所以，在做新媒体口语创业的时候，微信的二维码包括微信的公众平台，是值得咱们研究和投入的一个平台。微媒体是一个新的媒体，微媒体的内容就会更加定时地播出和注重互动性，因为它是一个社交媒体，可以说在微媒体的平台上，人人都是自媒体，更容易让大家产生互动、平等和交流的一种氛围，都要思考未来互联网媒体面临的挑战，主要包括它的移动化，终端化，媒介化。移动媒体是新兴的一个平台，移动媒体的时代被称为微生态，因为每天推送一次内容，更新更简便更容易，可以实现个人门户网站不能实现的功能，只用手机轻松转发朋友圈即可，更重要的是可以提升个人的品牌，让更多的用户关注你，并成为你的资源。

表达篇

——口语创客的传播技能

众多口语创客的加盟使互联网口语呈现群雄逐鹿的局面。除了拼创意、拼思想、拼技术，还要拼口语技能。口语技能是一项基本功，源于广播电视播音员主持人的口语能力，应当给予继承和发展。

第一章
自我传播艺术

第一节　口语传播总要求

第一，媒体的发展呼唤着口语传播。口语是人靠传播声音和画面传播信息的，创客的音频要求"声情并茂""悦耳动听"，视频要求"声画和谐""赏心悦目"。

第二，口语传播和口语录制相辅相成，互补互融，它们支撑起有声语言在大众传媒中的基础性地位，并不断提升到审美层面。口语传播的作品，内容十分丰富，口语视听形式也应该色彩纷呈。传播性质不同，口语短片形态不同，样式各异，就会出现多种多样的口语作品。创客从生活中来到镜头前都不由自主地要适应这种传播方式，但都很难进入生活中那种"即兴口语"的表达状态，拘谨而又无法一时应对，我们有必要对口语创客的口语化适应进行研究。对于口语短片的录制，创客团队几乎都是反复推敲地硬性推进，自如地讲和说是口语创客所希望的。

第三，创客录制视频要能锦上添花。无论是多年熟悉课程，还是为口语专门设计的作品，只要进入口语传播创作，就应该是创客的心血积淀，比自己在人际传播时付出更多。口语传播要能够出口成章，无论是自选题目独白，还是现场访谈式地交流，只要进入口语传播创作，就应该引人专注倾听，比日常进行人际对话，更具魅力。在各类口语视频中，无论是有讲稿，还是无讲稿都要经常交叉重叠，难分伯仲。

第四，网络主播从生活口语到大众传播，教师从讲台到镜头前讲述或者播读，其中存在多个"转换点"：策划、文案、录像和制作等，每个环节都会影响到视听质量。在这整个序列中，每个点都成就着一种样态，实现着口语短片的某个环节。而创客的讲述风格不能只被某一种样态所限定，而不允许其他样态呈现并发挥作用。这正是有声语言传播的复杂性和多样性，否则就会干瘪和苍白，口语短片也就单调和浅薄了。

第五，无论有稿和无稿在口语录制前都必须经过充分准备，而不应该仓促上线，打无准备的仗。"结构""主题""背景""目的""重点"和"基调"就是准备的"纲"。有了"纲"，才能"提纲挈领""纲举目张"。这是一种"积草屯粮"的工夫，长久练习，必能习惯成自然地形成思维动势，化入潜意识之中，到话筒前，镜头前，就会"招之即来""来之能战"。因此不能小看这六步，只有持之以恒，才能熟能生巧。

第六，口语传播的语言样式，不外乎四大类：讲解式、配音式、播读式、谈话式。各类样式都有自身的多种样式，而四者的交融样态又呈现多姿多彩的情况，千万不要把有声语言看作一成不变的东西，或者是可以套用的某种固定模式。在镜头前的语言技巧中，储存越多，用起来越方便。

第七，"有稿"和"无稿"的利弊不可以偏概全。这是形式上的区别，不必纠结谁好谁差，最适合自己的就是最好的形式。孤立地、静止地、片面地认识口语录制，容易不着实际，与希望的结果大相径庭，往往对自己的表现不满意。制作过程中，有的是要在现场出像，有的要同嘉宾交谈，基本是即兴口语；有的事先写好稿子，直播（录音）时一字不差地完全照着稿子播读、录音。现在多数口语传播就是"念"，或者就是背诵式地"说"。这是创客从生活走向镜头转换的开始，根据自己的习惯简单地、肤浅地对着镜头将讲稿背完，虽然省心却会造成网络受众的流失，最后着急的还是自己。新媒体传播时代是"文语合流"的时期，书面语朝者口语的通俗靠近，口语也朝着书面语的文采努力，"上口""易懂""耐听""有味"，已经成了创客们的共同期待。初次录口语者更不要受"学者"形象的影响，忘记早已熟悉课堂有声语言创作的本领，否则口语录制推进艰难。

第八，口语录制中，可以不拘泥于无稿或者有稿，但作为语言艺术当然应该显示"个性"。所谓的"个性"，并不是创客的稳定心理特征的全部呈现。每个创客都有个性，日常生活中，也不是在任何场合都全部呈现，何况在有限的视频中呢？我们所说的个性，主要是指"艺术个性"，是创客作为"创作主体"时表现出的自身特色，不但要有个性，还要逐渐形成风格。不过，这种"个性"如何进入艺术范围不是自封的，它是一个长期磨炼的过程。在具体口语短片中，要学会强化和美化受众所需要的那部分自我，淡化和弱化受众所不能接受的那部分自我，而不是不顾他人需要。初期录像的人千万不要受摄像机的束缚，因为大众传播的"影响"而顾虑重重。沉着应对，多训练，问题自然迎刃而解。但是"个性"绝不是一味地"张扬自我"，急于"标新立异"，不羁"个性展现"，因为口语已是大众传播信息的一部分了。

第二节　口语视听艺术的框架

口语要形成创客自身的传播艺术，可以借鉴广播电视艺术的基础，特别是播音主持研究者共同的实践经验以及理论研究的心血结晶。自媒体作品包括慕课课程，比起传统广播电视节目虽然还显得稚嫩，但它却鲜明地表现出新媒体时代口语制作的特色和优势。创客要走到口语镜头前，从事口语传播这个新行当，可以借鉴播音学技能框架，思考自己的发展之路。

口语策划：主要涉及口语的概念、意义、对象和方法，口语传播发展状况，口语传播创作的性质、分类、方法和原则，口语创客的素质、修养和口语传播的风格。强调了建立口语视听的重要意义，突出了口语传播创作的独立性和传播体系的实践性。口语传播的视听艺术是建立在传播学、播音学、影视艺术等学科的支撑之上的，它的根本属性是大众传播性，属于口语语言传播的范畴，要解决的主要矛盾是创作主体同创作依据之间的矛盾，就是创客和讲稿之间、创客和镜头之间、视听文件和传播效果之间的矛盾统一。它的核心是有声语言创作，因此必须坚持口语传播的正确创作道路。

口语发音：是口语传播艺术中的基础部分，解决创客在话筒前、镜头前的语音规范、语流音变、用气发声、吐字归音、共鸣控制、声音弹性等基本功问题。由于每一个创客的先天条件和后天习得都有差异，如何使其符合和适应语言传播的特点、规律，就要在长期的个别指导下扬长补短，克服有声语言学习过程中的各种障碍，为有声语言创作发掘可能性的、可发展的动力资源，从而获得良好的创作效果。

口语表达：是口语传播艺术理论中最核心的部分，主要论述如何做好创作依据的充分准备，准备的步骤和方法，加强具体感受和整体感受；创作主体如何运用"情景再现""内在语"和"对象感"，调动思想感情使之处于运动状态；创作主体如何运用"停连""重音""语气""节奏"表达思想感情；即兴口语有什么特点，怎样进行话题转换，临场如何应变等。这里要遵循语言表达基本规律：理解是基础，目的是统帅，感受是关键，感情要运动，声音要变化，状态要自如。

视听创作：包括目前口语短片中的各种创作形态。短片可以采用传播者音频加画面、出像视频等，画面呈现也有着丰富多彩的表现形式。在录制中，口语创客可以把握"讲稿诵读"和"口语话题"两个基础能力，主要是播讲和谈话等表现形式。

总体创意作品包括创意构思、谋篇、风格、记忆和表达技巧五个要素。它含有计划性、适应听者、揭示人类动机、回应情景和追求说服效果五个特征，并且有检验观念、强化立场、传递力量、发现事实、塑造知识和建立社群六种社会功能。①

网络视听正在以全球化的视野迅速发展，口语创客要以生态环境的逐步完善为己任，日益走向成熟，努力展现有中国特色、受众喜闻乐见、有中国作风和中国气派的口语传播艺术风采，是已经上线或即将上线的创客口语的共同历史责任。

第三节　口语创客的声音形象

有人在口语传播视频中只是照本宣科，有人认为只要会说普通话、形象尚可加上内容过硬就能够完成自媒体视听创作，这些都是对口语传播的误解。仅有满腔的热忱，而没有过硬的镜头前的基本功训练，或者光有一身过硬的学术功底而缺乏大众传播意识，这都不能成为一个合格的口语创客。口语创客应当做到缺什么就补充什么，什么是短板就锻炼什么，不断地在镜头前下功夫，这样才能在口语视频中游刃有余，得心应手。

语言表达是口语创客实践的主要部分，其实它有着源远流长的历史，可以追溯到孔子所开创的言语科。如果说书面语言是人类语言的第二种基本形态，那么口语便是第一种基本形态，它能够更直接更感性的表情达意，在新媒体时代口语和书面语的交融已经渗透到每一个人。所以，重新认识和掌握语言的表达艺术与技巧，是我们每一位渴望成功的口语创客所必须具备的技能。

当口语创客走到录像机前，首要的几个问题是：你认识自己的镜头形象吗？你听过自己录的声音吗？在镜头前，你会说话吗？你能准确达意吗？你知道为什么有的人录得很精彩？要做到这些，我们就要了解"话筒前语言表达"这一有声音语言创作形式的规律，掌握其要领及技巧。

我们可以从语言表达艺术的特性、语言表达的个性风格、语言表达的基本技

---

① 秦琍琍，李佩雯，蔡鸿滨. 口语传播［M］. 上海：复旦大学出版社，2011：26-28.

巧以及对声音的认识等方面进行分析，并结合自身特点掌握训练方法。

一、声音的认知

人类没有单独的发音器官，而是利用呼吸器官、消化器官作为自己的发音器官。其作用原理是：

（1）呼吸——气乃声之本。气息是发声的动力，储藏和控制运用气息是表达发声的基本训练。

（2）声带——靠气息震动发出声音，但这只是基本音源，声带产生的音量只占讲话音量的5%。

（3）共鸣——是通过头腔、口腔、咽腔、鼻腔、胸腔把声带的音量放大美化的过程，其作用占音量的95%。

（4）吐字——字音是靠人类的唇、齿、舌的控制来完成的。只有练好吐字才能准确地传情达意。可以说吐字和发声是构成有声语言表达的唯一载体。动听的声音和标准的吐字发音是练好有声语言表达的重要环节。

二、声音形象的视听联想

（1）沙哑的声音——苍老、怪异。
（2）高嗓门儿——烦躁、教养差、神经质、小个子。
（3）鼻音——不诚实、阴阳怪气。
（4）低音——不自信、不可信、不精神。
（5）说话慢拖——冷漠、官腔。

第四节　表达艺术与技巧

一、准确：包括课程内容设计和创客语言的准确

（1）录制中表达和理解的准确性，即综合感悟能力的准确性。

（2）声音形象的准确性，即技巧的准确性，无论何种创作，镜头适应度达到自身的90%时，最后用在声音的塑造上用75%的力度。练七分，用三分，做到遇繁不躁，用情不过，有力量的同时，不张扬。这样可以给受众一个想象的空间。

注意：声位的准确性，初次录像的创客应首先找到最舒服的声区——基础声区（普遍性为中区偏上下位，即中声区）控制声音由自然到自如，游刃有余。

（3）适当运用配乐和音效，即背景烘托的恰当性，让音乐做引言，使其烘托作品，达到音乐和声画有种和谐的美感。这同样要求有综合感悟的能力。

二、鲜明：与其他口语传播者对比，创客自身个性化的发挥

（1）语速的快慢对比。
（2）视听感绪高低的对比。

三、生动：每个人都自己不同于其他人的表达方式，要融入口语录制中去

（1）语言的情感表述不同。
（2）表达目的不同。
（3）感染力不同。

对于初次录制口语的人来说：最适合自己流畅表达的方式是首选，然后达到绘声绘色，注意声区的选择。不同的文稿，不同的传播情境，有不同的声音表达方式。

第五节　怎样才能有动于衷"非说不可"

有话要说的动因还在于"心理需要"。当人们有些什么东西到了"非说不可"的地步，才会有创作的冲动。这对于口语创客视听教学的基本功来说，是须臾不可离开的"圭臬"。

"非说不可"首先是指创客们在社会生活中，内心产生了一种要表达思想感情的迫切需要。这种需要是个体的社会需要，而不同于单纯的自我需要。口语创客在话筒前、镜头前，只有到了"非说不可"的时候，那话语才"有感而发""有动于衷"。这应该是一种行动，是一种有目的的行动，是一种象征行动，是一种人类行动。传播者对口语创造有特定的观点，它涉及两个关键词：过程和象征性。关心象征性过程并非内容，它的用意在于分析如何展现口语魅力或者如何诠释象征性。[①]

"非说不可"是一种创作冲动，强烈的传播愿望，是"我要说"的内心要求。其中就必然预设着"说什么"和"怎样说"的具体语言行为。思维—词语—表达，这中间是不可分割的无数环节，是浑然一体、结合在一起的话语表达"路径"。自从人类产生了语言，人们就逐渐形成了共同的"路径依赖"。只不过

---

① 秦琍琍，李佩雯，蔡鸿滨. 口语传播［M］. 上海：复旦大学出版社，2011：25.

有优劣、高下之分罢了。

"非说不可"并不完全决定"说"的，即话语的样式和体式。"非说不可"是对于创客们需要表达、交流的一种心理状态，到组织词语序列、根据内容和形式、根据语境和目的转化为有声语言的时候，才表现出具体的话语样式和体式。有声语言的话语样式大体上可以概括为：宣读式、朗诵式、讲解式、谈话式。话语的体式又可以概括为：高雅庄重、平实正规、通俗灵动、消闲自在。话语的样式和体式相互交叠融通，就会呈现出多姿多彩的话语形态。我们的口语传播者在有声语言创作中，往往缺乏这种变化，因而显得单调或呆板。如果我们加强自身的语言修养和语言功力，能够因时、因地、因人、因事不断调整自己话语表达的样式和体式，不但可以使每一档口语短片鲜活起来，而且可以日积月累地探寻并形成艺术个性和语言风格。口语传播，不一定局限在是"播"还是"说"上，当然也可以采取"朗诵式"或"讲解式"。口语传播也不一定时刻都是高雅庄重的，还可以是平实正规的，通俗灵动的。

目前口语传播者的有声语言创作必须摆脱"千篇一律""千人一腔"的窠臼，复制等于死亡。除了传播的内容和形式的丰富之外，主要就是口语创客对媒介语体转换的生疏，语言样式要避免"趋同化"。所谓"趋同化"，常常走向两个极端，一个是追求"模式"，举止必须如何，访谈必须如何，语言必须如何……另一个就是自封"风格"，"我"必须如何，"个性"必须如何，心目中"口语传播"必须如何……这都违背了有声语言的创作规律。因人而异，语无定势，声如其人，都是考验和展现语言功力的关键。捷径是没有的，视听语言创作，要经过镜头前的反复尝试，长期注意学习，非下苦功不可。

2016年，手机直播受到了很多年轻朋友的喜欢，在国家有关部门的规范管制中前行着，目前手机直播其实是直播者以闲谈的状态和所有在线朋友进行交流。那么在闲谈过程当中也要有技巧，我们提供以下建议供大家参考学习。在闲谈过程当中，一要找机会得到关心你的对方姓名，或者更多的信息，然后接下来在不经意地提到对方的姓名，会让对方感受到尊重，暗示着我们有积极性去引起他的继续关注，这样会对你的社团稳固程度有帮助。二要有善意的眼神交流，在闲谈过程当中特别需要沟通，体现在通过手机点对点交流的过程当中，面对手机的时候要引起对方的充分注意，要透露出亲和的目光，但是又并非紧盯着不放，注意大众文化和私人文化的区别。三是也让对自己感兴趣的人谈谈自己。没有一个人在直播的时候喜欢听你喋喋不休地发问，也让对方聊聊自己，相互会听得更专心。整个聊天过程应该是轻松的、正面的，尽可能谈一些有趣的事，摒弃一些低俗的问题，虽然有人愿意去追究一些低俗的话题，这种受众也不要去理睬。这样的话，在一个轻松的正面氛围中长期地吸引更多的人来关注。四是多谈最近发生的事情，共同关心的事实。大家在闲谈的时候通常会找不到共同的话题，那么最好的共同话题就是刚刚发生的新闻，通过闲谈缩短传受双方的距离。但是这个闲谈的时候不要涉及太过私人化问题，尽可能通过更多的渠道让双方了解一些更多信息，这是可以的。最后在结束谈话的时候，也不要说个不停，见好就收。虽然是无限制地闲聊，手机直播也要有一个谈话的原则，应该有头有尾，要懂得适可而止，形成一个完整的直播过程。①

---

① 秦琍琍，李佩雯，蔡鸿滨．口语传播［M］．上海：复旦大学出版社，2011：64.

第二章
创客镜头前的素养

除了新媒体技术运用和内容营销思维的形成，大量的口语创客缺乏话筒前创作的语言基本功。传播是一种多媒体语言创作活动，但它不仅仅是简单的语言问题。创客是创作主体，通过媒体平台，以科学的传播理念为指导，对受众进行观察、体验、分析、综合以及加工提炼，经过对内容的艺术构思，最终以有声语言表现出来的创造性劳动。

正确的创作道路，不是光停留在人际传播中，必须体现在大众传播的口语视听中；不是仅凭灵感，寄托在偶然性上就可以证明的，必须体现在大量的镜头前实践中。创作道路是否正确、如何评价，应该从主观动机与客观效果的结合上，从受众的反映，进行具体分析。"自我感觉"远不如社会效果的检验有力、有益。以口语创意者特有的责任心，把握国内外形式的发展变化和网络受众的思想脉动，准确及时高效率、高质量地完成"理解创作—具体感受—形之于声—及与受众"。

产生于广播电视象牙塔里的播音主持理论要走出来，走到网络配音、慕课教师讲课、手机直播等千千万万个口语创客面前，让他们汲取汉语普通话播音的艺术魅力，进而将播音主持的技能运用于日益民众化的话筒前，成为创客身上的利器。为了让播音主持理论家喻户晓，我们从口语创客的角度，以《中国播音学》的总体框架，简要地对播音主持理论与口语传播实践做一个梳理。

第一节　话筒前创作总体要求

除了画面制作和视听策划外，口语的精彩主要依靠创客对作品的有声语言创作。当我们说到有声语言的时候，一般就包含着"副语言"；当我们说到创作的时候，一般就是指把文字语言转化为有声语言，或者把内部语言外化为有声语言"明确目的—艰苦劳动—转变形态—取得成果"的创作历程。由于口语创作的边缘性和口语录制的复杂性、多样性，对口语性质的认识不应是单一的、平面的，而应是全方位的、立体的。

口语既具有自然属性，如声音的传播，形象建立时的物理、生理属性，以及传播的特性等，又具有社会性，如创作中的政治、民族、时代、阶级、社会等因素的限定；既具有学术属性，又具有某些艺术的特征；既具有再造性，又具有创造性，等等。

口语作为大众媒体传播，创客的普通话应该努力成为有声语言表达的典范。我们除了做到传者与受者的"信息共享"，优秀口语创客还应该做到传者与受者的"认知共识"和"愉悦共鸣"。口语的社会责任是进行有效、有益的语言传播，创客要努力做到锦上添花和出口成章。

口语传播是一项再创造的劳动。创客在创造性的劳动中，必须遵循正确的创作道路，那就是从视听的内容和形式出发，在"分析文字—策划环节—形成讲稿—镜头感受—形之于声—及于受众"的过程中，达到正确分析与准确表达的统一，达到视听情绪与尽可能完美的语言技巧的统一，准确、鲜明、生动地传达出讲稿的精神实质，要掌握话筒前创作的基本方法，包括分析理解运用情景再现，对象感和内在语等调动思想感情的内部技巧和停连、重音、语气、节奏等表达手段。

第二节　口语录制前的准备

我们这里说的准备是创客在录制前熟悉讲稿，而不同于人际之间的口头传播和书写讲稿。备稿是每一次口语具体创作过程的重要环节，是口语视频创作的开始。所谓准备，是两个意思：一是广义准备；二是狭义准备。

广义准备，是指长期不断地学习和积累视频出像经验，因为不是录制一档视听节目或课程完成就万事大吉，要不断反馈传播效果，吸取其他口语的精华，不断修改完善。

狭义准备，就是稿件组织准备和播读备稿。出像前的播读备稿可以分为六个步骤。

掌握口语传播视频正确的创作方法，理解进行创作前准备的重要意义，把握创作前准备的基本要求和规律，能够有效地借鉴播音创作的"备稿六步"对讲稿进行口语化处理。

口语创客要了解为什么要进行创作前的准备，"备稿"的概念，备稿的重要意义、特点、要求和方法，怎样使用"备稿六步"进行备稿。

（一）关于层次

所谓层次，是指讲稿的布局、结构。层次是对自然段的进一步整理，使之更有利于"形之于声、及于受众"。所谓进一步整理，是指对自然段的归并和划分。

（二）关于主题

主题，就是讲稿的中心思想，既不是中心内容，也不是中心问题。主题要明确，不可含糊其辞，不可包罗万象。

（三）关于背景

我们所说的背景，当然主要是指口语创作的背景。我们所说的背景，不是笼统的、抽象的，而应该是具体的、可感的。

（四）关于目的

语言活动总是与具体目的相联系的，口语创客要把讲稿准确、鲜明、生动地传达出去，就一定要明确讲稿具体的宣传目的，也就是我们经常强调的播讲目的。

播讲目的，主要是指在德、智、美三方面所要实现的社会意义和作用。

（五）关于重点

一篇讲稿有主有次，只有分清主次，突出重点，才能使内容传达得清晰，使播讲目的落到实处，给受众留下深刻的印象。

讲稿中有的重要些，有的次要些。那最得力、最生动地体现目的的地方，那最凝聚、最浓重的地抒发感情的地方，都属于重点。

（六）关于基调

基调，是指口语创客录制一个音视频时，总的感情色彩和分量，不是简单的声音的高低。播音基调是将讲稿转化为有声语言时的一种总体把握。

一、如何进行录制前的备稿

媒介传播前准备讲稿，简称备稿。备稿是每一次具体口语传播创作过程中的第一个环节，是口语传播创作活动的开始，也是口语传播创作时首要的同时也是非常容易被创客忽视的环节。

对于口语传播创作活动的主体——口语创客来说，讲稿就是口语传播创作的客体。一般口语传播的创作客体可以概括为如下三种形式：

（1）用户提供的待播出的文字讲稿，其中也包括口语创客参与采访或编辑工作，自己动笔编写的讲稿；

（2）习惯上称作"提纲加资料（素材）"的形式，这种形式有一定文字依据，但在话筒前播出时语言组织灵活度较大；

（3）口语创客的现场直播，它完全没有文字讲稿，这时的创作客体是我们平时称作"腹稿"的内部语言。

以第一种形式为依据的口语传播，我们可称之为"有稿口语"，后面两种我们可称之为"无稿口语"。很明显，这三种不同形式的创作客体，经由口语创客的创造性劳动，传播到口语视频的受众的心理过程是不相同的。这样，口语创客准备讲稿的方法也不完全一样。不过目前，网络创客口语短片的应用性、综合性很强，加上商业模式的原因，多数或绝大多数视听作品都是由用户将各类信息加工整理，编辑文字讲稿后送到口语创客手中。依据文字讲稿播读是口语创客的主要工作形式之一。可以预言，网络远程视频产品合作的格局将在一个相当长的时期内存在下去。鉴于上述原因，本章集中论述以文字讲稿口语传播的备稿规律和方法，以供视听内容生产者参考。

二、备稿的重要意义

口语传播是口语创客在话筒前进行有声语言的创作活动，但绝不是个人随意的言语活动。口语创客所具有的传播知识、课程翻转、普及科学文化知识和社会服务等多种社会职能，正是通过一个个口语创意实现的。口语创客的工作职责就是把各类口语创作中的文字讲稿转化为声情并茂的有声语言，成为广大听、观众喜闻乐"听"的口语传播作品。

一般认为依据文字讲稿的口语传播是"二度创作"活动。讲稿是作者对于生活的认识和提炼，是作者的"一度创作"。口语传播作品，是口语创客基于对生活的理解，把讲稿的文字符号转化为直接可感的声音符号的"二度创作"。试想，如果对创作客体——讲稿，没有深刻的了解和把握，口语传播创作又从何谈起？

从文字到有声语言的转换不是简单的对应过程，文稿口语传播与有声语言的符号转换并不仅仅是文字和语音的简单对应。讲稿是作者对客观世界的认识的反映，是作者思维活动的成果。口语创客要将这一思维成果转化为清晰、准确、生动感人的有声语言，必须深入到讲稿中去，并透过讲稿认识其反映的现实生活，把握作者的思维过程，领悟、体味作者的认识成果。如果口语创客只做"字形——语音"这样一种语言表层结构的转换，是远远不够的。

讲稿内容纷繁、形式多样，口语短片形式的不同，要求多样的播讲方式。在各类口语短片的教学中，有播报式、宣读式、播讲式、谈话式、演播式，等等，不一而足。怎样使口语传播方式适合口语短片形式，以及讲稿特点的要求，这些都需要在备稿过程中精心考虑，择其"优"者而从之。

三、备稿的特点

口语创客在备稿时必须有自觉的传达意识。要传达，就要弄清传达什么、对谁传达、怎样去传达等问题。因此在备稿时应十分专注，进入有意注意的心理状态，使思维清晰集中，自觉地传达意识是使口语传播主体进入良好的有意注意的必要条件。

"理解是基础，感受是关键"，这是我们在解决备稿问题时必须反复强调的重要观点。在口语创客认识和把握讲稿的过程中，理解和感受紧密结合在一起，并不断深化。备稿的能动性集中反映在理解与感受的水乳交融上。

摆正口语创客和讲稿的关系，口语创客是讲稿与受众之间的中介，在处理好创作主体、创作客体、创作对象三者关系时，摆正口语创客和讲稿的关系，是首先要解决的问题。

四、备稿的要求

在备稿的具体环节中，从质量上说，要求把握文稿的深刻、精细；从效率上说，要求备稿迅速、熟练。可以说，备稿也是口语创客应熟练掌握的业务基本功之一。

"把讲稿变成自己要说的话"主要包括两层意思：一是指激发播讲愿望，产生积极的言语发动心态；二是指备稿的终结，要在头脑中形成与讲稿相一致的思想感情运动线，以及与之相应的声音变化的大致轮廓。作为口语传播语言的发动者，要有明确的语言目的，要有说话的冲动和意念，这样才可能有真诚恳切的语言传达和交流。

五、备稿的方法

同一篇文稿，不同人表达有些细微的差别，但从根本上说，从创作基础的角度看，在要点上是大同小异的。于是我们从共性出发，总结了几个步骤，供初学者运用。

概括起来就是：层次、主题、背景、目的、重点、基调。这六步，应该是口语创客备稿的要点，为口语创客驾驭讲稿，用有声语言表达讲稿，以及形成正确的创作道路，攀登口语传播语言艺术高峰，甚至如何打开眼界、加深修养，都提出了必不可少的规矩。

备稿六步，不同于讲稿写作过程，也不同于一般的微博文章分析过程。备稿六步，就为了"形之于声，及于受众"，这点必须明确。

（1）层次，是最基本要求，它是指讲稿的布局、结构。讲稿的自然段是从写作角度形成的，层次是为了口语传播的需要形成的。层次是对自然段的进一步整理，使之更有利于"形之于声、及于受众"。所谓进一步整理，是指对自然段的归并和划分。

（2）归并，就是把内在联系比较紧密的段落归并为一个层次。如果全篇讲稿中层次很多，还要把内在联系比较紧密的层次归并为一个部分。有小标题的讲稿，每个小标题里的内容就是一个部分。由于并列的关系，一个层次可以只是一个自然段，另一个层次可以是几个自然段；同样，一个部分可以只是一个层次，另一个部分可以是几个层次。

（3）划分，是指把一个自然段里的内容，划分为几个小层次。简短的自然段可以不再划分，较长的自然段可以再划分。

（4）概括大意，要简单、明了。有时可用一两个词概括，因为我们不是为别人看，而是为了话筒前播出，抓住主要内容，点到即可，切忌啰唆、繁杂。

（5）经过归并和划分，讲稿的脉络就更加清晰了，人物、事件的来龙去脉，观点、例证的前因后果，在我们心目中就更加明确了。

（6）无稿口语，同样强调内容的层次。先说什么，后说什么，都应心中有数。可以多设计些"话题"，每个话题内部都不应杂乱无章，而应努力做到井然有序。话题之间也应有衔接转换。

备稿六步是广播电视主持人的必修课，也应作为互联网口语传播创作者的基础功力。备稿虽是重要的一环，但不能对所有人一概而论。我们既没有详细论述，也没有举例说明。但愿不会因此而造成轻视备稿的印象。这是一种提醒：创客在录像前的准备应该严格按照六步进行备稿，并写出分析笔记。值得注意的是，这六步是初学者的阶梯，而不能看作或竟变为草草了事的过场。走过场，貌似完成，实际上起不到备稿的作用。笔记也就成了"纸上谈兵"。事实上，成熟的口语创客在运用这六步时是很见功力的，即使"六步并作一步走"也不浮泛。

第三章
创客语言表达的技巧

第一节　动之于心

一、依据讲稿内容，进行情景再现

情景再现是创客口语表达时应具备的一个技巧，不仅在讲稿的表达中使用较多，而且直接影响到表达的效果。

情景再现，以情为主。脑海里有了活动的画面，这只是一个方面，更重要的是伴随着画面引发出具体的态度、感情。

动之以心主要是为了调动思想感情。

作为口语传播者，我们拿到一篇文字稿件在话筒前进行口语创作的时候，不单单是把文字变成语音就完成任务，其中有很多的创作表达技巧，一个重要的技巧就是情景再现。什么是情景再现的概念呢？就是在符合稿件需要的前提下，以见到提供的材料为原型，稿件中的人物、事件、情节、场面、景物情绪在创作者的脑海当中不断地浮现，形成连续活动的画面，并且引发相应的态度、情感，这个过程就是情景再现。那么请注意有三个关键点：感受、想象和表达。感受是基础，想象是桥梁，表达是实现。口语创作者需要获得三种能力，就是感受力、想象力和表达力。我们拿到一个文字稿件具备了积极丰富的感受，然后再加上精确具体的想象，眼前的稿件就会活起来，文字在我们眼中就会立起来。透过这些文字，我们的手中不是一个个方块字，而是这些方块字所呈现的客观存在，它当中包括了情和景想象的作用和特点，要精确、具体。

像前面举过的例子，"蓝蓝的天上白云飘，白云下面马儿跑，挥动鞭儿想四方，百鸟起飞翔"，这四句歌词大家都比较熟悉，也经常喜欢哼唱，但是我们在哼唱的过程当中，它渗透出来的感觉，不同的人会带来不同的这种传播效果。为什么？因为如果我们通过这些白纸黑字，通过这些方块字感受到文字当中的情和景，然后刺激自己的内心，引发出来的口语表达，所带出来的感染力是不一样的。如果有去过大草原的人可以借助自己的那种情绪回忆过去的经历，如果没有去过大草原，那么可以通过影视作品，通过图片来感受这种刺激，然后我们通过这些文字找到让自己能够情绪活动起来的一些抓手。这样的话，我们的语言表达就会生动起来，在看这些文字的时候，可以借鉴一些图片来想象一下，然后我们通过对这些图片的感受，这四句话在呈现我们面前的时候就不是那么冷冰冰，或者说把文字变成语音是一种应付，而是一种活灵活现的生动的情绪的展示。

我们来分析情景再现的运用过程。当我们拿到一个稿子之后，怎么样让手中的文字变得活灵活现？怎样使它们变成刺激我们情绪的一种调味剂？我们可以分为以下几个步骤来进行。第一步就是理清头绪，就是我们把文字拿到手以后要按照作者原创的文字格局，按照画面的方式对文字进行从头到尾的梳理。也就是说，我们脑海里出现的文字是不断连续的画面：开始是怎么样，接下来会怎么变化？以后怎么发展？结果是怎么样？横向是怎么扩展的，然后详细到什么程度？哪些是特写镜头？哪些是远景？哪些是全景，有些是大笔的勾勒，有的是精工的细描。这些在我们的创作之前心中也要有数。此外，要注意两个平衡点：走过场不行，但是也不能陷进去！所有的这种工作都是为了我们的情绪活跃起来，比如我们看一个稿子《第一场雪》，我们拿到这篇稿子的时候怎么去让我们眼前的这些方块字立起来。第一步，按照画面的这个程序，把文字梳理一遍，大家可以跟着试试。

"这是入冬以来，胶东半岛上第一场雪。雪纷纷扬扬下得很大，开始还伴着一阵小雨，不久，就只见大片大片的雪花从彤云密布的天空中飘落下来，地面一会儿就白了（看文字的时候，一定要想象这种刺激）。冬天的山村，到了夜里就万籁俱寂，只听得雪花簌簌地不断往下落，树木的枯枝（这是听觉）被雪压断了，偶尔咯吱一声响（透过画面，我们也听到这种声音），大雪整整下了一夜，今天早晨天放晴了，太阳出来了（这是时间变化了），推开门一看，呵，好大的雪啊（场景变化了，接下来看看雪景怎么描写），山川，河流，树木，房屋全都罩上了一层厚厚的雪（我们可以尽量的想象山川，河流，树木，房屋的雪景，然后呢？），万里江山变成了粉妆玉砌的世界（如果刚才是一些中景或者特写的话，或者是一些全景描写的话，那么这句话应该是大全景，对不对？所以你的脑子当中应该是一个很宏观的画面，航拍的画面都是可以的，然后接下来是特写，你看……），落光了叶子的柳树上挂满了毛茸茸亮晶晶的银条（这是非常细腻的描写，你要想象到），而那些冬夏常青的松树和柏树上则挂满了蓬松松沉甸甸的雪球（这些都是特写，接下来一阵风吹来，这是有动作的描写）。树枝轻轻地摇晃，美丽的银条和雪球簌簌地落下来，玉屑似的雪末随风飘扬，然后接着光的变化，映着清晨的阳光，现出一道道五光十色的彩虹（在运动当中这种光的变化，接下来写人，你看……）。大街上的积雪足有一尺多深，人踩上去，脚底下发出咯吱咯吱的响声（人都有这样的体会，你要把它勾起来），一群孩子在雪地里堆雪人、掷雪球（你看看那种情景，那种情绪，那种兴奋都能否在脑袋中还原出来），那欢乐的叫喊声把树枝上的血都震落下来了（这是带有空灵的那种声音的回响）。"

如果我们经过这样的画面梳理，再看这段文字，我们的脑子是不是兴奋一点？或者说我们通过这些文字，刚才是借助画面让大家产生了刺激，那么很多情况下，在拿到稿子时是没有这些画面的，这些画面要靠我们的大脑去想象，靠我们以往的情绪记忆去刺激。其实我们都有过这样的体会，或者是感受，要把它调动起来，这是第一步，你画面的感觉对文字进行梳理，叫理清头绪。

第二步叫设身处地，我们把稿子按画面的感觉梳理了一遍，这只是让我们情绪活动起来的第一步，这一步还不够，有的人会觉得确实是按画面感将文字梳理了一遍，但是总觉得情绪还是不够生动，就是没有刺激播出的欲望。那么我们还要往前走一步，我们要亲身经历稿件，或者亲眼看到稿件所描写的那些内容，进入具体的事件和场景当中去，就是说要内心动起来，不能袖手旁观，不是观众，更不能闭目塞听，要置于其中。你不是在演播室里，不是在话筒前，而要进入到稿子所描写的那个情和景当中去。口语创作和演员表演有一定细微的区别。表演是"我"进入场景之后，"我"是当中的某一个角色，而口语创作的过程是"我"就在，"我"是看客，但是"我"在现场和在看要把握其中细微的区别，我们的任务是转述。

那么我们设身处地接受刺激之后，这种情绪是要梳理的，所以必须进入第三步，就是触景生情。目的是让我们的情绪通过图片也好，通过真情实景的感受也好，让我们的情绪发生变化。就是说，生活中的图景在脑海中浮现的时候，我们会做出一些反应，稿件中写的那些情和景，我们要能够把它再现出来，或者是调动起自己的情绪。传播者特别强调反应积极，就是说反映的这个敏感度准备的时间越短，一个口语传播者对景的刺激、对情绪的唤起，很快地能够唤起来，又符合稿件的要求。这是我们作为口语传播者要训练的东西，有的人可能会拿到文字，就能产生一种表现的欲望，然后情绪就会起来。这就是我们触景生情的能力。我们可以通过一些短句来训练，大家可以看："别嚷！快看呐！太阳落出头顶了，太阳露出眉毛和眼睛了，太阳跳出来了，太阳离开大地了，升起来升起来了！"简单地读一遍，这种刺激度是不一样的，如果我们借助刚才讲过的那个顺序，通过图片的刺激，通过设身处地的刺激，然后进入这个场景之后，我们可以想象，如果你和一群小伙伴，或者一家人，今天起了个大早到湖边或者海边山头去看日出。因为来得很早，等了一段时间以后，大家有点焦急了，大家就觉得这个怎么还不出来啊？开始交头接耳，我们设想一下这个情景。然后你发现了，太阳开始出来了。这时你说这段话，就知道怎么去把这情绪调动起来了。"别嚷！快看呐！太阳露出头顶了，太阳露出眉毛和眼睛了，太阳跳出来了，太阳离开大地了，升起来了，升起来了！"（视频见二维码）你就会觉得在这种触"景"生情中，景和情才结合起来，然后会带来一个很好地表达。大家可以通过课余时间自己多做训练，这样的训练很多是通过画面的梳理，最后达到触景生情、情景结合，所有的目的都是为了把自己在话筒前的情绪调动起来，因为这才谈得上是一个生动的表达。

那么，拿到一篇稿子，怎么样让我们通过画面的梳理，通过设身处地的感受，再结合稿件当中孕育的景物和情绪，产生符合稿件目的的那种真切的感受呢？备稿很重要。要求稿件中心思想，它的主题，它的重点，它的层次必须把握住。这是一个综合训练的过程，我们拿朱自清的《春》来做例子。这是朱自清先生在新中国成立前写的一篇有名的散文，是一个纯写景的散文，但是景物当中蕴含了作者对当时的社会环境的一些感悟，那么，怎么去把这种感觉很准确地把握？需要我们透过这些文字获得文化知识的理解。在播读之前，要对文字进行视觉感的消化，我们可以找出一些典型句子，比如说"山朗润起来了……"《春》是朱自清对自然环境的一种渴望，比如第一句，"盼望着，盼望着，"春天来了没有？春天没有来啊，只是东风来了，春天的脚步近了，但是作者感受到了，所以我们看前面两个"盼望着"。是朱自清的写作手法吗？仅仅只是排比吗？远远不够，我们在有声语言表达的时候，这两个"盼望着"是一种情绪，是作者对春天的渴望，所以你如果单从声音形式表现出他的排比，或者这种对比是远远不够的。从第一句开始，就把作者对春天那种渴望的情绪通过这两个"盼望着"体现出来。接下来我们都会看到："一切都像刚睡醒的样子，欣欣然张开了眼，山朗润起来了，水涨起来了，太阳的脸红起来了，"这是中景，我们可以结合主题思想看这些图片，来刺激一下，"小草'偷偷地'从土地里钻出来，"小草"偷偷地"是一种喜爱，从土地里钻出来，春天嫩绿的时候，钻出来的时候往往是不被别人知道的，但是作者观察到了，然后是"嫩嫩的，绿绿的"，这种感受不能轻易地让它从口中流出来，这是一种什么感受？是对生命的喜爱。刚刚出生的生命，刚刚萌生的那种生命，它是嫩嫩的，一碰都不敢碰的，那种嫩嫩的绿绿的还是充满喜爱的这种感觉，然后，"红的像火，粉的像霞，白的像雪，花里带着甜味"，花里怎么带着甜味呢？这是一种感觉，甜味是味觉，怎么通过嗅觉能感觉到呢？在作者的笔下它是相通的，这个要体会到。然后"野花遍地都是"，注意是野花，不是我们家里养的那种，家里的很艳丽，经过精心修饰，这是自然生长的。"野花遍地都是……像星星，像眼睛，还眨呀眨的。"作者对生命的这种热爱，都通过这些文字孕育在里边，所以不能简单地把这些文字读出来。我们这样去感受，这时再看《春》的这段文字，表达就会生动很多。

最后就是现身说法，当我们的情绪经过前期积累之后，已经具备了创作预热的基础。获得稿件所描写的现场之后，最终是要通过语言把情绪表达出来。这种表达通过对稿件的加工消化，要结合自己的有声语言表达出来才完成任务，这叫现身说法。前面我们讲的，有语音上的基本功，包括声音的各种塑造力，结合情感的这种表达，呈现在某一篇具体的稿件当中，这是我们现身说法的某一个标志。文字描写得非常好，你可能会看得很受刺激，也能看懂，但是当你表达的时候往往就存在障碍。有些是半文半白的，有些文字写得很漂亮，怎么通过你的感受，通过自己的有声语言去表现出来？现身说法是要通过语言把创作情绪呈现出来的一个环节，我们要训练这个过程，这里有三个台阶，可以分为表层、中层和深层，也就是分为物理场，心理场和审美场的情感发展，分为引发、强化和触发的过程。这肯定是通过语言触发出来。要记住：抓住感受引向情感落实在句子当中整体推进，这是现身说法的关键。高尔基的散文《海燕》是大家很喜欢读的文章，高亢基调的文章要一气呵成，怎么去读？文章激情充沛，语言也很优美，情绪很连贯，可以通过一气呵成的训练来带动自己现身说法能力提高。再比如说可以看一下岳飞的《满江红》，也为大家所传颂，多听多练对提高表达能力会有帮助。（听一下二维码音频）

以上我们讲了情景再现的整个过程。它的主要重点是理清头绪，设身处地，触景生情，现身说法。那么在理清头绪时要注意从画面的角度对语言内容进行梳理，要有具体的事项；设身处地就是获得现场感，引发创作者的真实感受；触景生情就是一定要反应，积极地让自己的情绪一触即发，以情为主，情景交融；现身说法，就是感于外、动于心、形之于声、及之于众，让自己的情绪和声音完美地结合。它的难点是什么呢？有些人在做准备的时候，不能为了情景再现，而假设情景再现，一定要在稿件的消化基础之上，也就是说在对稿件备稿的时候有六步，它的主题，它的层次，它的重点，它的基调，它的背景，有了内心的消化之后，然后在这个基础上，在符合创作情节和创造要求的前提下，再去情景再现，而不是为了完成这个任务去进行再现，这样就变得很盲目。要调动自身各方面的积累，我们每一次口语创作，都是所有文化积累的一种综合呈现，是声音的呈现，也是文化功底的呈现，对稿件消化能力的呈现，表达力的呈现，这是一个综合因素的汇合。我们一定要把文字变成自己说话，关键是感受！这是非常重要的能力，感受一定要具体，才会形成一种声音的推动力。还要注意三个问题：要以宣传目的为中心；以稿件为依据，升华语言文字；以情为主，情景交融。

二、深化，升华感情——内在语

内在语是表达者的心理活动，为语言表达提供充实的内心依据，其作用是揭示语句本质和语言链条，承上启下。

语句的"话里有话，弦外之音，味外之味"，就是我们所说的内在语。

那语言所不便表露、不能表露、或没有完全显露出来的语句关系、语句本质，就是内在语。

内在语的把握表现在两个方面：一是语言链条的承续；二是语句本质的差异。

我们在口语创作中支配自己的语言或者形体都用这种方法，术语叫潜台词，或者叫潜语。那么怎么理解内在语的含义呢？首先，内在语是传承语言本质的差异点或者是指语句的逻辑关系连接点。比如我们来看一个例子，这是写彭德怀的一篇文章《补救》：

"来到吴家花园，起初组织上还要给彭总派护士、公务员，他不要。他说（我没有必要要什么护士），'现在是个闲人了，还要人家来打扫卫生料理生活？'（那真是岂有此理啊）"这是言外之意，但是不能表达出来。我们要通过我们能够表达出来的语言，要在表达当中把它融进去，这是内在语的第一个含义。第二个，内在语是语句本质和语句目的的集中体现。有些话是不能通过表面语言表现出来，但是要把它的语句目的读出来："直到他被林彪江青派了一伙人就上北京。我们分别时，他穿的还是这身黑蓝颜色，上头闪着一层油光的土布棉衣。"如果这样读可能就比较苍白，但是加上后面的内在语提示（彭总，你对自己太苛刻了），就会是另一种表现方式，我们通过对后面内在语的理解，声音形式就有了区别。那么第三个含义内在语是确定言表达语气的依据，我们拿一句话来试一试，"你这人可真好啊"。如果是由衷赞扬的，就是气虚声柔，"你这人可真好啊～～"。① 那么如果是憎恨厌恶应该是气足生硬，"你这人可真好啊∧"。冷漠

---

① 张颂．中国播音学［M］．北京：中国传媒大学出版社，2003：337.
（∧——灵活符号，用于长句子中没有标点而需要换气或顿挫的地方，这种顿挫不影响内容的完整性。）

敷衍，是气少声平，"你这人可真好"。然后讥讽嘲弄，是气浮声跳，"你这人可真好啊∧——"。如果是谄媚讨好，就是气虚生假，"你这人可真∧——好啊"。如果害怕恐惧它是气提声凝，"你这人可真～～好"。愤怒斥责是气粗声重，"你这人可真好啊"。同样一句话，我们不同的情感，会表现出不同的内在语支撑，它的意义就不一样（二维码视频）。第四个含义，内在语可以是创作者个性的重要标志。有一些表达技巧就是内在语的支撑，加上自己特色的声音，形成个人的标志。第五个含义，就是在我们国家的有些具体形式当中，内在也是重要的保证。比如新闻，比如一些纪实性的专题，它的内在语是我们形成特有声音形式的重要保证。

内在语的作用有两个：一是揭示语句的本质；二是串联语句链条，内在语的分类主要有以下几种：

1. 发语性内在语
2. 寓意性内在语
3. 关联性内在语
4. 提示性内在语
（1）设问呼应
（2）提醒关注
（3）表现情态
（4）展示过程
（5）感叹强调
5. 回味性内在语
（1）寓意式回味
（2）反问式回味
（3）意境回味
（4）线索式回味
6. 反语性内在语
（1）对立型反语内在语
（2）反问型反语内在语
（3）双关型反语内在语
（4）非对立型反语内在语

比如广播电台的台呼，前面的内在语是"各位听众朋友，我们这里是中央人民广播电台"。读散文也这样，比如："在祖国西北边陲的茂密山林处，有一个边防哨卡，那么你知道吗～～?"（听众朋友），就是发语性内在语。有时候会省略掉但要表现出内在语来。再比如说我们很多在热恋当中的一些男女，会有一些嗔怪的对话，也是反语，"你真傻，你这德性，你真坏"，这都是有寓意的内在语，那么其本质和文字表面上是对立的，把握这个并不难，但是必须通过内在语的支撑，才能领悟它的意思。

来看看关联性内在语，就是句和句之间，虽然省略了一些关联词，但是通过内在语的支撑把它表现出来，我们来看一个例子，"她打了个寒颤，（虽然）风又掀起了她的衣襟，（但是）这次她没有去拉。"虽然省去了关联词，但是你要把它表现出来。

还有就是提示性内在语，我们来看一个例子，"听众朋友，最近有一件事传遍古城西安，（什么事呢?）一位居民提着一口有毛病的铁锅找到市政府，要求帮助退换。"如果我把"什么事呢"拿掉，要靠朗读时表现出来，从内在语支撑把这种衔接体现出来，这就是提示性内在语。它是在语句段落层次之间，由于解决与其衔接问题的时候，靠内在语支撑让文字更连贯，过渡自然。

主要分为以下几类：一是设问式的呼应，两个句子段落和层次之间用设问短句过渡，比如什么事？为什么？原因呢？那该怎么办呢？这些东西呢？让语句衔接更自然，有的时候是通过内在语表现的，通过辅助语言包括副语言的支撑，在有声语言的表达当中起了一个很好的衔接作用。二是提醒关注，就是需要口语传播者用关注关切引起注意和警示的语气。播出的时候在该句之前加一些提示性内在语体现出关注的色彩。三是表现情境，就是描述一个东西的时候描述心理活动的时候，尤其是人物语言的时候描述某种特定的情感色彩的时候，加一些相应的提示的内在语让我们描述的更生动。比如"'砰'的一声，张某一脚踢开炊事班的门。（怎么回事?）炊事班战士小梁见这情景，先是一愣，接着上前询问。"第一句话是一个很浓的色彩，那么第二句话表示疑问的色彩中间要加一个"怎么回事?"的过渡，如果有内在语在当中做一个缓冲，这段话的描述就会衔接得自然一点。四是展示过程，比如"我接过来一看，（可不是嘛!）横是横，竖是竖，补得就是不错!"那中间是缺了一个内在原因，可不是嘛？横是横竖是竖补得就是不错啊，这种语句富于动感的，使语气生动形象，这种内在语的添加，使渲染力就更强。五是感叹强调，在进入重点语句之前，或者下一句需要表示感叹、强调等强烈颜色彩的时候，可以用一些提示性的内在语加强、加重语气。比如说"按目前的生产进度，今年的总产量将达到100万台。（真了不起!）这个数字将使该公司跻身于世界八大电冰箱生产企业行列"。所以，"100万台"，必须用内在语支撑才能把它的重音凸显出来，就是感叹强调。

再看回味性的内在语，一是寓意式的回味。比如，"这幅画一直挂在我的书桌前，多年来不曾换掉，因为我需要它。"（它常常催我向上）内在语是"它常常催我向上"。文章的结尾的时候，它的作用虽然是低沉的语调，不是上扬的语调，但是有内在语的支撑，让这个低沉的语调反而起了一个很好的回味作用。二是反问式的回味，就是前面句尾所表现出色彩的引申、指向和推送。能够进一步沟通、传受，深化双向的交流。"虽说现在生活好了，可离'小康水平'还差得远呢。咱们能只顾眼前乐，忘了大目标吗？（您说是不是，听众朋友？）你说是不是啊？"就好像告诉听众朋友，我们该不该这样？虽然没有说出来，但是通过这最后一句话的反问式回味，渗透出这种内在语。三是意境式回味，"冬天来了，春天还会远吗？"通过这种意境的回味，让受众产生思考、联想、憧憬、感叹。四是线索式回味。有些稿件在一些段落层次和全文结尾处重复出现相同的句子。这种线索使出现的句子结合上下文和主题设计，相应的回味性能力在于找到恰当的语气，来调动受众的想象，深化主题，加深印象。这种线索的内在也要注意表述。

接下来是反语式内在语，它直接体现了语句表层意思与深层意思的这种对比，也就是说与其本质的对立和对比，通过内在语比较出来。我们来看一个例子，比如："好个友邦人士，是日本帝国主义的军队，强占了吉辽炮轰机关，他们不经常阻断铁路追查客车，逮捕官吏，枪毙人民，他们不惊诧!"《友邦惊诧论》中很多语气只有通过内在语的支撑，通过表面文字的朗读，才能把它的实质读出来。那么，我们来总结一下这么多的内在语怎么样去优化呢？第一，在表达重点和难点上，要把握内在语；第二，对文稿的理解和感受要集中地概括出来；第三，要注意语句本质的差别；第四，就是内在语要鲜明简洁，还有说服力，有一个意向性的牵引，就可以通过真实的内在语支撑，用语言形式表现出来，让人们感受到内心的这种变化，以得到内在语最优化地呈现。

三、目中无人，心中有人——对象感

对象感是指必须设想和感觉到对象的存在和反应，由己达人。必须从感觉上意识到受众心理、要求、愿望、情绪等，并从中调动自己的思想感情，使之处于运动状态，从而更好地表情达意，传达讲稿的精神实质。

对象感是被口语创客用来作为使感情调动起来的一种手段、一种途径，它属于某种想象和联想中的东西。创客必须设想和感觉到对象的存在和对象的反应，必须从感觉上意识到受众的心理、要求、愿望、情绪等，并由此而调动播音的思想感情，使之处于运动状态。

我们在进行口语创作的时候，对象感这个技巧运用起来可能需要一定的过程。对于初学者来说，必须

欢迎扫码收看视频

在一定的实践基础上，有了一定的从业经验，然后从实践中逐渐使对象感得到升华，它的方法是理论相结合，通过大量的练习观摩对比，让我们的口语创客对于对象感的概念有一个深刻的感悟和了解。认识到这个概念，对我们在话筒前进行创作有指导意义，问题产生的原因主要是受创作环境决定的。所有的口语创客都是通过媒介，包括话筒、摄像机、录影棚。录制成信号之后，被加工制作成音视频节目流传在互联网等传播媒介上，这是大众传播流程。也就是说，我们必须从接受的角度来考量我们的创作是否到达目标受众。

那么，口语创客是把有声语言，包括副语言传送给人听的一种音视频传播，不是对空发言也不是自言自语，更不是自我欣赏。受众是我们最大的服务对象，是我们传播的对象，要从受众的角度来考量我们的创作。这几年的网红，比如2016年3月份开始迅速爆红的"papi酱"，包括《罗辑思维》《大鹏嗒吧嗒》等。这些网络自媒体节目，他们都是通过媒介的特有传播环境，录制上传了自己的音视频，然后经过加工制作上传到互联网，产生一定的粉丝影响。那么工作的特殊性表现在什么地方呢？个人形象要通过媒介转换，录制的时候是没有对象的，在录音棚里只有摄像机或者一个人对着话筒，就必须和话筒和摄像机之间产生这种交流。也就是说，话筒和摄像机是我们的观众或者听众，那么这就产生一种障碍，怎么样让我们眼前的摄像机或者话筒变得活起来？所以，我们为了掌握这个概念，解决这个问题，引入了对象感。这一提法，我们借用斯坦尼斯拉夫斯基的一句话来佐证一下："没有对象，这些话就不可能说的，使自己和听的人都相信有说出的实际必要。"这是对演员说的，那么对于口语创客同样适用，我们在进行话筒前创作的时候是"目中无人"的，但是要努力做到"心中有人"，这是我们这一理论产生的依据。

口语创客所有的行动和思考都是为目标对象服务的，因此我们心中应该有受众，时刻想着受众。在创作的时候，这就是我们对象感产生的依据。到这里我们就可以给对象感做一个概括，口语创作者必须设想和感觉到对象的存在和对象的反应，必须从感觉上意识到受众的心理要求、愿望情绪等，并由此调整自己的思想情感，始终处于运动状态。这是我们给对象感的总结，那么对象感具备以下的特点：第一，对象感正是因为被口语创客用来作为思想感情处于运动状态的一种手段和途径，它实际上属于一种联想和想象的东西。如果执着地把它落实成一种客观实体，那就走入误区。第二，它的感觉必须是具体的，因为只有具体的对象感才会对我们的口语创作产生积极的推动作用。我们必须具体设想，这样的稿件，这样的音视频，这样的内容，这样的形式，这样的传播目的，我们应该为谁创作？给谁听？哪些人需要听？听了以后会有什么反应？播给什么样的人听？最能增强我们的播讲愿望，最有利于达到传播目的，等等，越细腻越好。

那么这当中有一些错误的认识，我们主张用对象感来交流，说明宣传中要有对象，要有受众，并且要和受众交流。那么在互联网的环境当中，它是既封闭又相对开放的环境，受众想什么，说什么，有什么反应，我们可以通过互动得知，如果自己一厢情愿的按照自己设想的对象感，一味地进行下去，就失去了交流的这种意义，所以对象感要和互动交流结合起来。第二，初学者容易产生，谁在听我就播给谁的想法。那么意味着对自己设想的对象或者感觉到的对象去播，这就会流失一些潜在的受众，让自己的节目粉丝流失，也让自己的对象感逐渐地变得消极和被动。那么，我们怎么样去设想对象感呢？必须从量和质两个方面进行。所谓量的方面是指性别、年龄、职业、人数，等等；所谓质的方面是指环境气氛，心理素养，包括对象的个性，等等。我们在设想对象的过程中，必须从稿件传播出发，从受众人群，从接收方式等诸多方面进行全方位的设想，深入到几乎每一个细节，只有这样才能把握全局，然后有的放矢。

如何获取对象感？要获得对象感，我们在质和量两个方面的具体设想是相辅相成的，不是孤立对待的，要获得对象感，我们要尽可能多地熟知对象的情况。具体对象应该是我们最了解、最熟悉的人。就某一篇稿件来说，某一个特定的音频、视频创作来说，我们设想的具体对象应该是稳定的、统一的。对年轻人的视听传播，"papi酱"的对象，和《罗辑思维》的对象，和《大鹏嘚吧嘚》的对象都是不同的，但又是相对稳定的。那么在具体的对象的稳定，还要注意对外围人的这种吸引。同样的稿件，同样的节目，不同样的创客完全可以设想出不同的具体对象。那么对初学者来说，对象感的训练我们也不能强求一律，这就牵涉口语传播和对象的关系。对象感不是单单考察设想对象的问题，一旦有了具体对象的设想，就会产生口语创客和对象的关系问题。一般情况下，我们一定要记住，口语创客和所设想的具体对象的关系是平等的。而且在互动过程当中，口语创客和对象之间要相互激发，相互促进。这种传播就进入良性循环。

再谈一谈对象感的作用。对象感使我们网络口语传播的思想感情一直处于运动状态，那么从中流露出和设想对象相符合的态度、语气，眼神姿态。在准备稿件的时候要完成具体对象的设想，然后在口语创作的时候具体对象就在感觉上出现形象，也许十分清晰，也许并不明显，但是对象感的这种感觉一定要把握住，如果对象感时断时续，甚至有时候消失了，那么就变成心中无人了，我们的口语创作就变得苍白。特定的视频和非特定视频可以做个比较，我们可以拿"papi酱"和《罗辑思维》的一些指标来对比参考一下。大家可以思考，"papi酱"和《罗辑思维》在内容的区别上，在镜头前的状态，在主持风格上，在交流状态上，在语言方式上都有什么区别？大家可以想一想，不同的音频、视频会有不同的对象，设想特定的节目和非特定节目，现在网络上有很多的自媒体节目，我们可以做一些比较。

四、训练是提高创客口语技能的唯一方法

语言表达技巧是口语创客必修的专业技能之一。这些训练主要解决口语创客的创作道路、分析理解讲稿、具体感受讲稿的方法、语言表达的内外部技巧以及话筒前的状态等问题；在实践方面就是要通过备稿、展开情景再现、捕捉对象感、挖掘内在语等内部技巧与停连、重音、语气、节奏等外部技巧的训练，使口语创作者能够把讲稿变为有内容、有目的、有感情、有对象的有声语言，及于受众之耳，入于受众之心。

任何艺术，都有内容和形式这两个方面，内容总要有一定的表现形式赖以传达，这就有技巧存在。技巧的高下，将反作用于内容，使之呈现出不同的艺术效果。中国传媒大学教授张颂在《朗读学》一书中精辟地指出：技巧的运用有两个阶段，一是学习阶段，可以叫作"刻意雕琢"阶段；二是熟练阶段，可以叫作"回归自然"阶段。不经历"刻意雕琢"就不能"回归自然"。因为不敢雕琢，就永远不能掌握技巧，也只好停留在自然形态、长期"自然"下去。这不但概括了掌握技巧的过程，也指出了两个阶段在创造上的区别，不经过学习，便不能进入创造；技巧掌握的理想境界应是返璞归真、大巧若拙，刻意雕琢，不留痕迹，表达如行云流水、变幻起伏、抑扬顿挫、感情跌宕、运用自如。

情景再现、内在语、对象感，是从备稿到口语传播，使思想感情处于运动状态的三种重要方法，我们统称为"内部技巧"。

当讲稿中有形象性内容时，我们要在形象感受的基础上，运用"情景再现"，使口语传播富于鲜明的形象性，当讲稿中有逻辑性内容时，我们要在逻辑感受的基础上，运用"内在语"，使口语传播富于严谨的逻辑性，"对象感"则帮助我们把讲稿更积极、更生动、更清晰、更完美地表达出来，传播到广大受众的耳朵里、心目中。

具体感受和整体感受，情景再现、内在语和对象感，在播讲目的统帅下，使讲稿的语言变成口语创客自己要说的话，在这种运动状态下，口语传播创作才有灵魂，口语传播语言才有活力。

1. 展开情景再现练习

情景再现，是口语创客在进行口语创作中调动思想感情处于运动状态的重要手段，是具有口语传播特点的重要术语。那么，什么是情景再现呢？就是在符合讲稿需的前提下，以讲稿提供的材料为原型，使讲稿中的人物、事件、情节、场面、景物、情绪……在口语创客的脑海里不断浮现，形成连续的活动的画面，并不断引发相应的态度、感情，这个过程就是情景再现。情景再现的展开必须注

意三个问题，以保证情景再现的方向性、丰富性和实用性。

（1）一定要以宣传目的为中心，必须受宣传目的的引导和制约，不要搞情景再现的展览。

（2）以讲稿为依据，使文字语言得到升华，用口语创客的生活经验对文字语言加以丰富和补充。

（3）以情为主，情景交融。

2. 挖掘内在语练习

内在语是帮助口语创客把讲稿变成自己要说的话，使感情处于运动状态的好方法，对口语传播的表达有直接引发和深化含意的作用。所谓内在语就是讲稿文字语言所不便表露、不能表露，或没有完全显露出来的语句关系和语句本质。口语创客绝不能就稿论稿，一定要努力挖掘文字后面更深刻的含意及把握鲜明的语句关系。明晰、准确的内在语会激活我们的有声语言，使我们切实地把讲稿的话变为自己心里要说的话，传达给受众。内在语并不在口语创客的有声语言中出现，它是口语创客的内心意念，即思维与感情运动的体现，它对有声语言的表达起着引发、深化的作用。我们在实践中认真体会和运用，就可以达到熟能生巧、运用自如的程度。

3. 捕捉对象感练习

听众、观众是作品的传播对象，口语创客在口语传播中必须在"目中无人"的条件下，努力做到"心中有人"，也就是要对听众进行具体设想，从感觉上把握听众、观众的存在，时时与宣传对象有思想感情的交流、呼应，这就是对象感。对象感是激发播讲愿望的需要，我们传播的内容正是听众、观众非常关心、急于知道的，一想到他们在听，就产生"一吐为快"的热情。"讲话要看对象"，一方特别想听，另一方才会讲得津津有味。获得对象感，主要在于"感"，这种"感"就是口语创客的自我感觉。要做到与听众、观众"交流"起来，就要从自我感觉上时时处处能感到听众、观众的存在和反应，并从语气上与听众的这些反应相呼应，才能与听众、观众交流起来。

第二节　形之于声

思想感情表达的语言呈现需要外部技巧，主要有以下四类。

停连：是指在有声语言的流动过程中声音的中断和延续（段落、标点符号仅作参考）。

重音：在语句表达中对于那些重要的、主要的词或词组要着重强调一下，以便突出、明晰地表达出具体的语言目的和思想感情。我们强调的词或词组就是重音。

语气：是在具体思想感情支配下声音的感情色彩形式。

节奏：是有声语言运动的一种形式，是在表达中由全篇讲稿生发出来的、播讲者思想感情的波澜起伏所造成的抑扬顿挫、轻重缓急的声音形式的回环往复。节奏的类型有轻快型、凝重型、低沉型、高亢型、舒缓型和紧张型等。

口语创客创造性的劳动既然在于把讲稿转化为有声语言，我们就可以说，有声语言就是他们创造性劳动的最终体现。思想感情处于运动状态之后，怎样"形之于声"，借助有声语言表达出来，实在是极为重要的问题。

一、停连

停连包括两方面的问题。停，指停顿，连，指连接。有停顿，连接才能更好地达意传情。

停连，是同有声语言同时存在的；先是生理需要，紧接着是心理需要。从生理上说，一口气说完一个话题不行，一口气播完一篇讲稿，也是不可能的。中间要换气，要调节声音，要休息声带、唇舌，没有停顿不行。受众的耳朵也不能经受不间断的刺激，也需要有一个短暂的舒缓空隙。

欢迎扫码收看视频

从心理上说，停顿应该是积极的、主动的，以自如地服从思想感情运动的需要。

播音学把停连分为十类：

（1）区分性停连：为了在听觉上能够区分语意所在的停连。讲稿中词或短语之间、句与句、层与层、部分与部分之间都有区分性停连。

（2）呼应性停连：这类语句中的前呼后应关系，中间即便有停顿，显然是为了语意的延续。

（3）并列性停连：是指在讲稿中属于同等位置、同等关系、同等样式的词语之间的停顿和各成分内部的连接。

（4）分合性停连：分合性停连包括先分后合、先合后分两种情况。还会出现"合—分—合"的情况。

（5）强调性停连：强调性停连是因感情或突出重点的需要而运用的一种停连。

（6）判断性停连：这是表达思维判断过程的一种停连方法。

（7）转换性停连：当语意发生转折的时候，就需要适当地停顿、转换，这

种停连就是转换性停连。

（8）生理性停连：生理性停连不是指播音换气的需要，而是表现讲稿中的人物在异常情况下的生理状况。

（9）回味性停连：这种停连用于表现追忆、回味的心理情态，有发人深省、引人深思的作用。

（10）灵活性停连：这是在确保文稿意义完整、表情达意的基础上，较为自由灵活的停连方式。

目前互联网中的口语顿挫五花八门，大家在讲话中的停顿因地域和习惯而定，没有经过艺术化地处理。其实大家在学小学语文的时候，老师会告诉大家读文章要注意断句，这只是语流中的停顿。而我们在有声语言创作的时候，我们把停顿和连接结合在一起，停连包括了两个方面的概念：一个是停顿，另外一个是连接，有停顿，有连接才能更好地传情达意。这就是我们在口语传播当中要注意的停连。那么，为什么要停连？停连是有声语言存在的一种生理需要。我们的气息不可能通过我们的呼吸，一口气把一篇文章读完，必须要换气。这和游泳是一样的，怎么样才能让有声语言像游泳一样有如鱼得水那种感觉？首先需要学会很好地换气，这是生理需要。第二个，停连是一种心理上的需要。我们的声音是让受众听的，受众在接受传播口语的同时，是一种理解的过程，也是一种美的享受。如果没有一个让受众接受的过程，没有一定的停顿和连接，让人持续听下去是很困难的，这时停连就显得非常重要了。

我们来分析停连的作用，所谓停连就是停顿和连接。在有声语言创作的过程当中，为了表情达意，语流中有中断或者叫休止就是停顿。声音不中断或者不休止，特别是文字当中有标点符号，但在进行口语创作时候却不停顿或不休止，这就是连接。也就是说，文字上的标点符号，我们在进行口语创作的时候只是参考。我们应该大胆地抛开文字的标点符号的束缚，那怎么去确定声音的标点符号，也就是我们的停连呢？一定要从受众的理解角度和感情需要的角度来确定停顿和连接的地方，可以说停连是我们有声语言的标点符号。这种技巧为感情服务，可以表现在很多方面。一是组织区分，使意义更明确。二是创造转折呼应，使逻辑更严密。三是强调重点，使目的鲜明。四是并列分和使内容更加完整，还有一点就是体现思考判断，让传情达意更加生动，给人一种回味，想象创造意境。

下面我们来分析在什么地方停？在什么地方连？怎样确定停连的位置？第一步要准确地理解语句的意义，任何一句话都有它特定的意义。在口语传播当中，由于提炼的位置选择不当而造成传统单一的错误，这是经常容易发生的，如果我们不注意的话，会造成理解的偏差。比如说我们来看一句话，"哥白尼认为日月星辰绕地球转动这种学说是错误的"，那如果我们这样来把停顿的地方换一下，"哥白尼认为日月星辰绕地球转动，这种学说是错误的"，会带来一种歧义。大家都知道哥白尼的观点，如果说我们把中间那个逗号拿掉，而在"这种学说"这里停顿一下，它的意思，就完全造成一种相反的理解。这是停连位置不当而引起的。二是正确地分析语句的结构，因为语气的意思，有时候因为停连不当造成表达的不清楚，比如我们来看，"现在播送长诗《祖国，我爱你》▲的下半部分"。长诗《祖国，我爱你》，这是一个诗的名字，如果我们在祖国后面的标点符号那地方停一下："现在播送长诗祖国▲我爱你的下半部分"。就会闹笑话了，这就是停连不当会造成意义表达的不清楚。那么第三点，就是恰当的体会情景和神态。有些语句我们理解得没错，结构也很清楚，但是为了表达的生动，我们可以抛开标点符号，让我们的表达更具备丰富的色彩。比如我们来看这句，"张大娘好像不认识他了，眯缝着眼睛边打量边试探着问，你是王福吧？"这个如果说按照字面意思来播没问题，但如果为了表达的生动，我们来换一种播法，"张大娘好像不认识他了，眯缝着眼睛▲边打量边试探着问，你是王福吧？"我在眯缝着眼睛，这里停了一下，没有标点符号，但是对我们表述张大娘这种状态的还原可能更生动一些，这就是我们位置的选择。那么第四点，合理地处置标点符号，我们在口语传播当中，按照自己对稿件的这种理解，合理地处理标点符号。有标点符号的地方，有的时候也需要连接了，相反没有标点符号的地方呢，也可能需要特意评论。我们来看这句话，"福建省厦门市今天举行民族英雄郑成功纪念像奠基典礼"，那么我这样去平白录下来，就会觉得没有新闻宣传状态，或者说我们新闻语体不准确。怎么样形成我们的新闻语体呢？"福建省厦门市今天举行民族英雄郑成功像▲奠基典礼"，在"郑成功像"后面停顿了一下，后面作为语句结束的时候稍微拉长一点，没有任何标点符号，但是我们必须要用停连来使传播更生动。

停连的处理方式主要有两种：一是落停；二是扬停。连接的方式有两种：一是直连，二是曲连。我们分别来看一看，停连的方式中，落停是指停顿的时间较长，停顿的时候气也用完了，而扬停则是停顿的时间很短，停的时候气没有用完，停顿之前的声音稍微上扬而且向前拉开。也就是说，它是为了后面这种强调准备的，它是一种半拉开的状态。那么怎样把握落停的停顿方式呢？落停是指停顿时间较长，在停顿的时候气也用完了。而扬停的停顿时间很短，声音是上扬的，停顿的时候声音停了，气还没有用尽。在停顿之前，声音稍微上扬，或者是平向拉开，这是扬停。再看连接的表达方式，直连，这种方式一般用于标点符号之间内容有密切联系的地方，特别是顺势连带不需要连接点的地方。我们来看一句话："听了他的话，我快走几步，紧紧地跟着他，但是不一会儿我又落下了一大段"。这些标点符号的地方顺势连接，不露节点，一定要流畅，这就是直连。还有一种是曲连方式，它用于标点符号两边需要有所区别的地方，特别是连环相接、连而不断、游荡着向前。在一些并列句，用于很多词并列的时候，我们用这种连接，比如说我们在天气预报里经常会遇到这样的话，"沈阳，北京，天津，上海，武汉，长沙等地都下了雨"，这种连接语句就会游荡地向前。那么停连有三个原则：标点符号是参考，语句把关系是基础，情感表达是根本。

二、重音

一篇讲稿，是由许多表达独立意思、蕴涵一定感情的语句组成的。语句中的词或词组并不处于完全并列、同等重要的地位。其中，有的重要些，有的次要些。对那些重要的、主要的词或词组，播讲时要着重强调一下，以便突出地、明晰地表达出具体的语言目的和具体的思想感情。我们着重强调的词或词组，就是重音。

欢迎扫码收看视频

重音的问题实际上是词或词组在句子里面的主次关系问题，重音是主要的词或词组，非重音是次要的词或词组。

确定重音的位置，应该是有规律的，但这不是万能公式，也不是没有例外。

重音也被列为十类：

（1）并列性重音：凡并列的段落、语句，使某些词或词组也带上了并列性。为了显示并列关系，在那些具有代表性的词或词组上确定重音，便是并列性重音。至少有两个重音，一般同样重要。

（2）对比性重音：在各种对比的情况下，为了达到对比目的、渲染对比气氛、突出对比观点、深化对比感情，在重音上造成对比性是很重要的。对比性重音至少有两个，往往要区分主次，相反相成。

（3）呼应性重音：从重音的角度揭示上下文的呼应是一种有力的方法。

（4）递进性重音：讲稿内容的发展，总是层层推进的，递进性重音便可以显示这递进关系。

递进性重音总是向着一个方向突出的，后一个重音要比前一个重音揭示更新、更深的含义，展现更新、更多的事物。

（5）转折性重音：转折性重音与递进性重音不同。递进性重音揭示同一方向的进展，转折性重音揭示相反方向的变化。

（6）强调性重音：只要符合播讲目的，符合讲稿重点，符合形象需要，符

125

合论证需要，遇到这类词语就应敢于强调。

（7）比喻性重音：无论散文、杂文、软文，都可以采取比喻的修辞手法，目的是增强内容的形象性、可感性。

（8）拟声性重音：象声词之类，有时对突出事物的声音形象有很大作用。在描摹场景、烘托气氛时，拟声性重音不可缺少。

（9）肯定性重音：讲稿中有"是""有""不是""没有""不""无"等对事物表达肯定态度时，一般肯定这些词后面的对象。如果这些对象在上文中已经出现，本句只表达肯定态度，强调判断的确定无疑，这些词便必然地成为肯定性重音。

（10）反义性重音：有的讲稿，在揭露、判断荒谬论点、错误言行时，在揭示言不由衷的虚假语气时，在创客不同意、不赞成的态度时，往往借助反义性重音来表达。

我们将按照以下五个环节来对重音进行分析。它们分别是：重音的概念，确定中心的原则，语句重音的一般位置，重音的表达方法，语句重音的主次把握。

第一，重音的概念。重音是我们在语句当中需要强调的或者突出的词或者字。但是重音在口语表达当中不一定是重读，不一定要通过音调的加大来突出它。除了重读，重音还有其他表现方法，如快慢、虚实、明暗，都可以突出重音。重音确定的原则，一是体现直说目的性重音，比如"6月1日是儿童节"，我们把儿童"节"强调一下，这是目的性。二是隐含目的性的重音，"6月1日是儿童节"，意思是不是其他的节日。所以一句的重音是指那些最能体现语句目的，而在口语传播当中需要强调的词或词组，它解决内部各个词和词语之间的主次关系的问题。这种关系怎么体现出来？我们来看这个例子，"旧社会把人变成鬼，而新社会把鬼变成人"，这种关系才能对比出来。这是重音的作用。

第二，如何选择重音？这是指那些在语句当中占主导地位，最能够解释语句本质意义的词或词组。我们来看下面这句话："从昨天二十点三十分起，黑龙江省西部地区发生了历史上罕见的春季暴风雪"，我们应该强调哪个呢？罕见？还是春季？这个句子区别于其他的一个占主导地位的，或者最能够反映出句与句本质的这个词，要把它突出出来。第二个就是体现逻辑关系的词，逻辑关系包括转折呼应、对比、并列、递进等，这些关系需要强调出来。我们再看一句话："我们要改变文艺界的作风，首先要改变干部作风，要改变干部作风，首先要改变领导干部作风，改变领导干部作风。首先从我们几个人来改变"，这种逻辑关系要体现出来。第三点是渲染感情色彩的关键词，就是指那些显露丰富感情色彩，对情景神态有重要作用的那种象声词、表现词，这些词或者词组。我们来看这个例子，"他对这一切毫不在意，把他们当作蛛丝马迹，只是在万分必要的时候才予以答复。"这种举重若轻的情感，必须通过这些能够烘托感情色彩的关键词把它突出出来。

第三，语句重音的一般位置，一般分成九类。下面一一来看看。

一是并列性重音。例如，"利用纽扣、花边花节对服装进行修饰。"这种纽扣、花边、花节是并列的，这是一种强调。我们再看《春》当中一句话："山朗润起来了，水涨起来了，太阳的脸红起来了"。这种并列性重音要体现出来。二是对比性的重音。例如："骆驼很高，羊很矮。骆驼说，长得高多好啊，羊说不对，长得矮才好呢"。必须把关键的词对比出来，这个语句的实质才能被拎出来。第三是呼应性的重音。第一个是问答式呼应重音，"他还有一个美名，叫什么呢？叫老豹子"。一问一答的呼应一定要把意思读出来。另一个就是综合式呼应性重音。我们来看这句话，"那颗颗珍珠，有大如羊奶子头的，有小如红豆的光华夺目，熠熠生辉"。这种呼应是一种综合，前面的各个描述最后要综合起来，重音一定要突出出来。第四是递进性重音，它主要有两种形式。首先是连珠式的重音，我们来看这个例子，"决心上阵则不利守城，守城则不利巷战，巷战则不利短兵相接，短兵相接则不利自尽以殉国"。这种一环套一环的递进的重音选择也很重要。其次是连续性的重音，虽然不像连珠式的重音那么有规律，但它是一个整体，我们要通过重音的确定把它表现出来。我们来看这个例子，"您坐过乌篷船吗？……窄窄的船身，低低的船篷，船篷是用竹片夹着箬壳编成的。篷上用烟囱灰和着桐油漆成黑色，绍兴人把黑色叫成乌，它就叫乌篷船"。这种连续性的重音一定要把它突出来，整个句子的意思才能够表达出来。这是递进性的中心。第五是转折性重音。下面这个例子就很清楚："'轰'的一声，敌人坐上了'土飞机'。哨位完好无损，战友安然无恙，龚培波却被强大的气浪冲倒，昏了过去。"这个意思就变化了。前面一个很顺畅的叙述，突然来了一个转折，必须通过重音来体现出来。第六是肯定性重音。我们来看这个例子："不要开枪，大伯，是我"。是不是敌人的意思，所以必须得强调，这就是肯定性的重音。第七是强调性重音。"老刘为了护林，硬是把烟瘾往肚里憋，一直憋了十年。"这个"十年"一定要把它强调出来。第八是比喻性重音。"大运河穿过威尼斯，像反写的'S'，这就是大街。另有小河道418条，这些就是小胡同。轮船像公共汽车，在大街上走"。这是对威尼斯水城的表述，用的是比喻，必须通过重音来把这个比喻性表现出来。第九是拟声性重音。在口语创作中会有一些模拟的音效声音，要通过口语表达表现出来，这个重音一定要注意，这些拟声性重音是我们口语发声的关键，不能破，拟声性重音是我们基本功的一个体现。我们来举一个例子："'轰'的一声，敌人坐上了'土飞机'""屋瓦上响起了哗哗哗的声音，击打在人的心上"。最后是反义性重音。它表达的意思是相反的，必须通过重音把它突出出来，意思就准确了。"你们把困难全都要走了,一点都不给我们剩,可真够'自私的'。"它是通过这种反义性的重音,把预期的本质表达出来。

怎样来强调重音?有三种方法:高低强弱法、快慢停连法、虚实法。高低强弱法是用声音的轻重高低变化来强调重音;而快慢停连法则是用声音的缓急长短,包括停顿和连接的变化来强调重音;虚实法是通过音色的变化,就是虚声和实声的变化来强调重音。只要有声音色彩的对比,目的句才能有指向,以上的手段都是指向我们的目的词。除了列出的这三种方法,还有成分的不同,色彩的不同,强弱的不同。不管使用哪种方法,一个恒定的标准就是只要做到词语对比,然后指向我们所要确定的中心词或者词组,语句的重音就表现出来了。

三、语气

在现代汉语词典里,语气是指说话的口气。口气的含义之一就是说话时流露出来的感情色彩,比如严肃的口气、幽默的口气。语气还有一个含义,就是表示陈述、疑问、祈使、感叹的语法范畴。《辞海》里对语气这样解释:通过一定的语法形式表示说话人对行为动作的态度,如陈述的语气、祈使的语气、虚拟的语气,明确了语气和情感态度有关的说明与介绍等各种语气。语调在词典里是这样解释的:说话的腔

欢迎扫码收看视频

调,也就是一句话里头声音的高低,轻重的配置。而《辞海》下的定义是:句子里声音的高低变化和快慢轻重。句子里都有一定的语调,表现一定的语气和情感。通过陈述句的下降语调、疑问句的上升语调,它就会表现出一定的语气和情感,语调是一种声音形式,可以表现语气态度,如果将语调的变化和语法范畴的句子——对应,就会造成思想感情和声音形式的简单化和形式化。我们要创造丰富多彩的这种表达必须对语气进行深入的剖析,比如我们拿这句话来做个例子(视频见二维码),"你为什么没去上学?"亲切的询问是这样的,它是平直调:"你为什么没去上学?"那么严厉责问,是下降调:"你为什么没去▲上学?"冷嘲热讽该用弯曲调:"你为什么～～没去▲上学?"疑问好奇上声调:"你为什么没去∧——上学?"它是往上爬的,就是上声调。不同的语调会带来不同的语气。我们可以通过这句话来试试,大家自己可以练一练。"原来是他"在不同的环境下,不同的内在语支撑下,会产生不同的语言表达。到这里,我们就可以对语气进行概括了。语气是思想感情运动状态支配下语句的声音形式。要注意三个关键点:第一,具体的思想感情是语句的灵魂,语气中处支配地位;第二,具体的声

音形式是语气的躯体，具体的思想感情也只有通过具体的声音才能得以表现；第三，语言是以句子为单位，它存在于每一个句子当中，和我们节奏不同，节奏是以整段或者整篇文章为单位。

（一）语气的感情色彩和分量

首先来看看语气的感情色彩。语气的感情色彩主要是指预期所包含的是非和爱憎。是非是指态度方面的具体性质，比如说赞扬支持，亲切活泼，还是批评反对，严肃郑重等等。爱憎是指情感方面的具体性质，比如是喜悦、热爱、焦急，还是悲伤、憎恨、冷漠等等。对色彩的把握要注意两点：一是准确贴切；二是丰富细腻。准确贴切是在具体的语言环境当中，要把握语句的感情色彩，避免见字生情，要在准确把握文字感情色彩的素质。要把握住不同语气的个性色彩，个性在语气当中非常重要，模棱两可似是而非，不是我们的创作取向。要注意丰富和细腻，把握不同语气，同样的感情色彩之间有层次的差别和度的不同，要把握同一语句里色彩的多样化特点。所以理解感受非常重要。

接下来谈一谈语气的分量。语气的分量是指在把握语气感情色彩的基础上区分是非爱憎的不同分寸。强调语气的分量就是要求我们在把握语气和感情的火候，要不温不火恰到好处。语气的分量可以从两个方面去把握：一是语气感情色彩本身的级差，二是外部相关因素影响下的态度分寸。语气的分量可以分为重度、中度和轻度。同样一个态度，有不同的层级。要注意声音形式，声音形式包括气息、声音、口腔状态三个方面的要素。主要看声音色彩和形式，比如爱的感情，声音是气徐声柔，口腔快松，气息深长；憎的感情，气足生硬，口腔紧窄，气息猛塞；悲的感情是气沉声缓，口腔如负重，气息如尽竭那种感觉；喜的感情是气满声高，口腔似千里轻舟，气息似不绝清流；惧的感觉是气提声凝，口腔像冰封，气息有点像象倒流那种感觉；欲的感情是气多声放，口腔积极敞开，气息力求畅达；急的感情是气短声促，口腔似弓箭，气息如穿梭；冷的感情是气少声平，口腔松软，气息微弱；怒的感情是气粗声重，口腔如鼓，气息如椽；疑的感情，气细声黏，口腔欲松还紧，气息欲连还断。这些主要是人的情感和声音创作之间的关系。

（二）语气的声音形式

语气的声音形式即语势。语势是指一个句子在思想感情运动状态下声音的态势，是有声语言的发展趋向。语势的外部特征表现为曲折性和波浪式。语势主要有五种形态：第一类是波峰类，就是声音的发展态势是由低向高，然后再向低进行，形状像波峰一样。请看这句话："世界上没有花的国家是没有的。"那么花就处于波峰的位置，头尾是略低的，这是典型的波峰类。而第二类波谷类声音由高到低再向高发展。就是语句头尾较高，中间较低，像波谷一样。"乔治·华盛顿是美利坚合众国的第一任总统。"头尾较高，中间较低。第三类上山类是声音由低向高发展，句头最低，句尾最高，像爬山一样，有的时候还是盘旋的，步步登高。比如这句话，"让暴风雨来得更猛烈些吧。"根据个人的情况，它会越来越高，这是上山类。何谓第四类下山类？就是句头特别高，然后顺势而下，就像下山一样，有的是直线的，有的还是蜿蜒曲折的下山。我们来看这句："就在那年秋天，母亲离我们去了。"它是逐渐下山的，但是可以有曲折、有直下。还有第五种半起类。就是句头较低，然后向上行，行至中途气提声止。我们来看这句话："这到底是什么幻景呢？"给你带来联想没有到最高的位置，到中途气提声止，会带来这种感觉，这就是半起类。下面谈一谈如何避免语势的单一。第一个就是句头的起点不宜相同。文似看山不喜平，同样的一句话，每句话的开头不要在同一个起点上。如果在同一个起点上类似于我们那种过去那种像和尚念经的感觉，一定要有起点的不同要求。每句话的开始声音状态，口腔状态，气息状态应该有所区别。我们看下面这段话，是连续三句，但是即使是简单的叙述，我们应该有所区别。"①今年四月，我到广东崇化温泉小住了几天。②那里四周是山，环抱着一潭春水。③那又浓又翠的景色，简直是一幅青绿山水画。"同样是叙述，开头不管是声音状态、口腔状态还是气息状态要尽量的有所区别，要注意开头起点不相同。第二个要注意的是腰波形也不相同，每一句话的波形尽量避免一样。也就是说，每个波形不要连续地使用。第三点，句尾的落点也不宜相同。每句话结束的时候，落点最好不要在同一个高度。让声音体现出声音的轻重缓急、气息的虚实强弱、口腔的松紧宽窄。每一个优秀的口语传播者，在读同一篇稿件的时候，读两遍，他们的声音形式总会有所区别。这个不同于音乐，口语的声音形式一定要不相同，这是我们的追求。

四、节奏

节奏是有声语言运动的一种形式。

节奏不是人为、随意制作出来的，必须以播讲稿件为依据，以思想感情波澜起伏的运动为动因。失去了运动，节奏的生命力也就完结了。

节奏的核心是声音延续、语气流动中的回环往复。一记钟声，一次涛声，形不成节奏，从讲稿的第一句话到最后一句，在这全过程中声音形式的回环往复才构成这篇讲稿的节奏。

节奏的运用，有一些常见的方法，我们掌握了它们，就可以熟能生巧，对各类讲稿和节目就可能应付自如了。

欢迎扫码收看视频

节奏的基本分类：

（1）欲扬先抑，欲抑先扬

"扬"是指声音的趋势向上发展；"抑"指声音的趋势向低发展。

（2）欲慢先快，欲快先慢

"慢"是指字音稍长；"快"是指字音短促、停顿少而时间短，连接较多。

（3）欲重先轻，欲轻先重

轻重相间，虚实相间，也是形成节奏的重要方法。轻弹重敲、虚托实落，自成一种回环往复。

（4）加强对比，控纵有节

加强对比，使那些该突出的部分和该削弱的部分、该高或慢或重的部分和该低或快或轻的部分在声音上加以区别，是造成节奏变化的一个法宝。

控纵有节，首先在于思想感情的运动状态要"胸中自有雄兵百万"，其次在于感情的色彩和分量要"声中似带木讷之味"，言犹未尽，蕴涵才能醇厚。

人到这个世界上，感受的第一个节奏是母亲的心跳。那么节奏的含义是什么？节奏是主观和客观的统一，是生理和心里的统一。我们拿《舌尖上的中国》的一段经典台词来做个示例：

中国拥有世界上最富戏剧性的自然景观，高原，山林，湖泊，海岸线，这种地理跨度有助于物种的形成和保存。任何一个国家都没有这样多潜在的食物原料，为了得到这份自然的馈赠，人们采集捡拾，挖掘捕捞，穿越四季，本集将展现美味背后人与自然的故事。

这一段是《舌尖上的中国》第一集的概况和介绍。它的节奏很平稳，是一种叙述，一种自然讲述而形成的所谓"舌尖体"。这种回环往复没有多大的起伏，但是特有的韵味让人觉得美食节目以这种方式播出能吸引观众。很多名家经典著作，对节奏都有不同的解释。《简明美学词典》是这样说的：节奏是艺术作品中各种可比成分连续不断的交替演技；《演技六讲》：节奏是一种艺术品所包含的各种不同要素的有秩序、有节奏的变化；《辞海》中对节奏是这么描述的：音响运动的轻重缓急形式的形成节奏，其中各音的时值和强弱不同形成节奏；而《乐记》当中是这样讲的："节奏，谓或作或止，作则奏之，止则节之"。郭沫若说："或者先抑而后扬，或者先扬而后抑，或者抑扬相间，这表现出来变成了诗的节奏。"而朱光潜是这样讲的，"有段落才可以有起伏，有起伏才可以见节奏。音波始终单调一律无节奏。轻重相间见节奏"。总而言之，节奏的概念包括这几个主要方面：第一，节奏是以思想感情运动为依据的声音运动形式，口语节奏的外部形式表现为有声语流的抑扬顿挫、轻重缓急；第二，口语节奏是具有一定特点的声音形式的回环往复；第三，口语节奏具有整体性。我们来看王维的这首诗：独在异乡为异客，每逢佳节倍思亲，遥知兄弟登高处，遍插茱萸少一人。这首古诗词特有的韵律，特有的节奏形成了古诗词的一种韵味。再比如岳飞的《满江红》，它的节奏变化就比较大，而且张弛有度，通过这些短短的文字能反映出岳飞将军在连连胜利，却接到朝廷颁发的班师令，这种情绪的宣泄。一个活脱脱的岳将军形象，通过这段文字展现出来。我们可以试一下：

怒发冲关，凭栏处，潇潇雨歇。抬望眼，仰天长啸，壮怀激烈。三十功名尘与土，八千里路云和月。莫等闲，白了少年头，空悲切！靖康耻，犹未雪。臣子恨，何时灭！驾长车，踏破贺兰山缺。壮志饥餐胡虏肉，笑谈渴饮匈奴血。待从头，收拾旧山河，朝天阙。

这段文字很短，文中岳将军情绪起伏很大，通过语言的轻重缓急、抑扬顿挫表现出来，这种丰厚的人文情怀让《满江红》成了经典作品。

欢迎扫码收看视频

现在，我们来看看语气和节奏的相异之处。第一，从存在范围来看，语气的概念是以语句为单位，存在的范围小一点；第二，从确定语气和节奏的过程来看，两者具有逆向性。第三，从语气和节奏的精神内涵来看，语气更具体，而节奏相对笼统，是以大类来分，具有一定的模糊度和情感体验，它是一个宏观的概念，而语气是具体在某一句上的。

接下来看节奏的作用。节奏的第一个作用是激发调节功能，语气的回环往复会让情绪产生一种流动。二是强化表现功能，找到这种感觉之后，表现能力就有了归宿。三是引导定向功能。节奏是有类型区分的，慷慨型、舒缓型、激昂型等，各种类型的节奏会有一定导向性。

怎样才能把握好节奏？第一，体察存在于客体的节奏；第二，激活创作主体的生理和心理节奏；第三，考虑传播对象对节奏的需求心理；第四，熟悉声音形式的节奏要素。通过这四个方面，形成了对整篇文章节奏的总体把握。

在轻快型、凝重型、低沉型、高亢型、舒缓型、紧张型等节奏类型之间也有相互交融。节奏当中有主导节奏和辅助节奏。主导节奏的类型特色在回环往复中不断加强，具有鲜明的特定性。主导节奏对辅助节奏有影响，往往使渗入的辅助节奏也带有主导节奏类型的特点。节奏不是单一的，它以某一种节奏为主导，当中会辅助一些变化，使整篇文章表达得更丰满、更有凝聚力。主导节奏与辅助节奏的内在统一性形成了跌宕起伏、和谐统一的播音节奏。在口语传播作品当中，主导节奏和辅助节奏之间的相互作用存在一种相互照应、铺垫烘托、对比映衬的关系。可以分为相反相成，或者是相辅相成两种关系，然后在这种交叠的节奏映衬下，增强播出作品的丰富性和生动性。

这么多的节奏变化，它的转换方法在哪里呢？第一，我们讲节奏转换的规律，来看孟浩然的辞《洛中访袁拾遗不遇》：

> 洛阳访才子，
> 江岭作流人。
> 闻说梅花早，
> 何如北地春。

节奏的变化是通过语言描述的。先说动作，引发写景，这四句话的变化很大。情景的变化，必须通过感受，用主导节奏和辅助结构相结合，形成这短短几句话中蕴含的广博深邃意义。

节奏的基本转换形式举例：

（1）欲抑先扬，欲扬先抑。我们来看这段话，是文章《草地夜行》中，一个老战士牺牲自己解救小战士的一个情节。

天边的最后一丝光亮也被黑暗吞没了，满天堆起了乌云，不一会儿下起大雨来。我一再请求他放下我，怎么说他也不肯，仍旧一步一滑地背着我向前走。突然，他的身子猛地往下一沉。"小鬼，快离开我！"他急忙说，"我掉进泥潭里了。"

简短的这种对比，前面是一种很平叙的铺垫，是为了后面这种变化，欲抑先扬，欲扬先抑。

（2）欲快先慢，欲慢先快。我们来看，也是一段话。

正在这时候，孩子的父亲——船长从船舱里走了出来，手里拿着一支枪，本来要打海鸥的。他看见儿子站在桅杆顶端的横木上，就立刻向他瞄准，同时喊："跳到水里，赶快跳到水里，不跳我就开枪了！"小孩在上面摇晃着，没有听明白爸爸的话。"跳到水里，不然我就开枪了！……一、二……"在父亲刚喊出"三"的时候，小孩把头往下一低就跳了下去。

快慢的对比也呈现出这种节奏的变化。

还有欲重先轻，欲轻先重。我们拿屠格列夫的一篇经典文章《麻雀》来做例子。这是一篇写母爱的文章，全篇不着一字，尽显风流，大家可以来试试。

风猛烈地摇着路旁的白桦树，我顺着林荫路望去，看见一只小麻雀呆呆地站在地上，无可奈何地拍打着小翅膀，它嘴角嫩黄，头上长着绒毛，分明才出生不久，是从窝里摔下来的。

猎狗慢慢地走近小麻雀，嗅了嗅，张开大嘴，露出锋利的牙齿。突然，一只老麻雀从一棵树上飞下来，像一块石头似地落在猎狗面前。它蓬起了全身的羽毛，样子很难看，绝望地尖叫着。

老麻雀用自己的身体掩护着小麻雀，想拯救自己的幼儿，可是因为紧张，它小小的身体发抖了，发出嘶哑的声音，它呆立着不动，准备着一场搏斗。在它看来，猎狗是一个多么庞大的怪物哇！可是它不能安然地站在高高的没有危险的树枝上，一种强大的力量使它飞了下来。结果猎狗镇住了……

这种节奏变化，是由轻重缓急的变化体现出节奏来，通过全面的节奏对比、轻重对比，表现出文章所蕴含的母爱的伟大力量。

那么节奏是怎样运用和控制的呢？第一，我们来看节奏的总体布局，主导节奏的回环往复要鲜明，起烘托、映衬、铺垫、对比作用的辅助节奏与主导节奏要和谐，形成有机的一个整体。第二，就是对比适度、控制有节。人声音的表现力是有阈限的，人声音的感受力也是有阈限的，所以一定要控纵有节。第三，节奏运用当中容易出现一些问题，难点是流畅。节奏是一个整体的概念，通过回环往复的变化，让人在接受整篇文章的过程有一个起伏。文似看山不喜平，我们听声音也是这样，单一的声音往往会造成听众的麻木或者排斥心理，所以节奏的变化对于整个文章的烘托和艺术感染力将起到很大的作用。

第三节　及于听众

注意情、声、气的结合。

（1）情是内涵，是依托；声是形式、是载体；气是基础，是动力。

（2）情要取其高，声经取其中，气要取其深。达到字正腔圆，清晰持久，刚柔自如，声情并茂的境地。

（3）以情带声，以声传情，气随情生，声随情动。

有声语言的创作过程就是理解讲稿和具体感受的过程，要运用想象联想，丰富情感体验。

情感是创作的动力源泉，它对加深认识创作的多维性，为更精细地把握文稿的尺度分寸提供依据。

想象，是为了唤起相应的情感，一定的情感表现在创作中就构成想象的目的。

一、话筒前状态的调整

话筒前是口语创客的最终舞台，努力获得良好的话筒前状态，是口语创客的一项基本功。但是，话筒前的状态涉及很多问题，如话筒前工作的原则、要求和方法；创客的政治觉悟、业务思想、业务水平、工作环境和条件。为此我们坐在话筒前的目标是：

（1）全局在胸，信心百倍，激发创作热情；

（2）联想背景，面对受众，唤起播讲愿望；

（3）想好开头，进入内容，精神高度集中；

（4）注意内容，想到再说，不抢先，不拖后；

（5）深入感受，感情起伏，不懈怠，不断线；

（6）弹性控制，筋肉松弛，声音气息自如。

这是基于广播电视播音主持的标准，对大量的在电脑前、手机前进行口语传播的一些爱好者提出的要求。目前在网络上进行口语传播的种类较多，比如自媒体节目，老师上传的慕课课程，以及现在眼下正流行的手机直播，包括 PC 直播。这些口语传播类型除了各自特点之外，有很多的传播者在走上互联网的时候，并没有意识到在话筒前创作已经从个人传播进入大众传播。又因为互联网传播的特点，它没有很多的约束，比如做手机直播的主播，几乎没有多少人具有话筒前的技巧提炼，是在一个很宽泛的环境下进行的。如果进入大众传播的这些口语创客们，学习一些有声语言传播会对他们有很大的帮助。自媒体是自我实现、自我传播和自我创业，直播的口语传播者现在是靠颜值获得粉丝的关注和青睐。而自媒体视频主要靠和大家分享自己的创意。

当自我欣赏变成一种创业的时候，我们就应该对自媒体和直播进行分析，让这种口语传播变成产业，获得大家认可。自媒体播读主要包括网络配音，自媒体朗诵，自媒体出像，动漫配音，课件配音，游戏配音等。这些目前已经具备一定的产业化趋势，但是很多从业者没有经过有声语言的科学训练，我们可以通过训练加以提升。让学习者掌握话筒前创作状态的一些基本的方法和技巧，并且对于创作状态有一个全面的了解。主要包括哪些内容？心理状态，生理状态，运动状态，话筒前状态的调整，以及话筒前正确状态的养成。在话筒前应该注意的一些问题、主要知识点包括话筒前状态到底是个什么含义？话筒前状态的运动过程？怎样建立正确的话筒前的状态？在话筒前如何调整自己的声音状态，以及话筒前状态的总体把握，良好习惯的养成和一些技术问题的注意等。

主要通过理论和应用相结合，个性和共性问题相结合，通过正、反两方面对比来认识话筒前总体的创作状态。结合话筒前的心理和生理状态的相互作用，来推动我们进入有准备、有组织的心理创作。重点就是学会在话筒前把握好状态，调整良好的发声源。口语创作的难点就是能够使自己的状态应用自如，然后适合于某种创作的需要，做到轻松应变。可以自己在家里，或者在条件允许的情况下进入录音棚录音，举办线下的一些朗诵会。口语创客往往生活习惯不是很有规律，一定要养成一个良好的生活习惯。比如晨练，逐渐养成坚持练声的习惯，多参加网络口语实践，多在话筒前练习是最好的方法，业余时间做一些模仿练习。

我们可以思考一下，在训练过程中心理状态是如何变化的？在话筒前应用的时候，生理状态怎么调整？怎么建立一个正确的发声的方式？如何调节来适应话筒前的创作？怎么样养成良好的互动的话筒前创作的状态，以及养成这些状态需要注意的一些个人问题？在大众媒体普及的环境下，在每个人没有线下辅导的情况下，怎么去适当地汲取一些技能，来提高自己在话筒前进行口语传播的水平？

二、关于口语创客备稿的建议

当我们谈起"备稿"的时候，有人可能会把它理解为"背稿"，其实不然。那么究竟什么是"备稿"呢？备稿指的是口语传播之前的一系列准备活动。在广义备稿和狭义备稿过程中，广义备稿要注意平日的生活和学习积累，狭义备稿是口语传播之前对具体讲稿进行分析综合，从而理解感受并产生情感体验的活动过程。广义备稿是储备，狭义备稿是运用，广义备稿做得越好，狭义备稿效率越高，效果就越好。

刚刚走到镜头前的慕课老师，开始不知道怎样备稿。讲稿拿来以后，只是一遍一遍、反反复复地诵读讲稿，生怕在录制时出现差错，结果事倍功半。经过话筒前反复练习，才知道自己应该在字、词、段落层次、感情的运用等方面下功夫，最终会幡然顿悟，口语传播水平较以前会有很大的提高。

备稿不仅是把握和驾驭讲稿所必须的，而且是形成良好的话筒前状态的条件之一。认真准备，心中有底，在播出的时候才充满信心，从容不迫。否则，很容易造成信心不足，紧张慌乱。认真备稿，可以发现讲稿存在的问题，把差错消灭在播出之前，可见，备稿是影响口语传播质量的一个十分重要的工作环节。

深刻、精细而且又能迅速地完成备稿的全过程，就显得尤为重要。下面就列举两种常用的备稿方法：

（一）个人备稿

讲稿拿来以后，不要急于大声诵读讲稿，首先应该排除字词方面的障碍，准备一本字典，把不会或叫不准的字词标好，然后翻查字典，千万不能手懒，认为自己是对的，比如一般"卓越"，它的正确读音是"zhuó yuè"，但不少人一般习惯地读为"zhuō yuè"，还有"呆板"，正确读音为"dāi bǎn"，很多人通常读为"ái bǎn"。

接下来就应该进入理解讲稿的环节，知道说的是什么，尽快地判断和选择出重点的语句段落和全篇的内容提要，从而对准确而快速地理解文意，提高备稿效率起到决定性的作用。

（二）多人备稿

对所录制内容主播、摄像以及多位嘉宾一起准备（当然要以主播准备为基础），以便密切配合，协调一致。有时还要请编辑参加，一起研究、试播。为了不出现任何差错，准确无误地完成整个备稿过程，还应特别注意的是：

（1）注意力要集中，不能眼看着稿子，心里想着别的，更不能一边录制一边和工作人员闲聊。

（2）要认真仔细，不可马虎，不可粗枝大叶。在备稿的过程中，口语创客一定要照顾到讲稿的每一个细节，把失误消灭在萌芽状态。

（3）要调动全部精神认真思考，多角度反思语言的严密性，达到深入的理解，把讲稿变成"自己"要说的话。达到写出来的，都说出来了；没有写出来的意味，也能讲出来了。言外之意，意味深长，值得同仁们细细咀嚼和深思。

作为一名口语创客，绝不只是把讲稿念出来就可以了，要用有声语言表现出对文字的理解。广博的知识将决定口语创客的语言内涵，这就要求口语创客不仅了解、掌握一些自然科学、社会科学、教育学方面的知识，还要较好地掌握传播、播音、编导、拍摄和后期制作等方面的知识和技能。

口语创客如果文学修养差、社会阅历浅，自然会影响对讲稿的深刻理解。如果语言功力差，自然要影响表达的深度和视听接收度。知识的取得是长期学习、勤奋积累的结果。对口语创客来说，也是广义备稿。在实际工作中，口语创客经常要和策划、编辑制作人员沟通，如果不具备一定的知识底蕴，在拍摄过程中，就会显得很被动。在面对摄像机录制时，传播者就不知道该如何调整思路，而且没有交流感。

最后一点就是要建立自信心。自信心对口语创客获得良好的心理状态起着重要的作用。当口语创客的形象出现在视频荧屏上的时候，所说的每一句话都要铿锵有力、充满自信。如果对自己都没有信心，将很难征服受众。

第四章
话筒前的"做而不作"

第一节　话筒前的个人心理变化

口语创客的话筒前状态是指在播出之前思想感情一定要运动起来。对文字语言内容，从分析、理解到感受，思想感情随着内容的发展一直在不断深化，由一点一点地积聚，到非说不可，最后迸发出带有思想感情的有声语言，积极而不做作。

话筒前正确的创作状态主要由多方面因素构成。其中，对象感、情景再现和内在语都是使思想感情处于运动状态的重要手段，但它们都离不开传播目的引导和制约。除此之外，还有很多其他因素，比如：心理因素、生理因素。对象感、情景再现和内在语在后边章节里有专门的分析，这里不再赘述。首先，谈一谈影响话筒前创作状态的个人心理因素。

话筒前的创作主要是口语创客个人音视频传播，属于个体行为。这时的心理现象称为个体心理。而个体心理是非常复杂的，概括起来可以分成认知、动机和情绪、能力和人格几个方面。创客在话筒前常见的生理状态问题主要有：

1. 紧张

在与人合作或公众场合的口语创作，话筒前播出易出现的问题就是紧张。紧张过度会引发心理障碍。所以，紧张和话筒前需要的积极状态是有区别的。紧张的状态往往是大脑出现空白，语言和思维不是同步进行，嘴上说的不是脑子里想的，思维混乱，脑子空空。说了半天受众听不明白说的是什么。心理一紧张随之而来的是生理的紧张，全身肌肉僵持，手脚不知道怎么放，做出的动作和所表达的语言不协调，导致喉部肌肉僵硬，面部表情不自然。生理现象僵持又影响了有声语言的表达，发出的声音呆板，缺少活力，不能打动人，感染人。有声语言的表达形式往往是快，快得让受众听不清说的是什么，快的没有节奏，或者是紧张得说不出话来，脑子里一片空白。

2. 懈怠

在个人空间创作时，容易出现的另一个问题是懈怠。懈怠和放松是两种状态。懈怠是播出时没有神，整个心理状态懒散、松垮，没有对认知产生积极的反应。这种情感是消沉的，表情呆滞麻木，思维停滞，反应迟钝。这时的状态会直接反应在有声语言上，给受众一种不在意、不重视的感觉，受众也不愿听、不愿看。

3. 猎奇

刚起步的自媒体人想吸引粉丝会有各种猎奇心理，猎奇成为他们的首选。吃灯泡、吃钉子、穿奇装异服，等等，五花八门的感官刺激，有声表达形式是一拖一甩的调子，受众难以接受。这是没有创业思想的放纵，就像一个人喝醉酒走路脚下没根一样，随时都有摔倒的可能。

第二节　话筒前的运动状态

一、正确的话筒前状态

适当的正确的话筒前状态总起来说应该是：整体口语创作、讲稿内容、表达方法全局在胸，唤起强烈的播讲愿望；精神高度集中，不抢先不拖后，想到再说，语言和思维同步；说感受有起伏、有变化，不紧张、不懈怠、不断线，这是正确的话筒前状态。

对内容和音频、视频做到了全局在胸，语言和思维同步运动。表达过程中在说自己想说的话，既积极又不紧张，内容既有起伏又有变化，达到这种境界离不开口语创客自身的生理状态配合。如果口语创客自身肌肉紧张，必然会带来气息的不通畅，那么，肌肉紧张、气息不通，声音也就不会有弹性，这时会阻碍创作状态的轻松自如。

二、话筒前的运动状态

好的话筒前状态是随着讲稿内容的变化而变化，它本身是运动的。积极的表达欲望促使口语创客张口并发出有声语言。声音发出后眼睛看着文字，反映到大脑中又产生思维，然后再运用头脑中备稿时存储的长时记忆内容，把分析好的段落、句子和词以及"层次、主题、背景、目的、重点、基调"等的各个部分结合起来，形成一个整体。这些都在头脑中边加工、边运动地通过口语创客的有声语言讲述给受众听。这时讲稿内容在头脑中与思维结合起来，变成活的文字，形成生动的有声语言。这个话筒前状态是运动着的，不是僵化呆板的，这种状态一直持续到创作的结束，我们称之为话筒前的运动状态。

第三节　良好话筒前状态的养成

良好话筒前状态的养成取决于扎实的语言功力、良好的个人素质修养和稳定的自信心。

首先，语言功力包括气息、声音等是否符合表达的需要；吐字归音是否过硬；是否对语言有了感受力；是否已经调动起了强烈的播讲愿望，等等。有了这些，也就为增强自信心增添了一份力量。

其次，自信心来源于对讲稿的深刻理解与把握。对口语短片意图、讲稿内容不了解无法张口说话，这属于广义备稿范围。

再次是做好案头工作，提高快速备稿的能力，排除干扰，思想高度集中。

1. 提纲挈领抓筋骨，不陷入具体字句中

2. 心理准备，做好注意的指向与分配

3. 做好生理状态调节

（1）克服紧张型的生理状态

（2）克服僵持型的生理状态

进而逐步使躯体放松，要知道欲变声音先变状态，平时在表达上多加练习，注意以下细节：

（1）把握说话的动机。

（2）对情境的分析和对记忆的了解。

（3）良好的心理承受能力。

（4）把握整体口语，调整话筒前状态。

（5）端正态度调整话筒前状态。

（6）根据口语要求的不同调整话筒前状态。

（7）直播和录播都要调整好话筒前状态。

总之，有了良好的生理状态，才有了和心理状态协调与统一的基础。通常情况下，生理状态放松、适度，心理状态也随之自如、轻松。反之，生理状态紧张、僵持，心理状态也不能放松。两者相辅相成。

第四节　话筒前需要注意的问题

话筒前需要注意以下几个问题：

（1）录制时，一定要仔细做好准备工作。除去做好案头工作备好稿外，要仔细检查讲稿的顺序。录制前要检查好有多少条讲稿，顺序是否正确。后期制作除了要搞清楚共有多少条讲稿外，还要弄清楚什么时候插播什么短片，配什么画面，是主播出像还是配音。

（2）创客进入演播状态后一定要调整好自己的座位和话筒。声音偏小的离话筒近些，声音偏大的离话筒远些。

（3）坐稳后一定要开口试几句，定好基本的音量、节奏，调整好情绪，过慢、过快、过沉、过高都不适合上线播出。如果不试，很可能不会一锤定音。找不准，开机后会给整个团队带来麻烦，自己也很被动。

（4）如果两位或两位以上以谈话方式录制，多人的音量、情绪情感、服装、对话衔接、交流等都要相互配合。时刻记住是多人在共同完成一次口语创作。

（5）播出时不要给自己留有改缺点的余地。缺点是在平时下功夫改的，播出时只有和受众的交流。这时自我应淡化，心里想的是受众。他们在听、在看，自己的缺点平时已改好，到话筒前的表达应是水到渠成。如果改缺点成了注意的中心，播出不可能成功。哪怕只有少量的想法也会对播出产生一定的不良影响。

（6）录制时不要想技巧，基本功是靠平时下功夫积累得来的，到话筒前现想是来不及的。具备了好的基本功，在准备讲稿、了解口语短片意图的同时就自然产生播讲欲望。音量的大小、气息的深浅，哪里该停顿、哪个是重音，应怎样连接，在哪里换气合适，这些都靠平时积累，在备稿时自然解决了，如果到话筒前，再想肯定是要走神的。哪怕是你没有播错，那也不能全神贯注的进入讲稿。如果讲稿过多，备稿时记不住，可以在备稿时用笔画一画记号，播出时起提示作用帮助自己记忆，这是可取的。但播出时一味地想技巧肯定要影响内容的表达，就是不可取的。

（7）装样子华而不实。有的口语传播表面听起来好像自然流畅，可细一听什么都没听懂。有的创客看好别人的口语表达模式，于是在没有搞清楚人家怎么创作的情况下，就从表面上学起来了，结果摇头晃脑，又说又唱地模仿。还有的人本来没有感情，也不知到感情从什么地方来，或怎么得来的，也虚情假意的硬装出样子来。外形虽然有些像，可内心无动于衷，受众很难接受。创作好一段口语音视频，不是靠端架子、声嘶力竭、矫揉造作、柔声细语、拖腔甩调等装样子得来的。不管传播者是否意识到，不管他使用什么方法，只要失去了传播目的，单纯从外在形式上表达都不是长远之计。总之，只要话筒前的口语传播目的稍微转移，传播的注意力就会分散。这是话筒前最忌讳的问题。

话筒前正确的状态要靠多次实践、多次摸索、多次总结，才能够真正获得，没有谁天生就会把握。

欢迎扫码收看视频

第五章
直播中的口语艺术

　　直播中的口语多数以现想现说为主，可以通过无稿创作时话筒前状态调整及训练，解决在实践中出现的影响无稿口语传播中的种种问题，使创客在无稿或即兴的口语表达创作中，尽可能地以积极自如的话筒前状态进行有声语言的创作。达到恰切的思想感情与尽可能完美的语言技巧的统一，体裁风格与声音形式的统一，逻辑思维与语言表达的统一。要加强实践训练，在具体的无稿口语传播训练中帮助创客发现问题，解决问题。调动创客的主观能动性，学会自我心理调节，寻找积极自如、沉着自信的状态。注意创作状态调整中的个性差别，具体问题具体分析。重点是不正确的状态调整以及正确的话筒前状态。

第一节　直播口语的概念及表达特点

一、直播口语传播的概念

　　直播口语传播就是基本没有文字讲稿做依据的口语传播，也叫即兴口语传播，或是"提纲加资料"的口语传播，是一种话筒前或镜头前的口语活动。

　　口语创作分为两个方向：一是有稿件的口语创作，还有一种是没有稿件的口语创作。我们着重讲一下话筒前的直播状态，也就是没有稿件的口语创作。无稿口语目前分为手机直播和电脑直播。2016年开始，手机直播一下子在全国火起来。但对于手机直播的这种方式，很多人是一种消遣，很有随意性，没有任何的规划。因其很具有娱乐性，现在已经有很多的创业者瞄准了手机直播市场，它改变了以前固有的视听传播格局，具有很大的开发潜力。即使目前在没有很好规划的情况下，手机直播也会带来很大的一个产业效应。如果我们加以开发利用，手机直播的产业前景将不可估量。

那么怎么样对无稿口语进行规划？首先认识一下无稿口语的概念。所谓无稿口语就是在基本没有文字稿件情况下，或者只有提纲加资料的即兴口语活动，在话筒前的想和说中完成口语传播。

目前手机直播或者电脑直播的怪现象五花八门，比如：猎奇造势、应激效应、散漫懈怠、忸怩作态、自我欣赏等等。在话筒前没有任何的正式感，各种各样的问题都会有，这应该属于不正确的创作状态。问题出在哪？多数人缺乏自媒体意识！其实我们在电脑前手机前进行直播的时候，已经是大规模传播，是一个自媒体。自媒体传播就是一种有一定社会影响的行为，一定要有自媒体意识。另外是对大众传播不自信，没有感性认识，或者不去认识，不了解。不过也有不少人太在意，刻意地去追求效益，为赢得粉丝，在缺乏技术手段的情况下，就会想一些猎奇的做法，这些都是不正确的。有些有一定影响的"网红"认识上也存在偏差，她们很多人觉得自己拥有粉丝，就可以感觉良好地自我表现了，这也是不正确的倾向。

那怎么在话筒前对直播口语进行拓展呢？它有其独特性。

首先，前期的积累很重要，要有实践性的积累需要大量的准备工作；其次，在转化过程中有拓展性；最后，无稿口语有着时机性。如果我们加以理论提升，这种近乎野蛮生长的口语传播会慢慢生长起来，变成一棵参天大树。话筒前的直播要建立一个正确的状态，现在手机直播的娱乐方式将会逐渐演变。正确的创客状态可以概括为以下几点：态度端正，定位恰当，沉着自信，积极能动，逻辑清晰，思维统一，体察受众，营造语声，声情并茂，以情带声，自我调节，整体和谐。它的表达特点和有稿的口语是一样的。同样是具有大众传播的特点，就是语言规范清晰顺畅，要有庄重性，真实可信，落落大方；有鼓动性，情真意挚，爱恨分明；要有时代感，胸襟开阔，新鲜跳脱；有分寸感，准确恰当，不温不火；有亲切感，恳切谦和，息息相通。这是我们从正能量角度来培植口语创客的一种方式，是大家努力的方向。对于不正确的状态，我们可以做一些调整。有的人话筒前直播的时候随意性很强，但是进入正确创作状态的时候，往往会捉襟见肘，就会觉得反而更难了。这可以从生理上进行调控，做个深呼吸，然后调调声音的弦儿。心理上加以诱导，周围都是朋友，要传播正能量。要排除杂念，语言传播或者文化传播以正能量为主。进入正规的口语传播训练，就不同于书面语了。它是通过有声语言，在日常的口耳相传之之中，完成了声音形式的创作。表现特点是现想现说，受时间环境的控制，要给自己加个阈限，虽然网络直播没有阈限，如果我们想把它打造成一个有品牌的东西，一定要给自己一定限制。与特定的听众进行现场交流，同时产生刺激和反刺激，产生新的想法，再不断地调整思路，组织语言，形成一种思维的互动。即兴口语的语言是稍纵即逝的。俗话说，"说出去的话，泼出去的水"。口语表达就是一张嘴，一串词的语音，会一瞬闪过，一定要逐步训练出口成章的能力。语言表达要灵活多变，对于环境的这种依赖性比较强，交流速度很快，环境提供的信息量也很大，受众也会经常有互动的反应。我们应当注意哪些呢？技巧是采用短句、自然句，不要用状语定语之类的形容词，多用主谓句，少用单字词多用双字词，使用开口音比较多，生活化的语言，让大家通俗易懂。语气变化多了，停顿多了，思维的空间就有了。

语言和语势要有自己的功效，用大量丰富多彩的语言手段，和语势、节奏、表情及姿态结合形成自己的口语传播特色。在口语训练的时候，通常有三种比较认可的方式，第一种是复述，第二种是描述，第三种是评述。复述就是限定时间看文字稿，通过自己简短地浏览，用自己的语言把大意复述出来。包括详细的复述，这是练记忆力的；还有简要地复述，简要复述比详细复述难。因为复述者要提炼出文字的主旨和大纲，用简短的语言把文字概括和复述出来；再一个是创造性复述，就是可以对文字进行加工，包括人称和文体，包括编一些续集，这样转换思维，用语言创造性地把它表达出来。如果说复述是创作者大脑对文字进行口语转换，描述是什么？描述是口语创作者对实物、对客观存在进行提炼形成文字，然后用语言表达出来，包括景、人、事都可以。我们可以做一些训练，比如家乡的春天，校园的早晨，同学的一次聚会等等，这种客观存在我们经常需要用语言描述。电视里的现场报道多数使用描述的方式来完成，当然有时需要评述。评述就是对所见所闻发表观点，谈感想。一般夹叙夹议，通过对某件事情的感想，或者是一种观点的即兴提炼和即兴表达。评述是我们经常会用到的，我们可以通过一些拓展训练，比如可以拿着自己的手机到户外选择某一个可以做现场报道的点，来给自己做一个这样的实践训练。因为以前的现场报道，广播电视的宣传报道需要大量的设备提供，有很多的硬件投入。现在随着互联网技术的发展，让每个人具备了现场报道的可能。我们拿着手机找到一个新闻点，就可以作为一个报道的线索。因为互联网首播的手机直播平台还刚起步，要求还不高。国家有关部门对直播市场正在整治，如果我们以此为切入点，多做一些户外的拓展和即兴的现场报道，对大家的即兴评述能力有很大的帮助，大家不妨试一试。

二、直播口语传播的表达特点

大家应该认识到，直播口语传播作为口语传播语言的一种表达样态，是大众

口语**创客**

传播层面上的创造性语言活动之一。因而借鉴有稿口语传播的要求，按照广播电视主持人直播的要求，应该具有的语言特点是：

规范性	庄重性	鼓动性	时代性	分寸感	亲切感
语言规范 清晰顺畅	真实可信 落落大方	情真意挚 爱憎分明	胸襟开阔 新鲜跳脱	准确恰当 不瘟不火	恳切谦和 息息相通

网络环境下收看直播都处于宽松的状态，2016 年的巴西奥运会开幕式入场直播中，白岩松以一种幽默式、生活化的解说博得网民一致好评，很多人说：原来"冷面主持"白岩松还可以这样。所以，要获得互联网直播的成功，创客口语在传播上也具有自身的一些特点。

第一，前期积累准备的实践性。

"有稿口语传播，锦上添花"，"无稿口语传播，出口成章"这是广播电视主持人的要求。而网络直播的"出口成章"不是信口雌黄，胡吹乱侃，而是在特定范围内系统地组织口语内容，力求简明严谨，重点突出，言简意赅，词约意丰，绝不是靠平时在讲台上练就的口才就能做到的，而是要勤于学习，善于积累，博闻强记，大胆实践。有了深厚的功底，加上语言表达的功力才能胜任。

第二，转化过程中的拓展性。

没有文字讲稿做依据，没有严格的约束机制，口语创客只有靠"腹稿"或"即兴性"创作，这是具有一定难度的，因为他们的约束实际上是用户和受众给予的，更直接。如果说"有稿口语传播"的难点在于把文字语言转化为有声语言，那么"无稿口语传播"的难点就在于内部语言向外部语言的转化。

第三，无稿口语传播表达过程中的适机性。

无稿口语传播是一种话筒前的口语活动。口语或口头语言，可以分为独白性口语和对话性口语。

独白性口语，是一种较长时间独自进行的，以听众或观众为对象的口语活动。

对话性口语从心理活动、语言组织与表达看，是口语中最简单的形式。对话过程中，双方交谈，相互支持，有问有答，彼此意会，在语法和逻辑上就不要求那么完整和严谨。在口语传播中，或两个人、几个人交谈，或几个人同听众、观众对话，一般不应该长篇大论，或机械地每人说一段。要语句简短，语意浅显，有来有往，有听有说，显得热烈活泼。

第二节　直播时不正确状态及调整

一、直播口语传播不正确的状态表现

1. 松垮懈怠

主要表现为情绪懈怠，漫不经心，无精打采，因为网络直播的宽松环境带来的是私人化的松弛。还有一些创客以为口语表达就应该"生活化""自然化"，语言中"那么""嗯""这个""那个""啊"等杂质满天飞，语无伦次，言不及义，水词太多，在整个口语短片中松懈，不精神。

2. 忸怩作态，自我欣赏

有些网络主播在镜头前、在话筒前不是从语言传播的内容出发，不是从受众的需求出发，不是从传情达意的正确创作道路出发，一味自我欣赏，唯恐自己不美，不出彩。在传播中忸怩作态，或故作深沉，虚张声势，或搔首弄姿，自我表现，导致在口语表达中信口开河，假模假样，或手势、动作、表情和服饰只为了彰显自己，破坏整体的口语和谐。

3. 固定腔调，束手束脚

有的主播在直播时束手束脚，放不下来，松不下去，固定腔调，不像说话，不自然，无论什么情境，无论什么内容都套用自己固有的语式、语调。

4. 紧张怯场

直播主播们因心理压力大等种种原因，在大众场合进行创作时往往出现紧张怯场的心理。主要表现在：紧张过度，丧失自信，不能自我控制。前期准备的腹稿或提纲素材完全遗忘，大脑形成空白，思维滞塞，言辞不畅，越说越乱，气提声抖，肌肉僵硬，表情不自然，不敢交流等。

5. 应激现象

与有的人紧张不同，有些网络主播的表现是过度兴奋，这是由于过度紧张而造成的身体上的各种异常反应。主要表现为在创作开始前过早进入兴奋状态，情绪异常高涨，难以自持，消耗巨大，等到正式开始时却已筋疲力尽，甚至难以完成。

二、直播话筒前不正确状态的原因分析

导致上述种种不正确的原因是多方面的，同时也具有鲜明的个性特征，但归纳起来仍有以下几个共性的原因值得我们注意：

1. 缺乏实践

口语表达的现场把握与传播实践历练有着直接的关系，因此作为训练者，要把勤于学习和勇于实践紧密结合起来，做到知行统一，才能真正得心应手。

2. 不自信

不自信的产生与缺乏实践有关，但个人表现形式因人而异。很多人在直播前往往会自己给自己泄气，诸如"我今天状态不好""我恐怕会出错""我肯定说不清"等，或是自己吓唬自己，如"我要说错了就丢人了""这一段有我念不好的一组音"或是"熟人们能听我的吗？""我能吸引大家注意吗？"等等。这些不良的心理暗示影响是巨大的。这些刺激只能给自己带来不安，人为地制造紧张情绪，导致恶性循环。

3. 太在意

太在意表现在两个方面。一方面是一些主播出于良好的愿望，内心装满了"不要播错一个字""对粉丝认真负责""话筒前不同于日常谈话"等"要求"与"标准"，不敢轻易张口，束手束脚，勉强说出来也不自如。另一方面是有些网络主播太在意自己，觉得全世界的人都在关注着自己，丝毫不考虑观众的感受，觉得"话筒全是我自己的"，丝毫不考虑作为口语创客在传播环节的真正位置，违背了一个传播者应有的自我定位，这样必然导致矫揉造作，不自然。

4. 认识上的偏差

有稿口语传播容易"板"，无稿口语传播容易"水"。直播中说话含糊不清，造成听众、观众接受心理的停滞，网民产生猜测最终造成互动混乱，或者粉丝流失，所以直播的动态把控意识要逐渐建立，要准备中断部分的补偿手段，让自媒体直播成为艺术创造。

三、直播口语传播不正确状态的合理调整

有稿口语传播不正确状态的合理调整的某些具体办法也适用于无稿口语传播，在前面的章节已有所表述，在这里再赘述一二。

1. 生理调控法

当我们出现了"紧张怯阵"或"应激现象"时，我们可以用以下的生理调控法来加以缓解。

深呼吸：深吸一口气—屏气—呼气（"嘶…"徐徐呼出）。这样可以稍微缓解紧张情绪，使因紧张而僵持的气息得到些许调整。

调调弦儿：在口语短片开始前可以先说上几句，自己调调声，就像乐器演奏前要调调弦是一个道理。这样既可以找准合适的用声范围，也可以进一步熟悉所讲内容，慢慢进入话语的氛围，使自己摆脱私心杂念的干扰。

2. 心理诱导法

前文讲过不自信产生的不良的心理暗示对状态的影响是巨大的，对于此我们主张用积极的良好的心理暗示来解决，如对自己说"我会成功的""我的状态很好""观众正等我说一个很重要或很有意思的话题"，等等。

3. 排除杂念法

在镜头前、话筒前所产生的一切与传播内容无关的思想念头都统称为杂念。杂念的产生干扰注意力的集中。当然杂念的排除还要靠正确的认识和良好的话筒前状态作为根本的保证，这将在下面的章节中详细论述。

第三节　无稿录制的话筒前状态

没有稿件进行口语录制时，正确的话筒前状态应该表现为：

一、态度端正，定位恰当

状态问题首先是态度问题和定位问题。

所谓态度端正，就是要明确在无稿口语传播中创作主体——口语创客，创作客体——受众，创作依据——素材提纲或内部语言三者的正确关系。明确我们作为传播者所肩负的使命与正确的创作道路。

所谓定位恰当时是明确认识我们与受众的关系，我们与口语作品的关系，不能脱离具体口语短片而纯粹展现自我。在口语视频中，受众是良师益友，传授之间是平等交流，即不能卑己尊人，也不能高高在上。有没有人看先放到一边，做好自己的每个细节。

二、沉着自信，积极能动

在无稿口语传播中，紧张怯阵，束手束脚等不良的话筒前状态的出现，跟创作者不自信的心理，消极应对的状态有着密切的关系。因此，沉着自信，积极能动的状态对于无稿口语传播的创作来说是非常重要的。

三、逻辑清晰，思维统一

无稿口语传播的关键是在于内部语言向外部语言的转化，内部语言是具有片断性和简略性的特征的，有时一个词或词组就能代表一句话完整的意思。在外化为外部语言的过程中，我们往往要根据这一个词或词组而展开语言链条，这就要求我们遣词造句，由点到线，步步拓展的过程中始终要保持逻辑的清晰和思维的统一。

四、体察受众，营造语境

无论是有稿还是无稿，我们的口语传播创作的最终目的是由己达人，不是对空发音，不是自言自语，更不是自我欣赏。

在独白性口语中，创作者必须设想和感觉到对象的存在和对象的反应，必须从感觉上意识到受众的心理、要求、愿望、情绪，并随时由此调动自己的思想感情。对受众体察，了解的越详尽，我们才能避免一厢情愿地传播，真正被受众接纳。

在对话性视听中，两个人或几个人之间交流，一两个人同听众、观众对话交流，这都需要相互支持，有问有答，彼此意会。这就要求我们作为创作主体，必须要和对手或创作客体之间营造良好的、共同的语言环境，必须和大家一起谈一个话题，而不是只说自己的话，置别人于不顾，破坏了语境的整体性，大大削弱对话效果。

五、声情并茂，以情带声

所谓声情并茂就是要求我们在无稿口语时所言所感要有动于衷，感情真挚饱满，愿望强烈，防止敷衍，冷漠或简单应对，流于程式。同时这种饱满强烈的感情带有"外射性"，将它作为内心的依据，带动着大家运用外部的有声语言去抒发，去表露。但是感情达不到，产生不了"外射"的需要，硬要抒发，强迫表露，违背情之所至的原则，必然导致"虚情假意"。

六、自我调检，整体和谐

自我调检，即自我调整和自我检验的统称。创客因为目的、内容、环境、对象的不同，常常调整自己的心态、语态。在说话过程中，还在随时调整；在调整中，同时检验调整得是否适当、准确。一旦发现不恰当、不准确的地方，便再进行新的调整。

自我调检的范围，包括内部与外部，生理与心理，气息与声音，感情与技巧，主体与对象等种种方面的相互关系，还包括创作者的眼神、表情、姿态、仪表、服饰等副语言系统。通过自我调检，做到整体和谐。

这些训练的目的是为了使口语创客在有稿或即兴口语表达创作中，尽可能地以积极自如的话筒前状态进行有声语言的创作。达到恰切的思想感情与尽可能完美的语言技巧的统一，风格体裁与声音形式的统一，逻辑思维与语言表达的统一。

第四节　即兴口语训练①

面对一个正在到来的充分利用口语的时代，音频、视频由于在传播手段上占据着巨大的优势，更容易被接受，深得群众喜爱。手机直播已成为人们一种生活方式。然而直播绝不会停留在自娱自乐的模式中，更多的创业者已经瞄准直播的发展空间。我们必须及时送上注意的训练、知觉的训练、记忆的训练、思维方式的训练、口头表达方式的训练、适应语境的训练等一系列的大餐，供口语创客们在传播中感悟。

摆脱了自娱自乐的直播生活，完成从娱乐到产业的转换，创客将在话筒前打通大脑和嘴之间的通道，让嘴变成手中的"笔"，最终达到出口成章的目标。这就需要认真思考这种直播的创业了。

（1）内部语言的组织是口语表达的基础和前提条件。无稿口语录制不是任何创客随意的语言活动，必须受到口语传播的性质、目的、任务及传媒特性的制约，因而须具有强烈的目的性、严密的逻辑性、鲜明的倾向性。要锻炼在话筒前迅速、有条理地组织内部语言的能力，说到底，还是要靠平时对知识、生活的长期积累。

（2）在完成由"想"到"说"，即通过扩展、编码，使内部语言转换成外部语言的过程中，传播者组合语言的能力就显得格外重要，而词汇"仓库"的丰富又是组合语言能力的保证。

创意口语是经过提炼的更高层次的口头语言，规范化是它必须遵循的原则，艺术化是它必须追求的目标，炼字炼句的传统应该继承，因此，它更需要扎实的语言功力。

（3）在传送与反馈信息的过程中，传送者要具备良好的声音状态，娴熟的发音和语言表达技巧，以及认真同听众交流，及时调节、整理语言的能力。

根据播音学的传播要求，口语的声音特点基本上可以归纳为这样几个方面：一是准确清晰；二是圆润动听；三是质朴大方；四是富于变化。通过分析口语表达的特点及表达过程，我们会发现口语传播是一个系统，它有其自身的规律，它讲究文明与道德、质量与品位、艺术性与典范性。

---

① 中国播音学［M］．北京：中国传媒大学出版社，2009（04）：305-328.

（一）与视听作品录制相比，即兴口语的表达方式有自身特点

1. 现想现说

2. 语音稍纵即逝

3. 语言灵活多样

口语对语境的依赖性强、交流速度快、环境提供的信息量大、听众对象又常常就在眼前，因此句式多变化，多采用短句、自然句、省略句，结构比较松散；词语生活化，上口入耳，通俗易懂；语气变化多，停顿多。

4. 语音和态势语有特殊功效

口语表达超越死板的文字符号，可以运用丰富多彩的语音、调势、语气、节奏和表情、姿态、手势这些口语表达的特有手段来表情达意。

（二）即兴口语的表达过程

1. 内部语言阶段

"语言是思想的直接现实"。离开语言的纯粹的思想是不能形成的；离开思想的纯粹的语言也是毫无意义的。"先想后说"或是"现想现说"，事实上都是思维和语言互动完成的。

传播者在说话前，先要产生说话的动机、愿望，即"为什么说""对谁说""说什么""怎么说"，思考这些的过程，也就是组织内部语言的过程。在这一阶段，要完成说话内容的轮廓，主题词语，或一些"语言点"。比如，"习近平总书记提出的中国梦""大众创业，万众创新"，这些压缩了的"语点"形成了，但具体的话语系列还比较模糊。

2. 扩展、编码阶段

在这一阶段，要通过扩展、编码，使内部语言转换成外部语言，即完成由"想"到"说"这一过程。

在内部语言阶段，我们的脑子里只是形成了一些"语言点"，现在，要把"点"连成"线"。选择恰当的词语后，按照一定的语法规则，将简略粗疏的信息点，扩展、丰富、编码为完整的句子，将语意清晰地表述出来。

3. 传送、反馈阶段

把内部语言扩展、编码为一定的语句之后，说者要借助发音器官发出的声音把信息传送出去，听者则凭借听觉器官来感知这种声音信息、理解信息的内容，并做出相应的反应。这反应又反馈给说者，使说者边说边监听自己的话，边从听者的反应中发现问题，及时对自己的语量、语调、内容等进行调节。

了解口语表达的特点及其过程，目的在于掌握和更好地运用这一表达形式的规律，使口语表达训练更具有系统性、针对性。

一、心理素质的训练

（一）自我认知

（1）客观认识自己。发现自己在性格上的一些问题，在一定的范围内适当的调整。

（2）培养兴趣。兴趣是推动创客乐于积极地去接触和认识某种事物的一种倾向，它是认知的情趣表现和一种积极的态度。创客的任何兴趣不仅是一个人对某种事物优先地发生注意的倾向，而且还是推动他积极地去认识或处理某种事物的一种内在动力，有了动力才能乐意去把话说好。

口语表达需要大家有广泛的兴趣爱好，多学习，多积累。要学会自己钻研有关的问题，搜寻与阅读有关的书籍材料，还要学会很乐意和别人交流心得体会，听取经验、意见。

（3）培养兴趣的同时，还要树立自信心。

（二）注意力训练

注意是传播者的各种心理活动的指向性和集中性，在口语表达训练中涉及有关注意的几个方面。

注意的稳定性训练：通俗地讲就是"集中注意力"，尽量防止分心。分心主要是由于外在和内在、生理和心理原因造成的。在克服分心的时候，要尽量消除或避免各种会引起分心的外界干扰性刺激；要努力养成善于抵制各种足以引起分心的干扰性刺激的能力；要尽量保持身体的健康，以避免病理性刺激的干扰性作用；要努力提高自己对于学习或工作的自觉性和自信心。

注意的分配性训练：即我们通常所说的"一心二用"问题。实际上在口语短片中有时候是需要口语创客"一心几用"的，要把思想高度集中于对方的话语，认真地听，又要对对方的谈话内容进行思考，加以选择，有目的的听，还要考虑谈话主题，组织语言，通过表达使主题清晰、鲜明。这就要求口语创客倾听时要学会分配注意力，即一心多用，这样才能使口语短片更精彩。

注意的范围训练：注意的范围扩大，平时练习在复杂的环境中播读讲稿。在同一时间内接受的信息量就大，听觉感知的辨析力、选择力、组合力就强。口语创客要同各种各样的人打交道，要能适应各种传播对象和环境，要有"眼观六路、耳听八方"的本领，这样才能处理各种复杂的突发情况。注意的范围和知识、经验的积累有密切的关系。

（三）记忆力训练

除了我们平时学习时对相关知识的记忆以外，还应该特别重视"快速记忆"的训练，就是记忆的敏捷性。敏捷性就是指形成暂时神经联系的速度，在口语短片中要求迅速。因为在口语传播中对背景材料、相关知识的记忆和可能要求在短时间内完成，并且为了在现场能更好地和嘉宾对话，要求对相关内容进行快速记忆。

口语创客应该在听完一些现场观众的互动后，快速记住他们的昵称或一些其他的简单情况。如果在后面的谈话中有所体现，是对于受众的尊重，也会使口语传播风格亲切自然。对于现场谈话的内容，口语创客不可能用纸笔记下来再加以整理，只能依靠在现场敏捷地记忆，才能及时地对素材进行编码、加工，才能在谈话中变得主动。当然，这种快速记忆不一定是长期保存的，口语短片做完后记忆消失是正常的，而且其具有选择性，口语创客一边倾听，一边理解分析，去粗取精，留下有价值的信息。

二、思维能力的训练

口语表达经常使用的几种思维方式主要包括发散思维方法和聚合思维方法。

发散思维：发散思维具有流畅性、广阔性、灵活性（变通性）和独特性的特征，是构成创造思维的主导成分。它包括的种类很多，现在我们只讲几种与口语短片即兴口语表达关系最密切的方法：

1. 横向思维法
2. 纵向思维法
3. 逆向思维法
4. 聚合思维方法

聚合思维具有同一性、程序性、比较性三个特点，主要包括：

1. 求同法
2. 求异法
3. 分析、综合法

在我们的思维活动中发散思维方法和聚合思维方法是相辅相成，互相补充的。创客的思维就是这样：发散→聚合→再发散→再聚合→再发散……不断地推向更高的发展水平。

（1）关于构思

口语表达的过程基本上可以分成三个阶段：想—说什么—怎么说好。这个运行和转化的过程就是构思。口语表达必须重视构思，从纷繁复杂的事物中理出一个头绪，才能顺理成章地把自己想说的东西说出来。

首先，确定主题。要明确说这个话题的目的是什么，不要说了半天却不知道为什么说；接下来，挖掘主题，我们可以纵向地进行线索的梳理，列出提纲，理清层次，然后再横向地进行内容的扩展、充实和丰富；最后，升华主题，让所讲的内容在具有了普遍意义后有一个提升，不仅仅是就事论事，这样才能给人留下深刻的印象。

构思训练可以从以下几个方面入手：第一，养成观察事物、分析问题的习惯；第二，学习和懂得一些逻辑学的知识，在构思时才有逻辑性、条理性，比如，总分与分总关系，递进与并列关系等等，最好养成说话前拟订提纲的习惯，这样讲话时思路能更清晰；第三，对口语表达的话题和表达的主题以及材料的使用要有选择性，力求做到角度新颖、意义深远、准确典型；第四，用发展的、开放的、立体的眼光看待周围的事物。

多读，分析别人经典的口语表达段子；多练，经常就看到或是听到的一些问题进行分析讨论。

（2）关于判断

判断是对事物或情况做出断定的思维形式，也是完整表达思想的一种最基本的形式。

口语表达属于一种随机判断，也就是说在进行对事物的判断时是要讲求速度的。从速度的角度，可以将判断分为三种类型："麻将型"的判断——几秒钟内的决定、"围棋型"的判断——几分钟内的决定、"园艺型"的判断——几天内的决定（逐渐形成成熟的思考）。能兼备这三种判断力是最好的。口语表达属于第一种类型。口语表达中的判断往往涉及对与错、是与非的问题，是一种个人观点的展示或者是一种宣传立场的表达或者是对现场发言和情况的一个总结，所以一定要恰当，它对准确传达语意、说服受众有很重要的作用。因此，在强调反应的速度时，还要特别注意判断的准确性。另外在判断时还要注意以下几个方面：对于专业性的、科学性的概念要明确；对于做出的判断要看它是否符合客观规律和实际情况；在不同的情况下选择恰当的语言判断方式，可以是陈述句，也可以是疑问句、祈使句、感叹句。

在口语视频中，要进行判断需要把握几个原则：

"闻其言而知其心"——通过语言进行判断，包括表达内容和表达方式两个方面。

"观其行而知其性"——通过行动来判断，主要包括手势和坐姿。

"神情也会说话"——通过神情来判断，主要包括眼神和表情。

（3）关于推理

推理是由一个或几个已知判断推出一个新的判断的思维形式，也是创客们认识客观事物的思维形式。在口语表达中，我们经常会论证或是批驳一个观点，就需要摆事实、讲道理，这就要运用推理。

推理包括演绎（一般—特殊）、归纳（特殊—一般）、类比（特殊—特殊）

三种。在推理时，必须保证前提和比较对象的真实性、前后一致、符合客观规律、符合逻辑。

要加强这方面的练习，可以联系实际，进行议论、说明、叙事等口语表达的训练，还可以进行一些逆向思维的训练。

（4）关于想象

想象在心理学上是指在知觉材料的基础上，经过新的配合而创造出新形象的心理过程。在口语表达中能够调动丰富的想象力，不仅可以使语言更加生动鲜活，也是语言创造力的一种体现。语言个性的形成离不开想象力的挖掘。平时要注意敢于想象，积极想象，并且能够将自己的想象用语言表达出来。

调动想象的方法很多，以下简要介绍几种：

原形启发、类比（分为直接、拟人、象征、幻想四种）、联想（分为相似、接近、对比、因果、强制五种）、假设。

三、口头表达方式的训练

作为口语训练的传统项目，我们将对即兴口语表达的分项训练加以说明，并提出训练要求。目的在于了解它们各自的特点，掌握使用的规则。

（一）口头复述

口头复述是指运用口头叙述的方式重复自己说过的话、重复别人说过的话和将看过或听过的材料内容重复出来的一种练习活动。

复述要求忠实于原始材料，但又不同于机械背诵，它是在理解的基础上，经过详略的处理，突出重点，对语言重新加以组织，基本上用自己的话转述材料内容的。常用的口头复述训练方式有以下几种：

1. 口头详细复述

对原始材料进行十分详细的复述。用自己的口语严格遵照原来材料的内容、顺序、结构进行完整、准确、清楚地叙述。在此基础上，可以适当将复杂的语法结构调整得简单些，或将长句子化为短句子，将书面语化成通俗易懂的口语。

2. 口头简要复述

简要复述，在总体把握原始材料的基础上，经过分析、综合，概括出中心、主干、要点，略去铺陈、解释性、修饰性等次要部分，简明扼要地复述出原始材料的基本内容。简要复述虽要求要言不烦，但不能因简害意。应力求用最经济的语言表达出最主要的内容，必须做到结构完整、条理清楚、语言准确。

3. 口头创造性复述

创造性复述即依据原来材料的内容，根据复述的目的、要求，对内容或形式作某些创造性的变换和扩充的复述方式。

变换，是将原有材料的人称、结构、体裁、语体等加以变换。扩充，是在理解原材料内容的基础上，经过合理的想象和联想，丰富细节、扩展情节、续编结尾，增加修饰性、说明性的内容等。变换和扩充必须以原材料为依据，切不可违背原来的思想、内容、风格，切不可任意发挥、胡编乱造。

（二）口头描述

描述，是通过观察，将人、事、物、景等表达对象的特征及形态，用形象的语言描绘给人听的一种口语表达方式。它具有直观性、具体性、形象性等特征。口头描述是一个快速"看"—"想"—"说"的过程。

1. 观察能力的训练

观察是口头描述的基础和起点。口语创客要做一个热心人、有心人，要养成观察的习惯，学会观察的方法，以强烈的社会责任感，以一双充满激情的目光观察社会、观察周围的人和事。描述的目的和要求不同，观察的方法可以十分灵活。观察，无论是由上到下或是由下到上，由远及近或是由近及远，由人到物或是由物到人，由整体到局部或是由局部到整体，都需要注意以下要求：

（1）观察要具体。它体现在两个方面：一是全面，要多方位、多角度地了解全貌；二是细腻，只有对事物的声、色、形进行细致入微地观察，才能用形象、生动的语言作逼真的描绘。

（2）观察要深入。要善于透过人物的服饰、表情、动作等细节，发现其内心世界；要善于透过事件的个别现象，发现内在的联系；要善于透过实物的表象，发现本质的特征；要善于透过画面的背景、色调，捕捉其深邃寓意，等等。总的要求是要能够透过现象看本质。

2. 感受能力的训练

感受，包括形象感受和逻辑感受。在描述训练过程中，重点要加强形象感受的能力。形象感受，就是要在接受观察对象刺激作用时，使视觉、听觉、味觉、嗅觉、触觉、空间知觉、时间知觉、运动知觉都进入一种积极的综合感知状态，并通过"各种感知觉的互相联系、互相渗透、互相促进、互相作用"，激起内心的反应，引发感情的运动，继而寓情于景，将观察对象绘声绘色地描述出来。描述，不仅要能够设身处地，还要能够触景生情。不仅要用眼睛看，用耳朵听，用嘴说，更重要的是用心灵去真切地感受。要充满热情地对待周围人、对待社会、对待大自然。

3. 转换编码的训练

要将观察和感受到的东西"说"出来，必须经过由语言的内部形态转换为外部形态的过程，这是一个较为复杂的转换编码的过程。内部语言，是在观察和感受的过程中，受生理、心理、语言等多方面因素的影响而产生的。它可能是一种"浮动的意念"、一种"具体的表象"，一些感觉或色彩的"碎片"、一些简单的"词语"。因此，它具有不完整性和不连贯性。"内部语言是外部语言产生的基础，而外部语言则是对内部语言加工处理的结果和外在表现"。①"加工处理"的过程即转换编码的过程，即调动语言积极地参与思维活动，用确切的词语与思维内容相契合，使思维逐渐清晰化、具体化并最终穿上"合体"的语言外衣的过程。这一过程的任务是：按照事物的内在联系，将所要描述的事物进行梳理排列，将散乱的"碎片"穿成一条明晰的"线索"，调动知识储备用以丰富、扩展信息点并将形象性的东西词语化、序列化、程序化。

（三）即兴评述

评述与复述和描述的不同点在于它不仅要述所见所闻，更重要的还要谈出所感。夹叙夹议，评述结合，使这一表达方式具有综合性特征。从复述到描述，从描述到对事实的叙述，从对事实的叙述到思考、立论、即兴谈出自己的观点，思维活动越来越复杂，表达的难度也越来越大了。

1. 叙述的要求

（1）评述的首要任务是掌握真实的材料，确保事实的准确无误。走马观花、道听途说，是信息传播者的大忌。要舍得花工夫、下力气，踏踏实实地搞调查研究，才能扎扎实实地掌握第一手真实的材料。

（2）条理分明，重点突出。写文章讲究层次结构，说话讲究清楚明白，讲究条理性。在对所要叙述的人、事、物、景进行深入、细致地观察之后，接下来，不是想到哪儿、看到哪儿、听到哪儿就说到哪儿，而是要快速地理清叙述的线索，确定叙述的顺序，抓住叙述的中心；明确表达的先后、轻重、开合、详略；怎样开头，结尾；怎样衔接、过渡、呼应，等等，清清楚楚地交代出人物和事件发生、发展的时间、地点及过程。

（3）鲜活生动，不是假话、空话、套话。要思想新、立意新、角度新、构思新，语言还要富有意趣、情趣，充满灵性，具体形象。互联网传播的即兴口语叙述要力求具体、鲜活，少用抽象的概念，多用生动的事实来说明问题，使人闻过则明，听过则通，扣人心弦，引人入胜。为很好地完成这一阶段的训练任务，我们还可以根据以上三点要求，进行大量即兴命题讲述的练习，目的是为了顺利完成从组织语词—语句—语段—语篇的跨越，使叙述更具有完整性、条理性。

---

① 李晓华. 普通话口语教程［M］. 开封：河南大学出版社，1996（01）：239.

2. 立论的要求

（1）实事求是。即论点应该建立在事实的基础上；结论应该产生在调查研究之后。

（2）由表及里，由浅入深。立论，既要以客观事实为依据，又不能忽视主观能动性的重要作用。人们对于真理的认识，有一个由表及里、由浅入深、由现象到本质的过程。对于客观事物内在本质规律性的分析、理解、认识越深入，论点建立的基础越坚实，对论点的开掘也会越有深度。

（3）见解独到。有学、有识，就要不断学习，还要有胆、有情，敢于爱憎分明地坚持真理，敢于说真话。只有这几者全部具备，才有可能获得真知灼见，确立的论点才可能有新意，有独到之处。

3. 几种常见论证方法的训练

（1）演绎论证。

（2）归纳论证。归纳论证以事实为论证的基础，因此事实要真实，具有典型性；归纳要求准确，具有概括性。

（3）比喻论证。这种论证方式将逻辑思维与形象思维融贯一体，充满机趣，寓理于具体、可感的形象之中，便于人们理解、接受。

（4）类比论证。类比论证不强加于人，是自然而然地推导出结论，体现出一种寓刚于柔的说服力。

（5）因果论证。

（6）反驳论证。反驳是用自己的论证推翻别人的论证，包括直接反驳和间接反驳。间接反驳包括归谬法与反证法。归谬法即先假设被反驳的对象是真实的，然后再将被反驳的对象（一种论点或是一种做法）进行合乎逻辑的引申，引出其结论或结果的荒谬，其错误的结论或结果也就不攻自破了。反证法是通过证明与被反驳对象相矛盾或相对立之处，证明与被反驳对象对立的论点的正确性，根据排中律的原则，也就指出了被反驳对象论点的荒谬和错误。

四、适应语境的训练

（一）语境的内涵

语境，是指言语环境和使用语言的环境。它包括语言的自身环境和语言的外部环境两方面。语言的自身环境，是指言语片段或者说上下文、前言后语的连接环境。语言的外部环境包括主观和客观两个方面。

（二）语境训练的基本要求

与书面语相比，口语表达对于环境的依赖性更为明显。换句话说，就是口语表达无法脱离一定的语言环境来进行。不同的语言环境，不仅影响和制约着口语表达的内容，还影响和制约着选择、运用、组合语言手段的方式和方法。因此，适应语境的训练，就是要从适应语言的外部环境入手，进而选择恰当而具体的语言自身的操作方式和方法。

（1）适应对象：要尽可能多地了解对象，还要清楚自己所处的位置，摆正自己与交谈对象的关系。

（2）适应社会环境：只有了解谈话所处的政治、经济、文化、时代、历史、民族、风俗背景等等，才能准确地把握所谈内容的精神实质，做到恰到火候，分寸得当。

（3）适应交谈环境：分析并适应交谈环境，可以帮助我们选择最佳的谈话角度和方式并取得最佳的谈话效果。

（4）适应传播环境：适应传播环境就是既要明确媒体的性质、任务，又要明确节目甚至口语创客自身的风格、特色，这样才有可能在服从媒体、口语传播的共性要求的基础上，充分显现出谈话者的个性风采。

第六章
口语创客的发声训练

关于口语创客在话筒前说话的时候，声音到底该如何？这个问题不能过早下定论，因为属于艺术范畴的口语创作很难有一个公认的概括。但是，如果一个好的口语传播者，发音不够清晰、准确，语音语调不是很恰当，甚至带有地方口音，收听、收看的效果势必会受到影响。音色的美化和嗓音保护都是需要科学方法的，用嗓不科学，容易造成声音嘶哑、喉咙红肿，甚至声带病变。

系统科学地提高发声能力是每个口语创客应该了解并最好能够掌握的。虽然在一些地方也会用到方言传播，比如广东地区就有用粤语讲授的课程，用方言来制作自媒体视频，但是普通话作为中国人的标准用语，依靠口语创业就有必要对普通话进行正音训练。我们所说的内容需要综合每个人的情况，侧重点不同，因人而异，各取所需。不过有一点要注意，做网络主播的人喜欢以唱歌跳舞的方式来吸引粉丝，能够唱固然很好，但是唱歌和口语发声还是有区别的，气息的强度和口腔前后控制的要求不同，拥有独立的训练系统。

第一节　口部训练

在发声训练当中除了呼吸，制声是一个非常关键的环节。因为对声音工作者来说，它是我们创业的本钱。那么这些器官该怎样保护，才能让它持久地运用下去？所有的声音都是在呼气状态下发出来的。在呼气发声的时候，声带、嗓音（包括喉部、肩胸器官，与元音发声有关的器官）怎样能够得到最大化地利用。

所有的声音在呼气状态发声的时候，一定要保持住吸气的感觉。吸气肌群在呼气的时候成为制约呼吸的力量。换句话说，呼气的时候保持吸气的感觉，这种感觉促使我们不用胸和脖子的肌肉来进行呼吸。胸部和脖子在发声的时候是放松的，这是我们训练的目的。最终的目的是要放松我们的喉部，也就是我们平时说的嗓音所在的部位，说话的时候嗓子是放松的。

怎么去练呢？我们以 a 音来作为训练的例子。通透的呼吸方法，加上口腔的控制是发好 a 音的一个关键。第一步，初学者可以先找到并控制好腰部撑开的感觉。第二步，摆正好唇形和打开口腔。第三步，从弱开始逐步发出正确的延长的a 音。在这个过程当中，不断地判断和调整在 a 音发好的基础上，再去发 i 音，u音，e 音和 ü 音。每一个正确的状态建立好了以后，到再往下一步走，逐步的扩展音域，放松发音的稳定程度。我们还是以 a 音来做一个简单的训练。它的步骤是由嘘声，到逐渐的发声，再到正常的发声，体会喉部放松的感觉，每一步都需要稳定气息的调节和反馈。当然，这中间有很多的细微之处可以调节，通过这种嘘声到逐渐发声再到正常发声到喉部放松发声的过程，初学者在训练的时候，每个环节都要不断地反馈，不断地总结。当哪个部位不紧张了，或者是整个筒子哪个环节出现了闷、或者是僵、或者是瘪的状态，就要歇一歇。通透自然是呼吸训练的基础，顺畅的呼吸是放松喉部的前提，这是 a 音的简单训练。这种体验性感觉训练，我们夸张点说是比较危险的。如果不回头检查方法是否到位，原来的习惯由于长期的不正确训练变成一个"恶习"就麻烦了。所以训练的时候一定要以好带差，不断地巩固练好的状态，逐渐解决需要克服的困难。在声音系统中，除了胸部，有些人有固有的喉部发声毛病，比如说喉音重、喜欢挤等各种各样的缺点，但是发声有一个不变的真理就是"通透"和"自然"。这一点会带动我们以好带差，来逐步地解决每个人的困难，然后慢慢地练习，在发声过程当中逐步找到正确的状态。

除了喉部放松，口腔制声当中一个重要的观念就是要打开后腔。后腔的打开不是像我们想象的那样张大口，它从口腔前部看是正常的。开后腔有四个步骤：提颧肌、打牙关、挺软腭、松下巴。而提颧肌是为了让面部有一个微笑的感觉，建立起一种亲切的状态。它是通过有意识地提颧肌训练来完成的，在口腔上部逐渐建立一种面罩感。就是我们常说的"两头紧"的上头紧，最上头的颧肌要提起来。打开牙关，是指后槽牙要打开。平时我们是不用的，怎么去打开呢？可以用反复咀嚼的方法，当你尽大力去啃一个大的苹果的时候后槽牙是打开的，反复这样去训练，找到后槽牙打开的感觉。开始如果不行的话可以咬一边槽牙，然后逐渐地发展成两边槽牙同时打开。挺软腭这步很关键。音色的反射主要是通过挺软腭来改变的，可以用半打哈欠的状态来体会。如果我们用舌头顺着口腔上部的硬腭往后去摸，硬腭结束那块就是软腭。平时是塌着的，刻意地挺是很难的，可以借助半打哈欠的方法。平时多练体会半打哈欠的感觉。下巴是放松的，可以通过辅助的训练，让平时用的下巴尽量地放松下来，而平时不用的硬腭上部尽量让它用起来。口腔就变成了一种相反着力的控制。平时下巴要让它刻意的松下来，而硬腭、软腭、包括颧肌让它能够自主动起来，这个动作完成是需要过程的。向上提起颧肌，主要表现为嘴角向上提，然后稍微向上拉开，上唇大致成一字型，牙齿稍微露出一点。这个时候发 a 音和 i 音结合着我们刚才的训练，就会带来音色的变化。如果提颧肌开始很难练的话，我们可以用借助笑容来确定正确的唇形，找到这种感觉。用这种口腔后部打开的训练，结合 a 音的变化调整，大家可以感受一下这种音色的变化。我们以 a 音为代表，从嘘声然后逐渐到发出正确的 a 音的过程是为了松喉，那么我们结合着口腔后堂打开再做一遍，它会产生不同的效果。通过这种训练，大家可能感觉到除了喉部放松，口腔后膛也打开了，它的音色就会产生变化。这个训练是要有一定基础的，所有的目标都为了让肩、胸、喉这些平时说话用的器官尽量松下来，产生效果好的声音。

口腔灵活，说话才利索。可能有些人觉得早晨起来说话没有下午或者晚上那么利索，因为嘴巴肌肉休息了一晚上，当然没那么灵活。所以做做口腔体操，可以帮助我们更好地使用嘴巴。

1. 口的开合练习

张嘴象打哈欠，闭嘴如啃苹果。开口的动作要柔和，两嘴角向斜上方抬起，上下唇稍放松，舌头自然放平。做这个练习，克服口腔开度的问题。

2. 咀嚼练习

张口咀嚼与闭口咀嚼结合进行，舌头自然放平。

3. 双唇练习

双唇闭拢向前、后、左、右、上、下，以及左右转圈，双唇打响。

4. 舌头练习

舌尖顶下齿，舌面逐渐上翘。

舌尖在口内左右顶口腔壁，在门牙上下转圈。

舌尖伸出口外向前伸，向左右、上下伸。

舌在口腔内左右立起。

舌尖的弹练，弹硬腭、弹口唇。

舌尖与上齿龈接触打响。

舌根与软腭接触打响。

第二节 气息控制训练

在话筒前发声和口语发声是不一样的。人与人之间的口语只要能听明白，听懂听清楚就可以。而在话筒前，声音经过媒介的传播发生了转换，有它特有的技术成分，还有它特有的艺术成分。我们将话筒前艺术发声分为：气息、制声、造字和共鸣这四个版块来进行讲解。气息是声音的血液，所有的声音都是呼气状态下发出的，都通过人吸入空气，再呼出的过程产生声带的震动。气息推动声带震动产生原音，经过口舌的阻挡产生字音。这个过程中有一个美化的过程，就是共鸣。气息训练也好，制声训练也好，造字训练也好，包括共鸣训练也好，总有一种相反的规律让我们去摸索，那就是要建立一个中间松两头紧的话筒前发声状态。所谓的中间就是喉部、胸部、肩部，包括下巴，这些平时说话用的部分要尽量放松。而两头是指上头和下头。下头是指以丹田为中心的腹部，这块肌肉要撑住，是发声的根基；上头是指口腔上部，指硬腭、软腭，包括颧肌。要建立起一个面罩的感觉。在话筒前发声的时候，要建立起一个回音壁。我们说的"两头紧，中间松"就是这个状态。

人在发出语音的时候，呼吸是动力，气息是血液，声带是发出声音的振动体，那么呼吸是控制整个发声系统非常关键的基础。我们发声训练有很多的方法，它分为两个层级。这些气息基本功是外在的，是为了发声而进行的一些特殊的训练，有意识为呼吸控制的训练，这是表层的概念[1]。深层的概念是指我们可以借助中国传统文化的一些智慧来解决气息的问题。中国哲学中道家的很多思想都把"气"作为一个非常博大的内涵来引导我们去理解。如果合理借鉴传统文化思想，把一些关于"气"的理念运用到播音发声或者话筒前创作，这对意念调解有很大的帮助作用。它是深层次的需要，我们潜下心来去理解、去体会、去感悟。以上所述是积极训练的两个层面。从物理层面来看，呼吸器官主要包括呼吸道、胸腔、肺和腹肌。气从口鼻进入，进入咽腔，然后进入气管、支气管到肺，反方向的呼出也是同样的一个通道。一吸一呼就完成了整个呼吸的过程，这是呼吸的过程和原理。

典型的呼吸方式一般有三种，第一种方式就是用得最多的浅式呼吸，也就是"胸式呼吸"，它是吸气以后腔的前后左右变大，气流进入刚才的通道。肺是承担呼吸的主要器官，但是肺不能主动地去进行呼吸，吸进或者呼出依靠体腔肌肉

---

① 杨忠. 新媒体时代新闻播音主持理论与实践［M］. 合肥：合肥工业大学出版社，2015：29-35.

群的运动而带来体腔的变化，对肺来说是被动的，这种胸式呼吸方式用在话筒前的时候容易僵持。如果采用这种方式在话筒前训练，声音的控制能力就失去了基础，所以我们在进行口语创作的时候，单一的胸式呼吸方式很难完成口语传播艺术的全过程。除了胸式呼吸，还有一种是深度的呼吸，就是"腹式呼吸"。所谓腹式呼吸，是靠膈肌下降，然后扩大胸腔的上下径来完成吸气的过程。这个过程和胸式呼吸相比，它的吸气量比较大而且比较深。特点是腹部的肌肉外凸。这种呼吸方式用于音强比较高的、特别是西方的美声唱法，包括咱们国家的一些民族唱法，它需要顶气。但是用于口语的时候往往会造成较空的音色，因为在这个变化过程中，人对肌肉的控制力是一种强控制，在话筒前用得并不是很多。话筒前的口语是以自然声区为主，这种强控制的、完全用腹式呼吸来进行话筒前的口语创作，也是不太恰当的。我们在进行口语创作的时候，选择的是"胸腹联合式呼吸"，也就是胸腹两种方法相结合。在实践中，我们运用胸腔的变化和膈肌的变化，交替混合来完成口语创作，这就给我们提出了一些新的问题。"中间松两头紧"训练时有一个相反的规律，平时说话用的这些器官，要让它尽量地在创作的时候松弛下来，然后靠上头完成共鸣作用，下头完成气息支撑作用，两头的控制形成一个呼吸的通道。这种呼吸原理在播音发声中，就变成了一种系统化的肌肉群调节。肺是重要的呼吸器官，但是它自身不会主动地吸气和呼气，是一个被动器官，呼吸的完成主要靠胸腔的扩大和缩小。那么我们在吸气的时候吸气肌群收缩，胸腔就变大了，胸腔内部的气压小于外部的气压，空气就会由口鼻，从呼吸通道进入肺泡，肺就扩张起来，这是吸气的过程；呼气的时候是呼气肌群收缩，胸腔就会随之变小，那么肺内的气压就高于外部的气压气流，通过呼吸通道被挤压出来，这就是呼吸的过程。在呼和吸的过程中，吸气肌群和呼气肌群是起主动作用的，它是控制呼吸的一个关键的肌肉群体。那么这种肌肉群体的训练在话筒前怎么去调整？对于创作者来说，这是一个要攻克的问题，也是他基本功的体现。

下面我们来看呼吸的训练方式。一是呼吸前的准备状态，首先是心理的准备，心态决定状态。心理准备，包括心态的稳定，情绪的平静，精神的饱满，整个身体处于积极的创作状态。那么姿势分为两种，一个是坐姿，一个是站姿。坐姿，要坐在椅子或者凳子的前1/3。凳子最好是硬凳子，两腿自然放在地面，上身直立，略微向前倾。站姿，两脚要与肩部同宽，它可以在垂直站立的时候平分整个身体的重心，脊柱垂直，整个身体很端正，头顶正上方感觉到有一个尖锐的物体悬挂在上面，两肩自然下垂。我们想象头顶上悬挂的一个物体，这是一种意念，是让自己的口腔不产生一种紧张的感觉，放松中间，包括下巴、胸、喉咙。总之头要端正向上竖直，不偏不倚。下面稍微收一收，这是整个呼吸的准备状态。那么我们来看吸气，吸气的要领是两肩放松，自然下垂，口鼻同时进气，气吸到肺底。

可能有些基础的人会说，这种艺术发声要"气沉丹田"。其实这种理解是有误差的，气是沉不到丹田的，气只能吸到肺底。那么"气沉丹田"是什么概念呢？就是我们腹部以丹田为中心的这一块，是控制整个气息肌肉的一个核心位置，是吸入气息的力量源头。才开始训练的时候，丹田的感觉还不容易找到，要依靠撑开胸腔提供储存空间，后腰撑开便于胸腔的扩大。小腹有"站定"的感觉，什么叫"站定"的感觉？就是腹壁肌绷紧，不突出也不瘪进去。吸气后也不要马上松下来，体会一下后腰部和小腹站定的这种感觉，然后停几秒钟，这是我们需要的状态。才开始训练的人要注意步骤的完整性。一开始找不到丹田感觉的人随着刚才说的腹壁站定的感觉次数增加，然后在每次发音的时候，特别是在发元音的时候，逐渐延长元音的时间，尽量延长一秒钟，力求这个发音持久，使声音趋于稳定。在延长到最后的时候，小腹就会有一种特别的感觉：在肚脐眼下约两指的位置，也就是腹直肌和腹斜肌汇聚的地方有一种上提的感觉。感觉被"带"起来，肌肉收缩成一个硬结的部位就是丹田。当我们训练到一定程度的时候会自然形成这种丹田的感觉。丹田穴位点的感觉找到以后，我们再逐步地把后腰的控制转化为丹田控制发声。这种练习只有训练者自己体会，仅从声音的感觉上是很难找到的，必须要靠自己的感悟。

再来看看发声，我们在呼吸练习的基础上开始发声。这个阶段我们为呼吸而训练发声，不要追究字音的准确。张口发出的 a 音、i 音或者似 a 非 a、似 i 非 i 的音都是可以的，我们每个训练都有自己的目的，这个为发声而练好的呼吸状态要通透，声音由弱开始逐渐加大音量，最后到正常的音量。每个环节都有自己的标准，它的标准是让自己的整个躯体通透。放松是非常难的，平时说话用的肩、胸、喉，在说话的过程中要让它的力量放松。相反，要建立丹田的感觉，然后产生一种通透的呼吸感觉。这个变化过程当中有很多的困惑，当某一处紧张或者不正确的时候，胸部、肩部、喉部有"堵"的感觉的时候就要放下来，不能强其所难。艺术发声的训练和语音发声训练不同。语音训练的时候要强其所能，就是如果发音问题改不掉，可以按正确的发音天天去练，逐渐加大训练量。短期内是能改善的，而且可以不断巩固提高和循序渐进。而艺术发声，它是改变发声器官肌肉运用习惯的过程，是一个系统，有的时候放一放，然后再去回味一下，可能对调整会有帮助。这是为发声而进行的呼吸训练，每一个音都要由弱到强，逐渐到正常的音量。要始终保持腰部有撑开的感觉，就是两肋是放开的，这是发声训练的初步。腰部撑开是吸气的要领。开始的时候，如果丹田感觉还没有完全建立，或者建立得还不是很稳定，也要有意识地训练两肋撑开的变化能力，在呼吸过程中，那种且战且退的状态要把握起来，这是腰部的稳定。总之，整个的发声过程要建立一个"管子"意识。丹田是我们发声的动力源，原来发声的部分器官要松下来，直立不扭曲，不能瘪也不能挤，不紧不松。声音经过这个"管子"的时候，它就会有弹性。膈肌经过有些方法的训练以后，它还具备上下变化幅度，胸肌、胸腔是松的，力量点全在丹田这里，这个管子处于不紧张的状态，声音才会得到艺术的塑造。

那么在话筒前进行呼吸训练的时候，我们要注意这三点：稳劲、持久、自如，我们分别来讲一讲。第一，注意不是稳定，是稳劲。因为所有的声音都是在气流运动当中完成的，如果稳定了，那么气流就僵了。难就难在运动过程中还要有控制，所以我们叫稳劲。声带过分紧张，或者前后重音蹦字，这些问题要我们在呼吸过程当中通过游刃有余的控制来逐步化解。最好的方法是练习发单字音，比如 a 音。新闻稿件是最利于建立一个"管子"状态发声的一种稿件，要求吸气无声，是所有的字音均匀呼吸，完成字音的创作，大大减少声带的损失，然后产生悦耳的、稳定的共鸣，这都是依靠良好的呼吸控制来完成的，稳劲在呼吸控制当中起了非常重要的作用。第二是持久。经过大量的训练完成了"管子"建设，但是很多稿子堆积在一块，我们在完成创作的时候，有时候在一段时间要一直进行口语创作，那么就需要说很多的文字。怎么样让自己这个状态能够在持久的创作中随意更换，保质保量地完成在口语创作中那个时段呼吸的控制能力？这就需要持久的训练。第三是自如，就是说稿件的形式很多，内容多种多样，有的是气势磅礴的，有的是清晰的，有的是很委婉的，有的是历史沧桑的。这种丰富色彩的情感变化需要不同的呼吸控制和声音控制。呼吸在声音控制和转换中起了非常重要的作用。对于口语创客来说，气息在体内运动自然了，才会产生整体性的其他动作。口腔状态和表情自然会给观众带来一种愉悦的感觉，所有的艺术基于自然。

没有气息，声带不能颤动发声，但只是声带发出声音是不够的。想要使嗓音富于弹性、耐久，需要源源不断供给声带气流。我在这里给大家介绍一些气息控制的方法，帮助大家控制气流，进而控制声音。

一、胸腹联合呼吸法练习

吸气后两肋扩大，横膈膜下降，小腹微收。

胸腹联合呼吸法是口语创客应该掌握的方法。这种呼吸活动范围大、伸缩性强，可以使气息均匀平衡。理想的状态是做到"吸气一大片，呼气一条线；气断情不断，声断意不断"。

有句话叫"饱吹饿唱"，不过对于主播来讲，不能太饿，否则没力气讲几个小时。进行呼吸练习的时候，建议大家还是在空腹的时候进行比较好。每天早晨和傍晚都要空腹练气。训练气息，不能在饱腹的时候，否则容易造成胃下垂。

练习方法：

1. 慢吸慢呼

总体的要求：站稳，双目平视前方，头正，肩放松，像在旷野呼吸花香一样，慢慢吸足气。要感觉到腰腹之间充气膨胀，气入丹田，但是要收小腹。保持几秒后，轻缓呼出。

可以在呼气的时候加入以下练习：呼气时练习 xiao lan（拼音小兰），一声声渐渐远去；或者数数 1、2、3、4……嘴上用力，发音之间不要闭住声门，不要跑气换气，数得越多越好。

2. 快吸慢呼

快速短促地吸气，并保持气息；呼气时缓缓呼出，配合声音，平稳均匀。培训讲课过程经常用到这个方法。

呼气时，可以通过以下发声练习：巴 拔 把 爸　低 答 底 大

夸大上声练习：好美满想仰场……

换气练习：广场上，红旗飘，看你能数多少旗，一面旗，两面旗，三面旗，四面旗，五面旗……

相声小品里的"数来宝"经常用这个形式，口语创客们可以观察相声演员的呼吸。

二、强控制练习

要求气要吸得深并保持一定量，呼气要均匀、通畅、灵活。

强控制练习需要一点声乐练习知识，在这里不好介绍。大家可以回想：《智取威虎山》里杨子荣喝酒唱歌那一段，最后结尾有个"啊——哈，哈，哈，哈哈哈……"基本的感觉就是这样。要体会膈肌和腹肌的作用，发声的时候气息是应该下沉的。

可以参考练习诗词：岳飞《满江红》，毛泽东《忆秦娥·娄山关》。

三、弱控制练习

（1）吸气深呼气匀。缓慢持续地发出 ai　uai　uang　iang　四个音。

（2）夸大声调，延长发音，控制气息。

例如，花红柳绿 h—ua　h—ong　l—iu　l—ü　（发音时，声母和韵母之间气息拉长，要均匀、不断气。）

（3）通过夸大连续，控制气息，扩展音域，参考练习诗词。

气息控制训练可以把握"深、通、匀、活"四字方针，注意气息和内容的结合。自己在话筒前传播的过程中，最初有发声气息控制不够、尾音弱、换气不够等问题。要想气息顺畅，除了要对表达的材料非常熟悉外，有必要考虑在一些用词吐字的地方处理气息支撑。好的处理可以帮助我们提高播讲效果，尤其在增强感染力、说服力上更加有效。单纯的语音、气息训练效果并不好，需要大家在实际过程中不断体会、运用。

第三节　造字训练

造字和发声训练的总规律是一样的，也是一种相反的规律，它的一个宗旨就是在话筒前说话，要让自己的每个字音近似于发成枣弧形，平时不会这样去控制。这当中有三点要注意：声、韵、调，是所有造词当中都要关注的三个点。第一步是要建立一个正确的唇形，唇是发音的一个基本状态之一，是面部表情的一个组成部分，正确的唇形能够使面部表情具有美感，而且有利于正确吐字。因为说话的时候是连续吐字的过程，唇形是不断变化的，那么唇形的多样变化是在基本唇形正确的基础上，所以要训练建立一个正确的唇型。第二个就是舌头的训练，灵巧的舌头是吐字的一个关键，因为舌头是构成造字的一个很重要的器官，它形成各种各样的语音。舌头动作准确，吐字才能清楚。舌头动作灵活，动作有弹性，吐字才有力度。一般来说进行话筒前口语的人，舌头要求瘦一点，小一点，舌尖尖一点，动作灵活程度就大。有人说，天生的舌头偏大就不适合做口语传播。并不是这样的，可以通过后天训练加强舌和唇的中纵线力量，也就是唇舌中间纵轴线的力量，让它有弹性，增加灵活度，再配合胸腔共鸣，就会产生一些声音色彩的变化。还有一点就是注意语流音变。我们在语音当中会详细地去讲解。而声调，特别是两个连续的声调变化是发音练习的一个重要方面，两个阴平为一组的时候，前面的字音要低一点，后面的字音要高一些，并不都是高频音，比如说"天津"。两个阴平为主的时候，那么同样前面的声音要低一点，后面的字音要高一些。阴平和阳平为主的时候，前面的第一声字音要低一些，比如"波兰"。以上是前低后高的自然衔接，那我们再看两个去声为主的时候，后面的字音降调要比前面的字音短一些，比如"胜利、浪费"。但是注意刚才在造字的时候，所有的声音都要找回吸气的状态，这样发去声时就不会太劈，气息会逐渐稳下来。两个上声为主的时候，前面的声调变成近似第二声的声调，比如说"感想"，而不是两个都是上声的"感—想"；"领导"，也不是两个都是上声的"领—导"。还有一点我们要注意，就是练声和口语创作的关系，练声是基础，口语创作是应用。这是两个领域的活动，有不同的目的。思维方式不同，考虑的内容也不同，我们练声的时候考虑的是怎样达到自己的一种艺术效果，或者达到一种松喉状态，或者是气息，包括发声，包括语音方面的一些效果；而创作的时候考虑的是内容，是让听众听得明白，是一个整体的传播，它们的目的是不一样的，这种关系一定要理顺。也就是说，我们在进行口语创作的时候，不能带有练声的目的来进行口语创作。即使是有这种训练的想法，也要在保证不干扰正常创作的前提下进行改变。练声结果集基本功之大成，只能逐渐体现在口语创作当中，这个度需要在口语创作当中去把握。

为了达到正确用声的目的，我们必须做到以下几点：气息下沉，保持声音的宽厚通畅，喉部放松，避免声音挤捏。吐字归音，字头要叼住，部位要准确，要过渡柔和。字音要拉开立起，圆润饱满，字尾要归音到位，完整自如，这样一个枣弧形就建立起来了。声音要有弹性和变化，具有伸缩性和可变性。我们可以通过一些词或者句子结合情绪练习，吐字的时候要完整。要避免用单音节字，因为单个音节容易形成每个字跳动的毛病，时间久了就难以改变了。所以练习读词的时候，要注意腹肌力量和口腔中词句的配合，随着其中每个字的口型动作不同，改变腰腹的挤压强度。读单个音的时候会一个字一个字地换气。读词或者句子时候，它是以词句为单位进行换气，在读每一组词当中各个音时，腰腹压力有相应的变化。这样一步一步地、小心翼翼地练习会带来不同的变化。当然，我们可以通过一些有代表意义的稿件，比如新闻稿件，专题稿件，或者一些诗词，在慢速当中找到正确的方法。

元音 a 和 e 是很好的训练素材。除此之外，发好复合音包括复合元音和复合鼻尾音。用词典帮助大家纠正发音的错误。口腔的练习有开口的练习，咀嚼的练习，双唇练习和舌头练习，有很多的方法；字音集中的练习可以通过一些训练，比如说 b 音和 a 音相拼合，以 a 为基础的辅音和原音相拼合。大家注意，所有的这些练习当中什么成分最多？是 a 音成分最多，汉字当中 a 音所占比例最大，所以 a 音是训练口腔气息、造字、共鸣的一个很好的素材。a 音练好了，普通话当中的语音问题解决了一大半。那么除此之外，还有很多的绕口令练习，这些绕口令是要解决某个问题的，可以找到很多的有针对性的绕口令。心中要注意力量集中在所解决发音问题上，而不是在绕口令的字音上。每个绕口令都有它的目标，要练习唇舌的利索，还要练习吐字的快慢。大家可以有针对性地对自己的问题选择一些绕口令进行训练。

第四节　共鸣控制训练

发声训练的目的之一是为了美化声音，而美化的一个很重要成分就是掌握语音共鸣。我们在前面的环节讲过了 a 的训练基础，用 a 从虚声到正常发声，训练过放松喉部，训练过扩大后腔，那么最终的目的是通过这种训练让我们的共鸣腔发生变化，也就是说达到音色的美化和扩大的作用，改善声音的质量。首先，我们还是用"a"来做一个基础的训练。在这个基础上，我们再结合共鸣的各个方面来展开讲解，还是用"a"的示例做一遍共鸣的练习（参见二维码视频示范）。这一系列的训练，结合了喉部的放松和后腔的打开，训练的目的是建立一个面罩的感觉，就是我们口腔训练当中提颧肌、挺软腭、松下巴的环节的完成，那么它的共鸣腔体结合着气息和嗓音的变化，声音就美化了，声音质量得到了改善，这是基础训练。在这个基础之上，我们进行以下的训练，以"a、o、e、i、u 和 ü"6 个元音的单发，同样可以进行这样的训练。第二，双唇音和开口呼韵母拼合的练习。做一个拼合训练，"b–ang——bang，p–ang——pang，m–ang——mang"，当然有音调的变化。第三，是如何使用有色彩的短句和字词练习，它是一种虚实结合的声音，包括明暗结合的声音，就让声音变得柔和，气息的作用就会发挥出来，比如："鸟语花香、和风细雨、栩栩如生、山水相连、山河美丽、山明水秀、花红柳绿、锦绣河山"，再配合短句的练习。第四，韵母开齐合撮依次的高低音练习，由高到低的练习。第五，由"a"为基础进行直上直下以及滑动的练习（可以参考二维码视频示范），从低到高的滑动练习，这是音高的练习，还可以练远近。我只是演示了音高，远近，强弱，虚实都可以用"a"音来练习，比如说我们由近到远，发音的对象是三米、五米、十米、二十米，这样一个由近到远的练习，也可以用滑动的感觉来练，这样结合起来训练，声音的色彩就会得到锻炼。

这是总体的训练，下面我们分胸腔共鸣，口腔共鸣和鼻腔共鸣三个专项的共鸣来进行讲解。第一个也还是"a"音的元音练习，如果我们配合着 i 音的一些拼合关系，比如：用"x–i–a"这个音我们来拼合练习胸部支点感觉。"x–i–a，x–i–a……"想象在上衣的第二个纽扣那里有一张嘴，力量集中在那儿去发出来。通过意念的调节，胸部就有了支撑，逐步寻找胸部支点。第二个是夸张的上声，如"好，百，米，走"。为什么用夸张的上声呢？上声是音调当中变化幅度最大的音，很多人就是发音时偷懒，然后中间这种变化幅度就没有了，所以如果把它的幅度读得再夸张一点，必须结合气息，会产生胸部和口腔的共鸣，夸张的上声训练对胸腔共鸣练习很有帮助。第三点就是词语的练习。在汉语普通话当中所有的字音都是唇齿相依的，只有一个音是唇齿相离，那就是"u"音。发好这个音，也要让它唇齿相依，必须加强唇的中纵线力量，配合着减少发音的动程，然后集中发音的部位来克服这个毛病。比如：武汉，如果噘唇就是"w…uhan"，就会变得含混。"u"音可以用唇的中纵线的力量，结合着唇齿相依的训练，来让我们的字音变得清晰、有颗粒感。第四就是句段练习。我们每个人可以根据自己的喜好，选择一些自己比较喜欢的文章，有胸音共鸣的就更好了，反复地练习。这种练习的目的不是强调文章读得多么熟练，而是让自己的胸腔共鸣产生一些体会。

口腔共鸣练习的第一点主要是结合气息，做好声韵母拼合的练习，主要是"b、d，g、k、t与a"和单元音韵母音，包括拼合拆分的这种混合练习都可以作为训练材料。第二是象声词的练习，刚才已经讲过了一些非常圆润的象声词是很好的口腔共鸣的训练材料。第三，是改善"w"音、"u"音和"o"音的音色。这有一段话大家可以结合着练，除了我刚才讲的"唇齿相依"，把音程改变为发音部位的集中调整之外，还可以结合一些段落来训练，比如这段："天空变成了浅蓝色，很浅很浅的，转眼间，天边出现了一道红霞，慢慢扩大了它的范围，增强了它的光亮。"结合着单音，结合着一段话，这样综合起来的训练，口腔共鸣就会得到一些提高。

接下来是关于鼻腔共鸣的训练。发声过程中，微量的鼻音会改善音色，过重的鼻音会产生音包字，会影响它的美观。第一点，以纯粹的"a"音、"i"音和"u"音加鼻腔共鸣来训练；第二点是鼻辅音加口元音，"ma、mi、mu、na、ni、nu"多做这样的训练；第三点是"m"音哼唱，使软腭之间的鼻通道气流振动和软腭前部扯紧，包括"n、ng"音都可以完成这样的训练。可以结合一些词汇的训练，比如妈妈、大妈、光芒、中央、接纳、头脑等等。还有一点要注意的是微量的鼻音，可以美化自己的音色，但是鼻音过重，我们就要克服。第一，软腭上提会减少气流，从鼻腔出去的成分就会减少一些鼻音，可以减轻鼻音中的毛病，比如"keng"这个音，注意挺软腭，"keng"阻塞住鼻咽道，如果突然打开，就会出现"eng"这种音，适当地挺软腭就是"keng"音。第二，捏住鼻孔不出气，再发a音来体会鼻腔从元音开始震动，然后很少进入鼻腔共鸣这种感觉，会逐渐体会到减少原因的鼻化程度。第三点，串发六个元音，"a、o、e、i、u、ü"。串发对减少鼻音也是有帮助的。第四点，拼合练习，就是和辅音相拼的时候注意着力点，可以弱化一些。比如："bang、pang、mang、bai"，可以结合一些综合的训练，我们找一些古诗词、散文。总之，共鸣训练和表达的情声气是结合在一块的，所有的共鸣是为了很好地传情达意，恰当的共鸣是艺术创作的最高目标。当然各种人有各种不同的音色，每个人要根据自己的特点来训练自己的共鸣。

口语发声时都有这样的体会：越在嘈杂的环境，我们说话越大声，结果声嘶力竭，自己嗓子累得要命。其实培训的时候也有，为了让学员都听到，尤其人多的时候，我们不自觉就提高音调嗓门，不久就有"失声"的感觉。

其实好的用声者，只使用在声带上总能量的 1/5，而 4/5 的力量用在控制发音器官的形状和运动上面。在产生共鸣的过程中，共鸣器官把发自声带的原声在音色上进行润饰，使声音圆润、优美。科学调节共鸣器官可以丰富或改变声音色彩，同时起到保护声带的作用，延长声带的寿命。

我们在训练发声中，多采用中声区，而中声区主要形成于口腔上下，这就决定了用声的共鸣重心在口腔上下，以口腔共鸣为主。一般提到的共鸣腔有头腔、鼻腔、口腔、胸腔。

除了口腔共鸣为主之外，胸腔共鸣是基础。如果有高音的时候，增加呼吸量，发挥一点鼻腔、头腔的作用更好。要想声音圆润集中，需要改变口腔共鸣条件。发音时双唇集中用力，下巴放松，打开牙关，喉部放松，提颧肌、颊肌、笑肌，在共同运动时，嘴角上提。可以通过张口吸气或用"半打哈欠"感觉体会喉部、舌根、下巴放松，这时的口腔共鸣会加大。在打开口腔的时候，同时注意嘴唇的收拢。

1. 口腔共鸣训练

口腔共鸣发声最主要的一点是发声的时候，鼻咽要关闭，不产生跑鼻音。通过下列练习大家可以体会一下，基本都是以开口元音为主练习：

ba da ga pa ta ka

peng pa pi pu pai

普通话的四个声调，准确的叫法是第一声阴平，第二声阳平，第三声上声，第四声去声。我们在进行声音训练的时候，多用阴平声调进行，这样有利于体会声音和气息。

词组练习：

澎湃 冰雹 拍照 平静 抨击 批评……

哗啦啦 噼啪啪 咣啷啷 扑嗵嗵 胡噜噜……

快乐 宣纸 挫折 菊花 捐助 吹捧 乌鸦……

绕口令：

山上五株树，架上五壶醋，林中五只鹿，柜中五条裤，伐了山上树，取下架上醋，捉住林中鹿，拿出柜中裤。

2. 鼻腔共鸣训练

鼻腔共鸣是通过软腭升降来实现的，标准的鼻辅音 m，n 和 ng 就是这样发声的。有人觉得鼻音重显得声音好听、有厚度，但是过多的鼻音有如感冒，会"音包字"，影响到传播的流畅度。

发 a i u 的音，加点鼻腔共鸣体会。

加鼻辅音 ma mi mu na ni nu

词组练习：

妈妈　光芒　中央　接纳　头脑

蓝蓝的天上白云飘，白云下面马儿跑，挥动鞭儿响四方，百鸟齐飞翔。

3. 胸腔共鸣训练

胸腔的空间及共鸣能量大，发出的声音有深度和宽度，声音更浑厚、宽广。

"a"元音直上、直下、滑动练习

词组练习：

百炼成钢　翻江倒海　追悔莫及……

小柳树，满地栽，金花谢，银花开……

总的来说，用好胸腔、口腔、鼻腔共鸣，对于口语传播就绰绰有余了。但是嗓音的训练要反复体会，循序渐进。要变声音先变状态，状态调整稳定了再逐步练习声音的调整，这是要通过专业系统培训才可以达到的，不要自己盲目练习，否则容易损坏声带。

第五节　怎样喊嗓练声

一、使声音集中而明亮

感觉说话费劲，声音传不远，大致有两个原因：一是没有充分利用共鸣器官；二是气息不稳。我们所发出的声响都是依靠两片声带震动而成，本质上没有多大的差别，但是震动经过了咽、喉、口腔、鼻腔、胸腔等人体自然腔体后被逐渐修饰、放大，形成自己的说话风格，最终传达到听众的耳朵里。在我们讲悄悄话（用气声）的时候，声带并没有震动，仅依靠气息的摩擦，再怎样用力，也不会有任何声响，因为没有震动，也就没有共鸣！反之，要追求声音洪亮，一味依靠声带的强烈震动，只能造成声带充血，声音嘶哑。唯一的解决办法就是充分利用共鸣腔，让震动在口腔、鼻腔甚至胸腔得到共鸣、放大，自己的声音才会饱满、圆润、高扬。

常用的几个小技巧：

（1）体会胸腔共鸣：微微张开嘴巴，放松喉头，闭合声门（声带），像金鱼吐泡一样轻轻地发声；或者低低的哼唱，体会胸腔的震动。

（2）降低喉头的位置：喉部放松、放松、再放松。

（3）打牙关：所谓打牙关，就是打开上下大牙齿（槽牙），给口腔共鸣留出空间，用手去摸摸耳根前大牙的位置，看看是否打开了。然后发出一些元音，如"a"，感觉自己声音的变化。

（4）提颧肌：微笑着说话，嘴角微微向上翘，同时感觉鼻翼张开了，试试看，声音是不是更清亮了。

（5）挺软腭：打一个哈欠，顺便长啸一声。

以上技巧其实就是打开口腔的几个要点，以后在大声说话的时候，注意保持以上几种状态就会改善自己的声音。切记，一定要"放松自己"，不要矫枉过正，更不要只去注意发音的形式，而把说话的内容给忘了，这就本末倒置了。

二、气息的问题

发音靠声带震动，声带震动靠气息。所以要使声音洪亮，中气十足，就要有饱满的气息。呼吸要深入、持久，要随时保持一定的呼吸压力。平时可以多做一些深吸缓呼的练习，最好在练习说话的时候先站起来，容易寻找到呼吸状态。坐着说话也要坐直，上身微微前倾。

运用气息的时候，千万不要"泄气"，要在上述的呼吸压力中缓缓地释放，并且要善于运用嘴唇把气拢住。这样来保持胸腹和嘴唇的压力平衡。

最后，说说声音的线路问题。我们的发音有一个不易察觉的线路，比如打呼哨，声音很响亮，道理就在于气息畅通，声音集中，通行无阻。说话也是这样，要尽量让自己的气息贯通，让声音尽量沿着口腔内部的中纵线穿透而出。这样才能使声音集中而明亮。

1. 吟诗、吟唱练习

把吟诗、吟唱放在第四阶段目的是练习和挖掘"低音宽厚，中音圆润，高音坚韧"的嗓音素质，不盲目拔高、爬高，而是巩固中音、低音，使其音色华美、音质纯正，保住一条好听好用的嗓子，同时锻炼高音的坚韧和弹性。此时的念白练唱都是无伴奏的，演唱更难，要求更高。在这个阶段练有气、音、字垫底，是一个台阶一个台阶爬上来的，嗓音并不疲劳，练习有实效，把握性大。①吟诗一般选各个行当的定场诗，因为角色刚刚上场，要给观众留下第一印象，并使他们停止议论，安静下来，所以定场诗应是声调较高，不急不慢，是角色自己兴趣志向的自我剖析，韵律性极强，必须好好练，又适合于喊嗓、练声、练习。比如《击鼓骂曹》中，"口似悬河语似流，全凭舌尖压诸侯，男儿何得擎天手，自当谈笑觅封侯"；再如《挑滑车》中岳飞的定场诗"明亮亮盔甲射人斗牛宫，缥缈缈旌旗遮住太阳红，虎威威排列着明辅上将，雄赳赳胯下驹战马如龙"。在万物苏醒、万象更新的清晨你可以尽情发挥练嗓。②吟唱：

具有念白吟诵相夹，半唱半念交相辉映的特点，比吟诗更难，其情感更宜抒发，其音律更宜舒展，正好用来喊嗓发声。③普通话吟诗：为现代戏表演念词而练习，如用吟诗的旋律，念《毛主席诗词》"天高云淡，望断南飞雁，不到长城非好汉"等，都是喊嗓练声的好素材。传统大段念白及一些贯口练习也可在这一阶段锻炼气息和发声。

2. 弹性气声练习

这是京剧里非常独特的一种发声技巧，它像舞蹈里的弹跳，跳起来蹲下去又弹起来，也像体育里的掷铅球，转起来，缩回来，再掷出去，气息和声音推出，形成一条弧型抛物线，拉回来，再抛出去。

如武生：啊/咳/

老生：马/来/

花脸：酒/喔啊/来/

丑：啊/哈/

青衣：苦/哇/容〜禀/

这类抛物线式的气、声，如不好好练，极容易出"岔音"，"转"或"呲花"。一般要领是：运好气—托好字（像"汉语拼音"一样分解字音）—抛出去—收—再抛出去，控制好气息、音量，选出最佳音色，一环扣一环，相得益彰。尤其京剧程派吟诵的"容—禀"似断不断、细若游丝、欲断又起至饱满地送到家。归音归韵更是需要努力练习和掌握的。

3. 爬音阶及高难音练习

"翻高""高腔"是配音和表演中不可缺少的，我们称其为高难音。在喊嗓练声中练习这路音，注意不可多练，关键是找方法找位置，如果拼命去喊去叫，前面的练习会全部作废，还会伤及嗓子。练习这样的音最忌挤、卡、捏、压、强努、硬拼横气。京剧唱法要求"如字要高唱不必用力反呼（使拙劲去喊），唯将此字做狭做细，做锐，做深，则音自高矣……，凡遇高扬之字照上法将气提起送出……则听者已清晰明亮，唱者又不费劲。"这里有窍门，有方法，要根据自己的实际条件，去摸索，去探求。

三、神奇的呼吸训练

胸腹联合呼吸时操纵气息的主要部位在胸部和腹部，吸气时，胸部、双肩放松，感觉气已吸到腹中，腹部、腰部周围明显扩张，气同时也吸到胸部来，但不要吸到胸部上的位置。呼气时，小腹和腰部尽量保持控制住"气"，好像憋气的感觉，体会开口憋气，也可发出开口长音（如：a音）。尽量不要让气溜走。但腹部最后会随着气在消耗会慢慢向内逐渐收缩收紧。如果掌握好了基本的呼吸方法，即可进行下面的呼吸控制训练。

打破常规练习唱歌呼吸技巧！躺着、坐着、玩着照样训练！

1. 躺着训练

首先仰面躺床上，并把双手重叠放在肚子上，然后吸气时感觉肚子上的手被顶起来，同时，背和腰紧贴在床面。呼气时尽量保持整个姿势不变，感觉肚子上的手依然是顶着的。

2. 坐着训练

首先坐在有靠背的椅子上，然后吸气时，感觉背和腰紧贴在椅子的靠背上，肚子也同时往外扩。呼气时尽量保持整个姿势不变。

感觉背和腰继续紧贴在椅子的靠背上，再慢慢吐气。

3. 玩着训练

找一个空的汽水瓶，并用口对着瓶口吹气，吹的时候想呼字，再进行蛤蟆肚子呼吸状态练习。或者想象桌子上有一层灰，然后沿一边一点点地吹走，不使灰尘扬起。

4. 吹口哨训练

气入丹田按弹奏的音吹口哨，并有节制的让气流均匀呼出。

5. 连音练习

把腰、横膈膜、小腹想象成放风筝的手，不管声音怎么变化，下面手的劲不能松，就像用手握住一只小鸟，用力大了，就会掐死，用力小了，又会飞走。

6. 狗喘气练习

模仿狗喘气动作，深吸气，吐舌，速度开始可稍慢，熟练后加快，能一秒达到 4 以下最好。

气息增加练习技巧：

（1）一口气念数字 1~60。

（2）控制气息，并一伸一收练习长音。

（3）气息一伸一收，一强一弱练习歌曲。

（4）用蜡烛作吹气作气息均匀控制练习。

（5）快吸慢呼练习，体会跑步后的张口喘气。

有兴趣的人可以利用睡觉、坐着或喝可乐后等生活状态，设计一些呼吸训练方法。只要符合规律，怎样训练都可以。练习者还可以举一反三，慢慢养成以上呼吸习惯，大家就可以运用到播读中，运用熟练后争取在口语创作中忘掉呼吸。关于练习时间，初练的口语传播者，可以每天一小时以上，不一定固定时间段，兴趣来了随时都可以练。练声的感觉很重要，感觉好可以多练练，感觉不好就不能强其所难，这是呼吸训练和语音训练的不同之处。

第七章
口语创作的语感

第一节　讲稿诵读与语感培养

语感在口语表达中占什么地位？诵读讲稿对培养语感有用么？关于诵读讲稿对口语传播者培养语感的作用，我们分三个部分展开论述：

一、诵读有助于提高语感的可塑性

二、诵读有助于培养语感的整体性

三、诵读有助于培养语感的情感性

口语传播的最终实现是依靠创客的语言能力，而一个创客的语言能力很大程度上取决于语感的强弱。在口语传播向全媒体传播转轨的过程中，应该将培养语言能力放在首要地位。而语感是语言能力的重要表现。通俗的说法，语感就是对语言的"敏感度"。也就是口语创客们在视听之际不假思索地从感知语音、字形而立刻理解语音、字形所表示的意义的能力。它是一种直觉思维。之所以要将语感作为口语传播的首要任务，是因为它在创客们的言语活动中起着关键的作用。

培养语感有多条途径，诵读讲稿就是其中重要的一条。讲稿是创作者心血的结晶，用大量的语言诵读去强化输入型语感，并借此提高语言能力。因为诵读讲稿的活动正和语感的输入相适应。我国古代的传统教育就是以强调诵读感悟为特征的。虽未留下系统的理论著述，但也有"读书百遍，其意自见""读而未晓则思，思而未晓则读"这样的古训，我们不能否定表达过程中诵读讲稿的积极作用。

一、诵读讲稿有助于提高语感的可塑性

语感的可塑性指对言语的顿悟和超越。它省略了中间的分析、推断与验证的具体环节。文字传播比较重视词义的落实、语法的规范、逻辑的严密等等，但忽略了创客们在实践中的口语运用。口语化处理是依据词句的理性含义或是一些语法规则的，但实际运用语言时主要还是凭语感。说得更确切一些，是凭语感的可塑性。

配音秀经常会遇到根据画面改词，找感觉的稿子。模仿是一方面，关键是语感的直觉性，比如下面这个配音秀的例子（见二维码视频——《地王诛心》配音秀片段）。

标题：《地王的内心独白》

片前花絮：地王频现，房价飙升，地产股吸金狂魔，房市再次成了全民热议话题。［转场］切入配音秀，选用《私人订制》里范伟、葛优、郑恺的视频重新创意台词。

范：看到如此景象
　　其实我内心此刻是崩溃的
　　我们地王其实也不容易
　　谁不知道树大招风这个理儿
葛：小伙子太年轻
范：再说了就凭我那点市值很多人不服气啊
　　但我也是没有办法啊
　　在如今这个市场
　　要想活得好
　　就得猛点搞
　　面包越来越贵
　　面粉岂能便宜呢
　　中粮仁恒偏抬杠
　　让我花110亿才当王
　　到底是买地还是买公司
　　讲真我也挺纠结的
　　你看许先生如狼似虎
　　前有廊坊发展嘉凯城
　　后有狙击万科王石
　　地产股一波猛涨

欢迎扫码收看视频

　　　　　一帮地产公司被买完了我咋办

郑：我很惭愧

　　　买地产股时没提前通知您

　　　像我一样快速致富

　　　我对于给您造成的心理不平衡

　　　表示极端的同情

　　　不过你爱咋咋地

葛：到此为止

　　　在房市火热之际

　　　我们银行还是要给大家说几个事

　　　信贷数据来看

　　　7 月增加 4636 亿

　　　房贷占了几乎全部

　　　首套房贷款利率

　　　创了历史新低

　　　不良贷款呢

　　　你们房地产

　　　是比较低

　　　但我得提醒

　　　地产转型金融

　　　或土地融资

　　　你们得明白

　　　肆无忌惮加杠杆

　　　风险啊

范：不买地纠结 3 天

　　　买到地纠结 5 年啊

　　这样运用稿件的诵读和转换，让口语创作者在感受对话情景的同时，挖掘出语言感知判断的直觉。能使其反复"触摸"文中的语言韵味，受潜移默化的影响，在大脑皮层留下连贯的、系统的、符合语言条理性的痕迹。这样，大脑对语言的反应自然也就更快、更准、更敏感，而省略了过多的分析，推断。有些人正是由诵读讲稿而培养语感，在创作中逐渐靠语言塑造了视听文化空间。

欢迎扫码收看视频

二、诵读讲稿有助于培养语感的整体性

语感的整体性是口语创作时舍弃了对语言、词汇、语义、语法等具体的条分缕析，而对语言现象的全方位把握。由于目前的口语传播过分强调字、词、句、段、篇、语法、逻辑、文采、章法等，对文章进行支离破碎的分析，使朗读者失去了直接、完整的感受课文言语形式的机会，所以大部分口语传播者对一篇文章，甚至是一段文字的整体把握能力较差，常是捡了芝麻，丢了西瓜。半文言白话文稿更是如此。

煌煌官箴警后人

地处粤北九连山腹地的连平县，古称连平州，这里山川锦绣、历史悠久，这里人杰地灵、贤豪辈出，早在清朝中期，连平州以颜希深、颜检、颜伯焘、颜以燠为代表的颜氏家族"一门三世四节钺、五部十省八花翎"成为当时清朝的"二十八世家"之一。世事沧桑，斗转星移，几百年过去了，连平颜氏家族为官清廉、亲民爱民、忠贞爱国的精神，至今备受人们推崇，颜氏三代传承官箴，自傲傲人的史实更为后人所称颂。

在古都西安碑林博物馆有这样一幅官箴，吏不畏吾严而畏吾廉，民不服吾能而服吾公，公则民不敢慢，廉则吏不敢欺，公生明，廉生威，后面还有五篇跋文。所谓"官箴"就是劝诫做官者的警句、名言。这则"官箴"的意思是属下不惧怕我严格，可是敬佩我清正廉洁，百姓不一定佩服我有多大的本领，但会佩服我公正无私，公正无私百姓就不至于心存轻蔑，为官勤廉，属下就不敢犯上或蒙骗，公正无私产生明察，为官清廉产生威望，这则《官箴》短短三十六字，字字如金，句句警策，告诫人们做官要公正无私、清正廉明。

这则现存于西安碑林博物馆中的古代官箴刻石，源于颜氏三代传承，这块三十六字官箴刻石后面有五篇跋文，其中三篇为颜氏三代颜希深、颜检、颜伯焘所作，是颜氏廉洁文化的一个缩影。翻开历史的画卷，我们可以寻觅到颜氏三代，薪传三十六字官箴的历程，颜氏一门祖孙三代都是清朝重臣，祖父颜希深官至贵州巡抚，诰封光禄大夫。父颜检两任直隶总督，颜伯焘累官云贵、闽浙总督。这则三十六字古代官箴，正是由颜氏三代辗转所传。

颜希深在山东泰安知府任上时，在泰安知府墙壁上见到一块石碑，读罢碑文"心有所会"，觉得这段箴词"言约意深，为居官之要领"。乾隆二十三年（即1758年）颜希深重刻此碑并跋，于是立于西厢房"以当座右铭"。嘉庆十九年（即1814年）七月，颜检出任山东盐运使，当时的泰安知府汪汝弼将数十本拓本寄送颜检。当年颜检又出任浙江巡抚，也就在这一年，颜检的儿子颜伯焘参加皇

181

帝主持的殿试中二甲进士入翰林，顺便到杭州探望父亲。颜检拿出一本从山东带来的箴词给颜伯焘看，教导他说："你现在已入前途无法预料的官场，应该研究公职人员做人做事的方略了。这是先前正派官员留下的格言，实际上也是我们家的祖训。"颜伯焘郑重接过仔细看后收藏起来。到了嘉庆二十年（1815 年）颜检依照其父颜希深，泰安刻石拓本，并且加了一篇比较长的跋文重新刻石制碑，镶嵌在杭州住所大厅的墙壁上。

道光二年（即 1822 年）颜伯焘出任陕西延榆绥道台，时年再次出任直隶总督的颜检又赠以杭州刻石拓本给颜伯焘，并语重心长地教导说："你如今到地方做官了，管理部下，调解民事，全都是你的责任，要时常以箴词勉励自己，不可松懈。"颜伯焘带着其父所赠杭州刻石拓本和殷殷期望到陕西赴任，同事知道他有一本著名的箴词，竞争相看而不能满足。于是在道光四年（即 1824 年）立秋那天，颜伯焘写了跋文连同拓本一并送给长安知府张爱陶，请他重新刻碑，以使这段箴词更为广泛地传播。

颜氏三代一路仕途，历仕乾隆、嘉庆、道光、咸丰四朝，代代相承官箴，每莅新任都携碑上任。既警诫自己，又儆示他人，确实难能可贵，这就是我们今天在西安碑林博物馆里所看到的三十六字《官箴》刻碑。

三十六字《官箴》的核心是公正廉明，颜氏三代以《官箴》为座右铭，既儆示他人，更警诫自己，他们率先垂范，公正廉明，积极践行三十六字《官箴》，道光元年（1821 年）颜检任福建巡抚期间，对一些上门进贡的官吏，他总是严词呵斥。在任时，他了解到地方民众每年都要向朝廷进贡荔枝、素心兰等贡品，生活而备受艰难，颜检上书力谏，感动道光皇帝，诏令停止进贡。据《连平州志》载，颜检秉性仁慈、老成持重、言语随和、回家省亲、布衣草笠，常与农夫及街头百姓相互攀谈，状极可亲，出入不用仆从，乡人多不知其为贵官，在连平城颜检故居"宫保第"，曾有楹联写到"清白存心，精勤任事，勉为良吏，力挽颓风"，颜伯焘更以对联自勉，"动念即应思改过，得闲何不再看书"。在一些史籍，我们也可以多次看到颜氏三代的赞誉。为官一任，亲民爱民，是颜氏三代践行三十六字《官箴》的具体体现。颜希深任山东督粮道时，在来不及向上司禀报的情况下，冒着满门抄斩的危险开仓放粮、救济灾民，颜检任福建巡抚直隶总督职时，多次上书直谏，为民请命，减赋税、免岁贡、抵差役，切实减轻农民负担，至今为后人所称颂。报国当存清政志，为民可政廉明臣，颜氏三代践行三十六字《官箴》还体现在忠贞爱国方面，尤其是颜伯焘任上时，恰逢第一次鸦片战争爆发，他力谏奏请启用林则徐等主战派，力主抗击外敌侵略。道光二十一年（即 1841 年）英国侵华全权公使璞鼎查，率领英舰 36 艘、载大炮 336 门、士兵 3500 人突袭厦门。颜伯焘坚决抗敌，反对投降，率守军与英军浴血奋战，为维护民族尊严和抵御外敌入侵，立下了不朽的功勋，他的爱国主义精神永垂史册，彪炳千秋！

煌煌官箴警后人，先哲德行代相传。几百年过去了，颜氏三代所传承的《官箴》已经成为后人的座右铭。近几年，连平县委县政府和县纪委从挖掘整理"颜氏文化"中提炼出"颜氏廉洁文化"这一核心内容，建设廉政教育基地。

连平颜氏廉洁文化教育基地建成后，成为广大党员干部接受传统廉政文化教育的一个重要场所，每年的纪律教育学习月期间，周边相邻的兄弟市县的党员干部纷纷到这里参观学习，教育基地也成为宣传廉政文化的一个窗口。

连平颜氏三代传承践行公生明、廉生威的三十六字官箴的史实，是我县优秀客家文化的重要内容之一，也是当今我县开展党风廉政教育的宝贵资源。我县在开展党风廉政教育中，传承中华民族优秀传统文化，大力弘扬廉洁文化，形成廉洁修身、廉洁齐家、廉洁从政的良好氛围，引导全社会养成廉荣贪耻的价值取向。

《官箴》心中装，廉政不迷航。我们相信，颜氏三代传承的三十六字《官箴》所倡导的"清正廉明"的精神，在新的历史时期中赋予新的党风廉政教育内容，一定会得到进一步的发扬光大。（文稿取自连平县纪委）

稿件看似半文半白，实则蕴含着一种深邃的感慨。因此朗读者要语速放慢一些，用平稳中略带品味的语气来诵读讲稿。通过这样的处理来诵读，将书面语言转化成了有声语言，读出语气、语调、语势的同时，读出了书面文字"不可传"的深层意蕴，更重要的是对文章的内涵、作者的文风都有了整体的把握。甚至会产生这样的感叹："原来文言文也有这么美的！"能让人欣赏文字的美，不正是口语传播追求的境界吗？精彩的语段经过口语诵读，创客的思想感情就会丰富起来。在诵读讲稿中，自如的声音、生动的语气传入耳膜；深刻的内涵、美好的憧憬流入心田；而语言的美感也刻在了受众的脑海之中。

三、诵读讲稿有助于培养语感的情感性

语感本身具有情感性，即主体对言语内容的是非真伪和言语形式的美丑所表现的情感震荡。而诵读讲稿不仅能增强人对字句的理解，更能使受众产生心灵的共鸣，起到愉情悦性的作用。

稿件中大量的白话文，人们多能看懂，但是这个"懂"往往只是停留在字面的理解上，许多人无法让视听作品产生共鸣，这一点很多慕课教师都有同感。教师可以反复诵读自己的讲稿，把它变成自己要说的话，就有可能改善这个问题。反复诵读讲稿则易于使人通过有声语言，再现视听作品的艺术形象，从而产生身临其境的感觉。举一段慕课视频的例子：（参见二维码视频）

今天这一讲，我们着重来讲电视新闻播音的播音员出像

大家看电视新闻的时候不可避免地会看到新闻播音员的图像

那么这种出像只是新闻播音的一部分

也就是说一个新闻消息作为电视播音的时候它是碎片式的

它被破成两块

出现的这块是导语或者是编后话

而主体部分可能用配音来解决

这是电视新闻播音制作的一个特点

那么我们今天着重讲一下

新闻播音员出像有哪些要求，应具备哪些素质

欢迎扫码收看视频

在我们的口语传播中，许多慕课老师比较重视思想深度，其实，大多数讲稿是浅显的，是完全能懂的。况且慕课学习是重过程而不重结论的，正如古话所说"授之以鱼，莫如授之以渔"。把文章的层次、段意、中心思想这些结论，或者说这几条"鱼"送给学生并不是我们的最终目的。慕课教师应该重视语感的培养过程，提高口语的"捕鱼"能力。与其多想，不如多诵读，多念念，自己从诵读讲稿中去体会，去领悟。叶圣陶曾说："吟诵的时候，对于探究所得的，不仅理智地了解，而且亲切地体会，不知不觉间，内容与理法化为读者自己的东西了，这是最可贵的一种境界。"口语创客只有通过对文章的熟读精思，才能领略表达丰富的内涵，让受众欣赏到视听语言特有的美，从而提高语感，进而提高语言能力。这或许是提高慕课教学效果的重要手段吧！

诵读讲稿，是我国文化教学的优秀传统，随着创客教育的深入发展，口语创客有必要将它辩证地吸收！

第二节　口语传播艺术中的情绪调动

艺术创作一定要充满激情、表现激情。文字创作是这样，口语传播也不例外，口语创作必须有激情。上线的每一段口语视频，每一段口语音频，每一篇讲话稿，当我们深刻理解和感受它们时，必然会触动我们内心，必然会有不同程度的感奋、震动、寄托和发现，进而产生让听众分享认识和体验的创作冲动。这种激情又进一步推动我们把情感的体验、思想的认识融入口语传播创作，使表达出

来的思想感情深切、真挚、动人。没有激情的口语传播不能打动受众的心。

激情无疑是口语传播创作的动力,是口语传播成功不可或缺的重要因素。口语传播创作一定要有激情,但是同时也必须要有控制。这种控制是指口语创客对讲稿思想分寸上的把握,以及对表达手段的驾驭、支配。在话筒前掌握住内心情感和外部的声音,不使其任意活动,而是沿着正确的方向鲜明、生动地注入听众的心田。这种控制是在激情中融进了理性和美学的追求以及技术内容,使我们对讲稿的把握更准确、更深刻,达到整体性的高度。同时,有了理性的控制和调节,所把握到的激情能与艺术表现的规律相结合,从而完美地传达出来,不会让激情似脱缰野马,影响口语传播艺术的审美价值。

口语创客在备稿过程中总是力求深入体验,获得激情,而在话筒前表达时,则应对已激发起来的感情有所控制,使其处于引发听众的状态。否则,极易直接表现体验"结果",涂上某些特定的情绪色彩。在备稿阶段,包括理解感受讲稿、对有声语言表达的设计构思,以及在话筒前的表达阶段,都有控制在起作用。传播者抑制不符合讲稿主题的旁枝末节的感受,限制不符合口语传播语言艺术特点的技巧,以调节口语创作的声音,从而完美和谐地表达讲稿的思想感情。因此,在口语传播创作中,对引发出来的激情从整体把握上以及表达的诸方面都需要有适当的控制,才能使口语传播成功地感染听众。因此,口语创作也要遵循这一规律,不可忽视控制在口语传播创作中的作用。

第三节 口语传播中情、声、气的关系

因为借助于话筒、镜头等传播工具,所以口语创客解决情、声、气的关系不是一项孤立的任务。如果脱离了教学情境,也就无所谓口语传播中情、声,气的关系。因此,口语传播中的情、声、气应该统一于讲稿。首先是自如性与控制性的统一。自如性是指从主观可能角度,情、声、气固有的适应能力。口语创客自己能够控制的情、声、气将达到什么样的广度和深度,应该心中有数。有的口语创客对某种内容、某类体裁的讲稿,某些声音形式、气息状态,对某种工作环境是适应的,就是有自如性;而对另外一些不适应,就是没有自如性或缺乏自如性。控制性是指从客观角度要求情、声、气的可塑造能力;口语创客对不同内容、不同体裁的讲稿、不同声音形式、气息状态和不同工作环境的不同要求,也应该心中有数,并根据这不同要求去口语传播。把握这不同要求运用情、声、气的过程就是加强控制的过程。由此可知,在口语传播中解决情、声、气的关系,控制性与自如性要统一。初学口语传播的同志往往把许多自然成分带到口语传播

语言里来，以为这就是"自如"，这是对口语传播中控制性的认识不足。我们所说的自如性，必须与控制性统一，必须有准确的语言目的，必须有具体、丰富的思想感情的运动，必须有高超的语言技巧，并统一于讲稿中完成于话筒前。如果不顾及讲稿的客观要求，一味地"自然"下去，不仅谈不上控制性，就连自如性也会荡然无存，剩下的便只有白纸一张了。

如果只有控制性而无自如性，情、声、气就会显得生硬，带有明显的僵化状态。必须善于把握自己情、声、气的自如状态，在可能的基础上，在深广范围内发挥自己的优势，扬己之长，避己之短，实现自如地控制性。在克服"自然"状态过程中，必须强调控制性，否则只是隔靴搔痒。我们必须认识到控制性与自如性是对立的统一，在解决情、声、气的关系时不应抑此扬彼。因为，没有控制性，自如性就失去了确定性，成了随意运动。而没有自如性，控制性也就失去了主动性，成了机械运动。

在控制性与自如性的对立统一中，我们又要注意二者的不平衡性。我们的目的是使二者融为一体，浑然天成。但在口语传播实践中，二者往往是若即若离，此伏彼起。控制性与自如性的不平衡是绝对的、无止境的，它们的平衡是相对的、暂时的。我们总是处于认识不平衡，寻找平衡的过程中，力求达到"从心所欲而不喻矩"。有的讲稿，有的时候似乎达到了某种平衡，也要分辨不平衡的细小差异，以便向更高一级努力。控制性与自如性的不平衡性有多种情况。一般地说，控制性过强，给人以做作、不纯熟之感，好像理智在排斥着感情，取代了感情；自如性过多，给人以模糊、轻率之感，似乎感情摆脱了理智，干扰着理智。口语创客在播某一篇讲稿时，有的地方控制性过强，有的地方自如性过多，不够统一。有的口语创客，录这一篇稿子控制性过强，录另一篇稿子自如性过多。也有的口语创客思想感情的运动状态较好，气息、声音的控制性过强，比如气浅声高、气足声压、语势呆板单一、停顿四平八稳之类。或者气息、声音状态较好，而思想感情的运动状态不自如，比如情景再现不丰富、内在语不充分、对象感欠具体、语言目的太笼统、工作环境对心情的影响等。另外，初学者自如性过多，不知如何调动感情，对气息、声音也缺乏正确控制。学一段时间之后，明确了正确的创作道路，一时又不能全面掌握，显得控制性过强，以后经过多次反复，理论上的明晰，实践上的体会，便可以达到初步的统一。我们可以说，控制性过多，是脱离自然状态的开始，好像是走上了错误的创作道路，但不应该过分担心。只要在不平衡中寻求平衡，再进一步加强控制性中的自如性，问题是可以顺利解决的。其次是规整性与多样性的统一。它是口语传播语言的基本特点。规整性是指有声语言的规范、工整、质朴，缜密。它至少应该具有以下四个特征：

1. 字正腔圆、呼吸无声

在吐字归音上应该"字字珠玑",切忌音包字、葫芦字、棉花腔。不但要正确,规范,还要有韵律美。那种声音似乎优美,但吐字含混、咬字塌瘪的口语传播,就不可取。呼吸一般无声,进气迅速,出气发声,没有发声的气擦声,也没有停顿时的放气、吸气声。

2. 格式正确,轻重恰当

每一个词、词组都有轻重格式的问题,违背了轻重格式的规律不但显得语言不够规整,有时还会使得语意不清、语气生硬。以两个字词为例,有中重格式如"白云、水渠、伟大、自觉",有重轻格式如"月亮、石头、进去、名字",还有重中格式如"光荣、正确、必然、情况"。再比如"人民广播电台"一般为重中中重中重格式,中央和各省、市名也有较为固定的格式:"中央、北京,广东、广西"等为中重格式,"上海、辽宁,吉林、贵州、四川"等为重中格式,"黑龙江"为中中重格式。如果在语句中因并列关系突出某个音节作为重音,轻重格式可以发生变化,如与湖北并列,"湖南"可变为中重格式。

3. 逻辑严密,不涩不粘

如按语法关系停顿连接,按主次关系突出削弱,按逻辑联系衔接呼应,按政策高度把握分寸等。不能生涩、拖沓,不宜粘连一堆、散乱一片。

4. 语势平稳,不浓不淡

口语传播切忌从语势上追求大起大落、突起突落,也不宜从色彩上着意夸张渲染。感情色彩太淡,给人以冰冷的感觉;感情色彩过浓,也会造成故作多情的印象。重要的是平稳中显出变化,分寸上把握浓淡。规整性是指语言的一种表达特点,类似文学创作中的白描手法,绝非对感情色彩的轻视,更非对语言技巧的摒弃。口语传播的表达样式,是别具一格的表达方式。这种样式或方式,并不比戏剧台词、朗诵语言的要求低。忽视了传播语言的规整性,就会失掉语言艺术的特色。但是,多样性又是口语传播的长期弱点。由于种种原因,我们缺少对多样性的探求,没有较好地解决规整性与多样性的统一问题。所谓多样性,简单些说大致有这样几个方面:

1. 抓个性,要有意境

每一篇讲稿都有自己的个性,从内容、目的、基调到体裁、结构、语言特点都有不同于另一篇讲稿的东西。这种不同就是我们创造意境的条件。抓不住个性,抓不住具体讲稿的特点,不可能创造深邃的意境。

2. 抓语气,要有造型

语气是口语传播语言诸种技巧的中心,它不但体现播讲目的,还带动丰富的语势变化。造型要有创客个人的语言特点、形象化人物的语言特征、诸种文体特殊性表达等，并非仅指人物的老少男女。不从语气入手和不通过语气显露，同样造成语言的雷同化，情、声、气的单一化。

3. 抓变换，要有神采

这里说的变换，包括思想感情的变化和声音、气息状态的转换。以明暗为例，深沉的感情与欢快的感情要求声音的明暗不同。那种单纯追求响亮声音的做法，不会有神采可言，必然导致口语传播中缺乏多样性。

4. 抓美感，要有修饰

语言修饰不同于外在的、形式的粉饰。我们应该从美学的高度来对待、以传统文化的视角处理口语传播中的情、声、气，否则就会走上自然生长之路。必须使听众得到美感享受，口语传播才可能作为一门语言艺术自立于各类学科中，并作为一种艺术珍品列于人类艺术宝库里。从情、声、气的角度说，这件艺术珍品一定要给人以深思遥想的天地，一定要有引人入胜的艺术感染。多样化，就在于情、声、气的丰富多彩，就在于充分利用话筒并综合各种表达技巧。如有时用虚声，有时用气音，停顿节拍感的欲断还连，话筒偏正、远近等。这种修饰应是锦上添花，而不是画蛇添足。多样性为我们的口语传播再创造开辟出更为广阔的道路，绝非对口语传播特点的妄自菲薄，也绝非对语言技巧的玩弄。规整性与多样性是相辅相成，水乳交融的。只有规整性，缺乏多样性，容易众人一腔、千篇一律，只有多样性，没有规整性，容易各行其是，面目全非。在口语传播中我们要努力把规整性融入多样性，把多样性化入规整性，达到规整性与多样性的统一，在坚持口语传播语言基本特点的同时，创作更多姹紫嫣红的特色作品。

第四节 为"说服"的口语策划

一些创客很认真，录制前都将讲稿写好。但是到出像时声音表达却不满意，很干巴，没有激情，也找不到感觉。从文字转变为声音的一个很重要的技巧就是文字要被"说"出来。那么，在写的时候就要考虑什么样的文字更容易"说"。

口语视听中"说"的策划及操作该怎么进行？"说"给人明快新鲜的感觉，表现为语言口语化，语体结构松散，对语境依赖性强。"说者"个性鲜明，与受众心理距离贴近，平等交流感强，保持了其在人际交流中的传播优势。从2012年至今，近五年的时间里，国内口语视听形态做了大胆的探索和有益的尝试，产生了一批有吸引力的口语视听作品。

1. 故事化

用故事化的手法叙述生活中的人物、事件，从大处着眼，小处着手，注重的是过程而不是结果。《大鹏嘚吧嘚》非常注意讲述的角色化，新闻内容的故事化以及新闻结构的戏剧化使口语视听的故事化趋向极为明显。主持人用夸张的语速，幽默化的方言，将市井杂事娓娓道来。故事化的叙事方式随处可见。比如王宝强离婚事件，起因是一条个人微博，然后引起各大媒体关注，戏剧化、非版块化的各种视频创意纷至沓来，大多数以相近的事件内容串联整个口语视听，在朋友圈被纷纷转发。

2. 生活化

原汁原味生活内容的记录，原汁原味的口语创作，本土口语化语言的讲述，口语创客的大众化形象，用以人为本的平民化视角关注社会生活等等都是生活化的体现。如《大鹏嘚吧嘚》报道中少有涉及国计民生的重大事件，多是发生在老百姓身边的软性新闻。不管是表扬，是批评，还是报道趣闻轶事，都能浑然天成地把它们融入个性风格中。生活类话题口语视听，反映各地人们的市井百态，取材于具体小事、身边个案，但能提炼出大的主题或背景，并具有社会意义和广泛认知度。这一过程是与受众需求变化和个性化口语创客的成长同步而行的。成功的"说"必定是口语创客的个性化风格与"说"内容和形式的协调统一。

3. 娱乐化

微剧式的"演"是微信转发较多的短视频。选择的题材往往是故事性较强、有趣甚至是稀奇的事情。"演"也是"说"的一种探索和尝试，选材大多是花边新闻、市井新闻、珍闻奇闻，有很大的局限性。成功的"说"必定是文化基本特性、受众需求、口语形式、内容、口语创客个性化风格以及团队传播理念的协调统一和完美结合。

新媒体环境下的口语传播中不仅有播音员和编辑记者，也有演员和社会招聘人员；不仅有"网络红人"，如山东公共频道的主持人"西葫芦"，也有草根主持人和虚拟形式的主持人，例如网友主持人一般会在网站的聊天室里开辟五花八门的"房间"，主持一个个话题讨论。① 多格局主持是一个不断创新的过程，这一过程也是为了满足听众对口语传播的需求变化。"说"在发展中开始出现技巧、方法的边缘化趋向，尝试借鉴其他媒体的表现形式、制作手法并运用到音视频中。

4. 互动化

传统广电媒体一贯以一种"我播你听"的权威姿态出现在受众面前，而随着互动性的增强，口语传播出现了"我点你播"的受众参与、互动化趋向。南京电台新闻台的《早报点播》分早报点评、早报浏览、新闻点播三大块。用一

---

① 高贵武，刘娟. 新媒体环境下的主持传播格局演变［J］. 国际新闻界，2016（3）：6-19.

句话播报新闻标题，而详细的内容，听众可以根据自己的选择通过电话点播收听，这就像点歌节目中先把要放的歌名预报一下，便于点播一样。这样安排后，在同一时间段内，信息量大大增加。因为可以一句话说一件事，同时听众可以通过点播了解更多信息。这种"说"的趋向充分体现音频作为贴身媒介的特点，准确把握住了音频受众的求知、求新、求趣、求廉的信息消费心理，在新闻口语中产生直接的互动和参与，在"说"的综合中创新实践。

传播中的"说"从形成到四种趋向的出现，均以受众心理与需求为主，把话筒与镜头对准百姓的生活空间，讲述民众关注的事，体现了"以人为本""受众为本"的创作理念。这种理念体现在对人的生存状态的关注，对真实社会生活的关注，对真实社会心理的关注。各个不同时期的社会心理以及百姓由此对媒体的接受需求并非一成不变的，善"说"者只有不断发现这些变化，抓住这些变化，适应这些变化，才能不断创新、发展。

5. 做好自媒体口语创作之"视、听、读"

今后随着视频日益增多，提高"收视率"和"点击率"成为创客必须长期关注的问题。勤于实践是精彩口语的源泉。一段好的口语视频，不仅要有好的思想，而且还应有"活鱼"般的新鲜。抓"活鱼"，浮在上面不行，蜻蜓点水不行，而要一头扎入水里。也就是说，好的口语视频来自实践积累、来自生活。要深入到镜头前反复体会，才能捕捉到新鲜的"活鱼"，但必须学会各种"捕捞技术"。

作为一名口语创客，不仅要能拍会写，更重要的要有抓"活鱼"的精神。勤于社会生活，深入了解受众，广泛观察互联网信息，全面分析，客观选择。录一个知识点的经验，哪怕只一点，也要从历史与现实，正面与反面，此事与彼事，局部与全面等方面"吃透"这个问题。录一段对话，哪怕只有一个小问题也要认真对待、全面了解。只有这样，口语才能从总体上、本质上以及发展趋势上准确地把握时代的节拍。抓住视频特有的语言表意形式，做到"视、听、读"的有机结合。

众所周知，视频语言是由"声、画、字"共同构成的一种特殊的表现形式，是总体传达"视、听、读"的立体思维。要搞好口语，口语创客除了应具有的职业道德以外，更要注重"视、听、读"三者的有机结合。

"视"就是我们常说的视频语言表现形式中的视频画面。画面是视频这个传播媒介的要素之一，可以说离开画面就构不成视频特点。因此，需要充分利用画面语言来增加视频的可视性和可读性。搞好口语视频，创客在录制现场要围绕主题，尽最大能力去捕捉一些揭示人物情感、揭示人物内心世界、反映问题的亮点，揭示问题全过程。让画面"说话"可以使视听大大增色，既让观众看得更加真实，又可以使内容的力度和深度得到加强。

"听"也就是视频语言表现形式中的"声"，视频声音是构成视频的重要组成部分。随着社会发展，视频观众对视频"语言"的表现形式要求也越来越高，简单的画面加解说很难满足观众要求。用美的形式来满足观众已成为视频创客的一种时尚。作为一名口语创客，要充分利用摄像机的音频系统，注重同期声的应用，增强现场感，让观众通过现场采访同期声，身临其境地感受视频的内涵和现场气氛，从中"听"出口语的"味道"。

"读"就是视频语言中的"字"。口语有画面，有声音完全可以构成报道的表意形式，但是如果加上字幕的有机结合，那么这段口语视频将更加完美。一段好的口语视频，有时画面加配音加采访很难让观众感受到新闻的深度和广度，字幕的运用恰好起到了画龙点睛的作用。

近年来，国内一些自媒体先行者对口语创作投入大量精力，他们协同作战、精益求精，制作了一些非常精良的口语作品。口语创作是一门综合性艺术，不像文字媒体的制作工序那样简单。如果把每期微信公众号特推比做一道菜，那么编辑就是做菜的厨师。作品的可视性、现场感、现场配音，同期声采访应用，以及记者何时出画提问，解说的语气等各个环节，在编辑的精心制作下，口语才能使观众感到自然流畅、主题突出，使整体创作更加合理。此外，在制作时还要配以图片和文字，在合理编辑调配下，视听、图文协同合作，精心制作视听自媒体，使内容更加有深度。

综上所述，做好口语不仅要深入社会实践，还要充分发挥视频语言特有的表现形式，加大对口语的策划力度，各环节要精益求精密切配合。同时口语创客还要不断学习文化知识，努力提高自身素质，用"心"用"情"去采写社会动态、百姓关心的热点和难点，弘扬正气，抨击邪恶，让观众收看到内容丰富、发人深思的口语视听。

第五节　访谈式口语的录制

以访谈形式录制口语是为传播需要而进行的调查研究活动，是口语短片制作的形式之一，因此也是口语创客必须娴熟掌握的基本功。创客访谈的对象可以是学生，也可以是相关行业工作人员。创客是视听节奏的把握者，可以是受访对象，也可以是发问者。创客话筒前的交谈水平直接关系到访谈的生动性和可看性。

实施采访的具体形式，要因人因事而异，手法要不断变换，不拘一格。笔者认为，口语创客在访谈中要注意以下三个方面的艺术。

一、巧妙发问

提问是口语创客频繁运用的一种方式，提问得当会使口语采访活动事半功倍，还可融洽双方感情，创造一种良好的采访气氛。相反，如果创作者东拉西扯，不着边际，势必给采访带来阻力，甚至使受访者不知所措。

当然，在镜头前采访时，与其大声发问，不如小声唠叨。但对于有着丰富的被采访经验的人来说，要想让他对采访者注意，则必须锋芒毕露、畅快淋漓。因此，采访提问过程是对口语创客思想水平、业务水平、政治立场、社会活动能力的综合锻炼和检验。研究和探讨采访的提问艺术，应引起采访者的高度重视。笔者认为采访中口语创客的发问技巧应该是：

（一）把握主题

为确保采访的成功，口语创客要自始至终遵循采访主题进行发问，让对方在回答中尽量减少外话。游离于主题之外的回答或谈话要巧妙及时地加以制止，不要形成问不对题的局面。

（二）巧用启发

在提问中要达到预期目的，甚至形成线索与素材意外丰收的成果，要在短时间内捕捉到完整的新闻素材，口语创客提问时就必须巧启发少追问。

（三）和蔼可亲

记者在采访时应该明确采访对象是知情者、是当事人，而记者仅仅是个问路者、求知者。在采访发问时，记者以和蔼的语气、求教的态度向采访对象发问，认真而耐心恭听对方的介绍。只有这样，对方才能配合并认真回答提问。

二、学会"暗采"

视频口语的采访需要用实实在在的声音和画面来说话，必须拿到第一手资料才行。但是没有经验的人都会"晕镜头"，机器一架、话筒一伸，访谈者的情绪往往发生很大的变化，谈话场很难建立起来。

我们经常会有这样的情况，在录制之前和对象沟通得非常详细明了，也很流畅，可当机器和话筒一拿出来，访问对象便开始出汗，说话也语无伦次，手脚都很僵硬，几遍都不行。这时你可以说："要不您先试着说说，我们的机器话筒就放这儿，也不录，您什么时候准备好了告诉我们一声再录。"实际上，我们的机器一直开着，而对象可能并不知道，也许一听没录，他会放开了紧绷的神经。而你也可以在不知不觉中采拍内容，效果会好很多。我们也可换个方式采访，让摄像师把机器放下，支在三脚架上，关掉指示灯。请大家围着一张方桌坐下来随便聊，往往会有真实精彩的效果出现。人的心理在封闭状态下，必然是壁垒森严，但若让其无拘无束，则无话不说。让被采访者感觉还没有拍摄，就没有了那道心理防线。这种"暗采"，常能收到预期效果。

三、全感采访

所谓"全感采访"，就是口语创客深入现场，用眼、耳、鼻、舌、身的全部感官，通过视觉、听觉、味觉、触觉对新闻事件、场景、人物进行全面的了解。运用"全感采访"不仅可以获得新闻事件及人物活动的基本情况，还可以捕捉事件、人物形象、活动情节，甚至能透视出人物崇高的思想境界。

"全感采访"是一种全身心投入的采访艺术。我们提倡"全感采访"的目的在于发掘和掌握事实的真相。因此，口语创客必须亲自深入现场，亲自考察感受，这样才能捕捉到第一手材料，才能真正抓住人物或事物的闪光点，制作出真正有价值的视听短片。作为一个合格的口语创客，不仅要具备扎实的专业基本功和对创作的热忱，还应当具备一定的政治敏锐性，而且每次口语传播都要从零开始，全力以赴，全神贯注，力求高质量的传播。

口语传播的内容创作包含：口语策划、口语拍摄、口语播讲、口语制作。口语创作包括创客主讲、对话口语传播及短片解说等。怎样才能面对纷至沓来的信息，创作包罗万象的讲稿？怎样才能在口语表达时，不会平淡无味、千篇一律，或者是毫无依据地花里胡哨呢？这就必须从口语传播工作的基本练习步骤开始。

说到基本功，无论什么专业或技术门类都必须经历艰苦磨炼才能获得。没有长期或一段时间的枯燥无味，就不会有过硬的专业能力，也就无法在口语创作的道路上走得更远。俗话说，万丈高楼平地起，没有坚实的基础，只能是空中楼阁。而口语创客的基本功就是吐字归音和气息的掌控，当然，首先应当具备普通话标准的这个基础条件。

第八章
在口语传播中的普通话使用常识①

普通话是以北京语音为标准音，以北方话为基础方言，以典范的白话文学著作为语法规范的现代汉民族共同语。随着社会的发展，语言规范化势在必行，"推广普通话"已载入宪法。而首当其冲的就是语音的规范化。早在 1955 年 2 月 6 日，国务院总理周恩来签署的《国务院关于推广普通话的指示》就已明确界定。经过 60 多年的推广应用，普通话已经成为世界性的语言之一。但是随着互联网信息业的不断发展，外来文化、网络语言大量涌入创客们的视野，同时，在经济利益的驱动下，推广标准普通话的责任似乎被弱化了。在网络视听短片和口语传播实践中，不规范或根本不使用普通话的现象时有发生。近年来，很多有识之士高屋建瓴地提出了很多建议和行之有效的解决办法。在口语创业中的方言或普通话使用效果各有利弊，但有一点必须坚持：在弘扬传统文化方面普通话是中国特色的口语汇集者。

一、互联网口语是推广普通话的接班人

在推广普通话方面，大众传播的语言应该担当公众的"示范"。有成就、有修养的口语创客也受到人们的尊敬，而且往往不受地域和年龄的局限，这种文化传播代表着一个民族的声音和尊严。好多人遇到发音疑惑的时候，都潜移默化地用心目中偶像的发音做对照。使用标准普通话及文字也是一个民族文明程度的具体体现，它能促进全民族团结和统一，也能增近中国文化的国际交流，因为这是语言和文字在交流中的直接性、直观性特点所决定的，是其他手段不能代替的。

国家语言工作委员会、国家教委、国家新闻出版广电总局（当时的广播电影

---

① 世超. 播音、主持中使用标准普通话的几个误区［J］. 流行歌曲：艺考，2008（9）.

电视部）于 1987 年 4 月、1994 年 10 月相继出台《关于广播、电影、电视正确使用语言文字》等规定。随着互联网口语影响力的增强，在新媒体迅速发展的潮流中，有关口语传播研究者们发表了许多权威性观点，因为要求口语创客正确使用标准普通话的原则是毋庸置疑的。这样做正是国家的正能量在新的历史条件下的具体应用，其现实意义也是不言而喻的。

各方言间言语不通的缺点：

（1）影响了语言作为传播工具的功能；

（2）对文化、教育、科学技术等各项事业的发展不利；

（3）增加了兄弟民族和国际友人学习汉语的困难。

（一）方言区普通话存在的问题

（1）平翘不分——舌尖前阻声母 z c s 统称平舌音（发音时舌间放平）；舌间后阻声母 zh ch sh 统称翘舌音（发音时舌间翘起）。多种方言平翘不分，如将知识 zhī shì 发为 zī sì（东北方言），也有些地区将翘舌音发为卷舌音。

（2）n、l 不分——有些地区（像四川、甘肃等方言）n、l 不分，如将奶奶 nǎi nai 发为 lǎi lai。

（3）r、l 不分——有些地区（像四川、安徽等地方言）r、l 不分，如将褥子 rù zi 发为 lù zi。

（4）r、y 不分——有些地区（像东北方言）r、y 不分，如将肉 ròu 发为 yòu。

类似情况，应在掌握正确发音的基本动作后，进行对比、分辨练习。只停留在某个音素的练习是不易矫正的。

（二）如何纠正语音问题

（1）根据方言特点，找到应对规律；

（2）一次成音；

（3）量变中求质变；

（4）循序渐进；

（5）"听"和"说"是练的关键。

（三）普通话的吐字归音

出镜时吐字的要求：清晰、集中、饱满、自如。要做到：

（1）出字——要求声母的发音部位准确、弹发有力。

（2）立字——要求韵腹拉开立起，做到"开口音稍闭，闭口音稍开"。

（3）归音——干净利落，不可拖泥带水。尤其是 i u n ng 等做韵尾时，要注意口型的变化。

（四）正确的呼吸技巧

1. 讲话对呼吸的要求：稳劲、持久、自如。

2. 发音器官的构成：呼吸器官（包括呼吸道、胸腔、肺和腹肌等）。

发音体（声带）。

共鸣腔（口腔、鼻腔、咽腔）。

从嘴里发出的声音必须经过呼气、成声、构音三个步骤。呼气是肺起作用，成声是声带起作用，构音主要是咽喉、口腔和鼻腔起作用。

3. 三种呼吸方法

用胸式呼吸、腹式呼吸、胸腹联合呼吸三种方法呼吸时，要注意：吸气时，要尽量吸得足，吸得深，以便获得最大的原动力；呼是整个发音的过程，呼时气从胸腔向外运行，要走一条线，把气归拢在一起。采用这种方法呼吸进气快、到位深、运气长、好控制。

换气原则：句首换气，换气到位，换了就用，留有余地，无声吸气。

二、口语传播中常遇到的几种误区

随着口语创意产业的较快发展，口语传播作品如雨后春笋般地成长起来，在发展过程中和一切新事物一样，都有其两重性：一方面是他们朝气蓬勃，乐于接触新事物，具有无限的生机和活力。另一方面他们初出茅庐，缺少系统的专业训练，实践功力亦显不足。这种情况存在于口语传播实践中，就出现一些不应有的误区，其主要的表现形式有：

误区一：把生硬的独白当成普通话说。在自创的一些口语短片的播出中，将每句话的最后一字发音拖得又长又轻，失去生机，给人一种生硬的感觉。

误区二：把怪僻的发音习惯当成个性发挥。汉语的发音讲究"平、仄"，讲究"抑、扬、顿、挫"，讲究"情理交融"。但我们有些口语传播、口语创客往往用一种韵调通到底，缺少应有韵味和情感，而这些人又感觉良好，认为是"个性"风格的体现。

误区三：不合时宜地大侃"方言、乡音"。在重大视频直播活动或盛大晚会、联欢会活动中，不少口语创客为调节气氛大侃"方言、乡音"，越是影响力大的传播活动越是乐此不疲，其效果事与愿违，口语创客将为此而失分不少。

误区四：把模仿港、台腔当成"时髦"。一时间港台风吹遍大陆，一些普通话说得很好的口语创客也舍本求末，说起港、台话，尤其在非常正统的口语视频中出现这种情况，普通话在世界的普及程度正大大增加，这会让听惯普通话的人不习惯，而有些口语传播者却津津乐道。

误区五：在口语传播中随意拿外语"拉郎配"。有些口语创客不是为了内容的需要适当的插入外语，而是纯粹用外语当"噱头"，给人一种生搬硬套的感觉。

误区六：认为读错字、白字无伤大雅。当前的口语传播中读错字、白字的现象已不属个别，特别是在自媒体音视频中，错字、别字高频率地出现，大有以讹传讹之势。因为被复制的过程中，同一个口语短片中的错别字反复出现。

三、走出误区并非"难于上青天"

以上列举的六个"误区"，是一个口语视听的旁观者所做的观察。如何走出误区，同样以一个业余人的感悟进行分析。解决以上"误区"主要在事业心和责任感上下功夫，这里试从反向思维的角度，谈谈如何走出"误区"。

走出误区一：提高普通话表达能力是每一个口语创客的责任。原生态的口语可能会破坏欣赏情趣，达不到艺术享受的目的。学习普通话虽过程艰辛，但是语言就是习惯，坚持下去就一定会有收获。

走出误区二：应该明白怪僻不等于个性，个性与共性相联，而怪僻与共性无关。口语视听传播风格的共性就是标准的普通话，以及基本的发音规律和技巧。而个性则是在这个基础上灵活机智的发挥。如口语创客在风格上是清脆、甜润，还是庄重、淳朴？是热情奔放，还是沉稳含蓄？这就是口语创客的个性，凭其个性，他才能区别于其他创客。但怪僻和另类永远是口语传播艺术中的病态，它与个性风格是风马牛不相及的。

走出误区三：在欢快、娱乐的创意活动中巧妙运用"方言、乡音"，确实能收到事半功倍的效果。但是，这种"方言、乡音"只能作口语传播中的语言铺垫和补充，而在正常口语视听中，把"方言、乡音"作为普通话来讲是很不严肃的。

走出误区四：随着大量的港、台文艺作品融入内地，港、台文艺界、影视界带有喃喃的闽南腔或潮州调，给人一种新鲜、神秘的感觉，再加上一些经济利益的驱使，就使一些口语创客爱屋及乌，将港、台腔代替普通话来讲。其实，港台明星也未必认为自己的口语是正宗的国语，他们何尝不想把普通话讲得标准些，他们使用的不规范"普通话"也是不得已而为之。我们丢弃自己的正宗，而去学别人的弊病，这是邯郸学步。

走出误区五：为了内容的需要，在汉语口语视听中插入些外语是在情理之中的。但是，有些视听作品的情节非常适用汉语播出，而口语创客如果生硬地插入外语，其效果是画蛇添足，弄巧成拙。

走出误区六。纠正错别字、消灭错别字似乎是文化界一个共同的、永恒的"工程"，而在口语传播中尤为突出。假设一个教授在课堂上讲个错字，影响面只有几十人，而一位慕课教师、一位自媒体主播在一次口语视频中讲错一个字，其影响面将是千千万万受众。如听任错别字、白字在互联网上存在下去，就是误人子弟。

其实，我们可以把汉语普通话分为四个部分来研究：用气、制声、造字和共鸣。虽说是四部分，但气息的作用非常大，这一点没有经过专门训练的人很难理解。气的问题解决了，普通话发声问题就解决了一半。话筒前的最终目标是建立一个"中间松，两头紧"的发声状态，就是平时不用的丹田和口腔上部要训练出着力点，而平时用的嗓子，也就是喉部要尽量放松；上下两头分别建立支撑点和共鸣腔，加上气息流畅运动，字音当然会美化。大家注意：这种训练始终存在一种相反的规律，就是平时用的器官要尽量不用，而平时不用的器官要尽量用起来。

第一节　什么是吐字归音练习

我们知道，一个汉语文字是由声母和韵母组成的，而我们又可以把一个字分为"字头""字腹"和"字尾"。吐字归音就是一个字从发音开始，经过"字腹""字尾"到音落为止的过程，这个过程是非常严谨的，否则我们的发声就不会标准饱满。

从播音学角度通常喜欢把吐字归音这个过程比喻成为"枣核"，是比较形象的。我们常常会听到有人在说话时，不是听不清，就是语言不完整，这都与吐字归音有关。吐字归音运用得好，可以使字音清晰婉转，圆润连贯，提高语言表达和口语传播的技巧。

一个字，当它读到字腹时，通常是发声最高的时候，但仅就这个字而言。朗诵时首先就要求我们把牙关打开，就像人打哈欠时的感觉。有的口语创作者认为把声音提高，大声呐喊就能够使人听清楚，其实这样做是错误的。吐字的清晰与否直接取决于吐字归音是否正确。如果吐字归音正确，那么即使是普通说话，也会使别人听得很清楚，不需要大声喊叫，而且这样的做法对于刚刚接触镜头的创客来说是有百害而无一利的。

说到开口音的训练，我们通常运用绕口令的方式，这是锻炼吐字归音和气息训练最简便，且行之有效的方法。在语言发音中"a"的口型开的最大，同时音量也是最高的。因此，往往以"a"为基准训练开口音。例如下面这段绕口令，就是最常见的锻炼素材：

> 八百标兵奔北坡，北坡炮兵并排跑。
> 炮兵怕把标兵碰，标兵怕碰炮兵炮。

这段绕口令被经常引用，即使我们在看曲艺类视听作品时，也不难听到被用做基本功训练的实例。大家在练习绕口令时一定要记住由慢而快，循序进步的特点，千万不能耍弄技巧，以快为目的，这样做不但达不到锻炼吐字归音的目的，而且丢失绕口令训练的本义了。

另外，由于地域和方言的影响，有的地方说话时，对字的前后鼻音、平翘舌音（即卷舌和不卷舌），还有阴阳上去四声分不清等问题，这都是要经过刻苦练习才能改过来的。我们下面把这些问题的简单训练练习告诉大家，希望在练习时，能够以此为依据，广开思路，多翻资料，克服语言上的毛病。

一、声调的调配

生活中，常常有些口语传播者把字音中的"o"读成"e"，如把 bō pō mō fō 读成了 bē pē mē fē。

看看下面的词，是不是也经常读错呢？

bo　播送　博士　渤海　波涛

po　破除　巨测　湖泊　被迫

mo　模仿　磨炼　茉莉　没收

fo　佛手

还有的口语传播者会把"fei"的音发成"fi"，使人感觉咬字过于死板，费劲。下面的绕口令也许会帮你改变以下读错的字音：

绯红蝴蝶飞，肥鞋肥口肥，诽谤者为匪，废料不能废。

其中的"绯""肥""匪""废"均发"fei"的音。

有的人舌根音发不清楚，说话含糊，使口腔打不开，不妨用下面的绕口令来练习一下：

哥挎瓜筐过宽沟，赶快过沟看怪狗。

光看怪狗瓜筐扣，瓜滚筐扣哥怪狗。

二、平翘舌音练习

我们会常常听到有的口语传播者把 z`c`s 的音和 zh`ch`sh 弄颠倒，"主张"说成"组赃"，"事实"说成"寺斯"，这就使人们无法听清词意。如果有这样的语言错误，那么就试着照下面的练习锻炼一下吧：

z　zh　自立—智力　栽花—摘花　小周—小邹

c　ch　仓皇—猖狂　藏身—长生　有刺—有翅

s　sh　四十—事实　散光—闪光　塞子—筛子

三、前后鼻音练习

an　ang　开饭—开放　天坛—天堂

in　ing　新鲜—新乡　小县—小巷

uan uang 官民—光明 车船—车床
en   eng   长针—长征 真理—争理
in   ing   信服—幸福 辛勤—心情
un   ung   乡村—香葱 运煤—用煤
un   iong 勋章—胸章

四、口部操

1. 唇的练习

（1）喷：也称作双唇后打响，双唇紧闭，将唇的力量集中于后中纵线三分之一的部位，唇齿相依，不裹唇，阻住气流，然后突然连续喷气出声，发出 P、P、P 的音。

（2）咧：将双唇闭紧尽力向前噘起，然后将嘴角用力向两边伸展（咧嘴），反复进行。

（3）撇：双唇后闭紧向前噘起，然后向左歪、向右歪、向上抬、向下压。

（4）绕：双唇闭紧向前噘听起，然后向左或向右作 60 度的转圈运动。

2. 舌的练习

（1）刮舌：舌尖抵下齿背，舌体贴住齿背，随着张嘴，用上门齿齿沿刮舌叶、舌面，使舌面能逐渐上挺隆起，然后，将舌面后移向上贴住硬腭前部，感觉舌面向头顶上部"百会穴"的位置立起来。这一练习对于打开后声腔和纠正"尖音"、增加舌面隆起的力量很有效。口腔开度不好的传播者、舌面音 j、q、x 发音有问题的创客可以多练习。

（2）顶舌：闭唇. 用舌尖顶住左内颊，用力顶，似逗小孩儿嘴里有糖状，然后，用舌尖顶住右内岬颊做同样练习。如上左右交替、反复练习。

（3）伸舌：将舌伸出唇外，舌体集中、舌尖向前、向左右、向上下尽力伸展。这一练习主要练习使舌体集中、舌尖能集中用力。

（4）绕舌：闭唇，把舌尖伸到齿前唇后，向顺时针方向环绕 360 度，然后向逆时针方向环绕 360 度，交替进行。

（5）立舌：将舌尖向后贴住左侧槽牙齿背，然后将舌沿齿背推至门齿中缝。使舌尖向右侧力翻，接着做相反方向的练习。这一练习对于改进边音 l 的发音有益。

（6）舌打响

（7）捣舌

五、口腔的静、动态控制

（1）静态控制：打开口腔、提颧肌、开牙关、挺软腭、松下巴、欲达声挂前腭：

① 调整呼吸，声波成束。

② 声波畅通，音饱色纯。

③ 声射腭前，音色鲜明。

（2）动态控制：字头（吐字）、字腹（立字）、字尾（归音）

字头：咬住，弹出，部位准确，气息饱满，结实有力，停暂敏捷，干净利落。

字腹：拉开，立起，气息均匀，音长适当，圆润丰满，窄韵宽发，宽韵窄发，前音后发，后音前发，圆音扁发，扁音圆发。

字尾：尾音较短，完整自如，避免生硬，归音到位，送气到家，干净利落，趋向鲜明。

第二节　口语传播中的语音概述

语音是声音和意义的结合体，语言的声音叫语音。在全国各地的口语创作迅速发展之时，我们粗略地就各地方言区的普通话问题做个汇总。

八大方言：北方方言（以黄河流域为中心，分布在东北、长江流域中部、西南）；吴方言（上海地区、江苏省东南部、浙江省大部分地区）；湘方言（湖南省）；赣方言（江西省）；客家方言（福建、广东、广西）；闽北方言（福建北部、台湾）；闽南方言（福建南部、广东、潮汕、海南岛）；粤方言（广东中部、广西中南部）。

方言差异主要表现在语音上，发展普通话、规范语音就是去掉土语成分的北京话。

普通话语音特点：简单易学，富有音乐性。

普通话声母 21 个，韵母 9 个，声母和韵母相拼形成 400 多个音节，声调有阴平、阳平、上声、去声。双音节词占优势，且具有约定俗成的优势。原音占绝大优势。声母中轻音占很大优势，发音响亮悦耳。

一、发声

（一）声音指标

（1）音色：声音的个性和特点。

（2）音高：声音的高低在一定时间里发音体能够震动的次数，次数的多少决定音高。

（3）频率：人的发音体在一定时间内震动的次数。

（4）音强：指声音的强弱、轻重。

（5）音长：声音延续的长短，要根据思想感情和稿件内容的具体要求决定音长。

（6）音节：用听觉可以区分的语音结构基本单位。在汉语言里，一般一个汉字的字音就是一个音节。

（7）音素：语音的最小单位。一个汉语的音节里，可由一个至四个因素构成。

（二）具体技巧

快而不乱，慢而不断，长而不拖，短而不促。

元音和辅音发音的几点区别：

（1）元音气流通过口腔时不受任何阻碍，而辅音则相反，气流流过口腔时受阻。

（2）元音发音时各发音部位保持均衡紧张状态，而发辅音时造成阻碍的那部分器官紧张。

（3）元音由口腔呼出的气流量较小，处于和缓状态，辅音气流量相对较大，气流需要克服障碍通过口腔，有一种爆发状态。

（4）元音声带颤动，一般不带噪音成分，声音响度大，可以歌唱。辅音多数发音时声带不颤动，带噪音成分，声音响度小，不能歌唱。

二、普通话的声母、韵母、声调

声母：字音开头的辅音，声母都是辅音来充当的（ng 鼻韵母排除）。

零声母：字音开头没有声母的叫零声母（ing）ying。

韵母：一个汉字音节声母以后的部分。

声调：又叫字调，由音节内部的音高变化所构成的，声音内高低升降的不同就是声调的不同，分为阴平、阳平、上声、去声四类。

（一）声母发音特点

气流在口腔当中受到各种阻碍。

（二）声母发音过程

（1）成阻阶段：发辅音过程的开始阶段，发音当中阻碍作用的开始形成，发音器官从静止或其他状态转到发一个辅音时的阻碍状态。如：b。

（2）持阻阶段：发辅音过程的中间阶段，就是发音当中阻碍作用的一种持续，即发音器从开始发音的成阻阶段到最后除阻阶段的中间过程。

（3）除阻阶段：指发辅音过程的最后阶段，发音当中，阻碍消除了，发音器官从发辅音时的阻碍状态转变成其他状态。如：b 由闭到开。

声母发音部位和发音方法：不同的声母是因发音部位和发音方法不同而形成的，发音器官形成阻碍的部位叫发音部位。

（三）声母的七个发音部位

（1）双唇阻：发音时上下唇构成阻碍，如 b，p，m。

（2）唇齿阻：上齿与下齿的内缘构成阻碍，如 f。

（3）唇尖中阻了：唇尖与上齿龈构成阻碍，如 d，t，n，l。

（4）舌根阻：舌根与软硬腭的交接处构成阻碍，如 g，k，h。

（5）舌面阻：舌面与硬腭的前部构成阻碍，如 j，q，x。

（6）射间与上齿龈和硬腭交接处构成阻碍（翘舌音），如 zh，ch，sh，r。

（7）舌尖前阻（平舌音）：舌尖与上齿背和舌叶与上齿龈构成阻碍，如 z，c，s。

（四）声母的五种发音方法

1. 构成阻碍和出去阻碍的发音方式

（1）塞音：也叫爆发音或破裂音，发音时气流完全阻塞，然后突然防开，让气流包袱出来而形成字音，如 b，p，d，t，g，k。

（2）擦音：也叫摩擦音，由发音器官造成的缝隙是气流产生摩擦而发出的声音，如 f，h，x，sh，s，r。

（3）塞擦音：有塞音和擦音紧密结合所构成的音，发音时注意最初形成阻碍部位要完全闭塞，然后渐渐打开，如 j，q，zh，ch，z，c。

（4）鼻音：气流由鼻腔中流出的音，口腔形成阻碍这部分要完全闭塞、软腭下垂，使气流从鼻腔流出来形成字音，如 m，n。

（5）边音：气流沿着舌头的两边通过而构成的声母，发音时声带振动，如 l。

2. 声母的发音有清音、浊音之分

清音：发音时不振动声带所发出的辅音，即清音纯粹由气流受阻所构成的且不带乐音，如 b，p，f，d，t，g，k，h，j，q，x，zh，ch，sh，z，c，s。

浊音：振动声带所发出的辅音，除气流受到阻碍外，同时振动声带发出乐音，如 m，n，l，r。

3. 送气和不送气的区别

送气音：包括塞音、塞擦音，发音除阻时气流相对较强，像 p，t，k，q，ch，c。

不送气音：气流较弱的音，比如 b，d，g，j，zh，z。

（五）声母发音注意事项：

（1）发音时成阻要准确，不能偏前靠后，这是发音的前提。

（2）21 个声母在发音部位和发音方法上虽各有差异，但要求成阻时力量要相对平衡，力量要集中到整个口腔的中部，这样声音才能集中。

（3）送气、不送气是相对而言的，声母都送气，只不过强弱不同罢了。不是所有送气音都是用力往外喷，注意发送气音时气息不能太强，反而要有吸气的感觉，否则气流太强不但不利于气流控制，反而造成话筒出现噪音。

总之，成阻要准确，持阻要有一定力度，除阻要干脆。

三、39 个普通话韵母

（一）单韵母

单韵母由单元音所充当的，共 10 个。

1. 舌位的高低（口腔的开合）：分四种情况

（1）舌位高：6 个元音中舌位最高音 i，u，ü，舌位越高的音，口腔越闭。

（2）舌位半高：口腔半闭合状态，如 o，e。

（3）舌位半低：口腔半开，如 ê。

（4）舌位低：口腔开，舌位最低，如 a。

2. 舌位的前后：发音时舌头在口腔里隆起点的前后

（1）前：i，ü。

（2）央：a。

（3）后：u，o，e。

3. 唇形的不同：圆唇音、不圆唇音

圆唇音：o，ü。

不圆唇音：u，a，e，i。

4. 单韵母发音注意事项

（1）首先要按单韵母发音条件发准每个音，口腔相对稳定、嘴不能动。

（2）要宽音窄发，窄音宽发，如果宽元音嘴张太大，音容易散，而发窄元音时嘴张不大，音容易挤。

（3）发音时口型、唇位要准确。

（4）发音时前音后发、后音前发，发音时舌位向中间靠拢。

（5）注意发圆唇音只撮嘴角，不要往前撅，否则声音发闷。

（6）发扁唇音，扁唇稍圆，不能太扁，否则影响效果。

（二）复韵母

复韵母有二个或三个元音复合而构成的，共 13 个。

口型和舌位不断由一个元音的发音状态过渡到另一个元音的发音状态，其中开口度最大、最响亮的元音叫韵腹，即主要元音，它前面的元音叫韵头，后面的部分叫韵尾。

1. 复韵母分两大类：二合复韵母、三合复韵母

（1）二合复韵母：二个单韵母拼合成一个复韵母，如 ai, ei, ao, ou, ia, ie, ua, uo, üe（前响、后响）。

（2）三合复韵母：三个单韵母拼成一个复韵母，如 iao, iou, uai, uei。发音时口腔由小到大，中间响。

2. 注意事项

（1）复韵母发音显著特点是音色不断变化，口语传播时要过渡自然，发音动作不得分解，音也不能分解，且要发音准确。

（2）在发音准确的前提下，运动幅度不得过大，要尽量往一起归。

（3）主要元音要放得开，次要元音（韵母）要收得住。

（4）响与不响是相对的，发音时不要片面追求响，要为内容思想服务。

（三）鼻韵母

鼻韵母由一个或两个元音后面带上鼻韵音 m 或 n 构成的，共16个。

前鼻韵音：an，en，ian，uan，in，uen，üan，ün。

后鼻音韵母：ang，eng，ong，iang，ing，uang，ueng，iong。

1. 鼻韵母的发音特点

（1）鼻韵母发音是发音器官由元音状态向鼻音的发音状态逐渐变化，最后完全变为鼻音的过程。发音时软腭抬起，堵塞鼻腔的通路，而逐渐抬起舌的前部或后部堵塞通路，再放松软腭，让气流从鼻腔流出来，发出鼻音。

（2）虽然有元音发音往鼻音发音的过渡变化，但开始发音元音时不能鼻化。

（3）ng 不能做声母，做韵尾时无阻碍阶段。

（4）鼻辅音音节中只能做韵尾。

2. 注意

（1）发前鼻音 n 舌尖抵住上齿龈，舌面与硬腭前部相贴，软腭下垂，让气流从鼻腔出来，同时声带颤动，发出声音。

（2）发后鼻音 ng 时舌根抬起，抵住软腭，让气流从鼻腔出来，练习时舌根不要离开软腭。

（四）普通话韵母的分类

1. 根据韵母开头音的口型特点分为四类：开、齐、合、撮

开口呼：没有韵头、韵腹，又不是 iu ü 的韵母，分别是 a, o, e, ai, ei, ao, on, an, en, ang, eng, ong

齐齿呼：韵母开头是 i 的，或者韵腹是 i 韵母，分别是 i、ia、ie、iao、iou、ian、in、iang、ing

合口呼：韵头或韵腹是 u 的韵母，分别是 u, ua, uo, uai, uei, uan, uen,

ueng，uong

　　撮口呼：韵头或韵腹是 ü 的韵母，分别是 ü，üe，üang，üeng

　　拼合口诀：

　　　　双唇开齐 u 相拼
　　　　唇齿专拼开口音
　　　　d、t 能拼开齐合
　　　　平翘根拼齐合音
　　　　舌面只能拼齐撮
　　　　n、l 零声全能拼

2. 怎样发好韵母音

（1）按发音要领发好每一个韵母音。

（2）要进行拼合练习。

（3）要进行单音节、多音节对比辨证练习。

（4）用绕口令做速发对比辨正练习。

四、普通话的声调

（一）声调及作用

（1）声调：主要指某些语言中每一个音节所固有的能区别意义的声音的高低和升降，又叫字调。

（2）声调的变化是指语言富有音乐性，各种声调的有规律的安排可以构成诗歌的节奏。

（3）声调有区别词义的作用。

（二）调值和调类

（1）调值：声调的实质，指声音高低、升降、曲、直、长短的形式。普通话里有高平调（55）、高开调（35）、降开调（214）、全降调（51）。

（2）调类：声调的种类。普通话有四个调类：阴平、阳平、上升、去声。

（三）声调的标记法：五度标记法

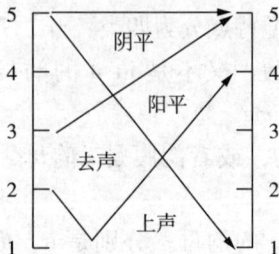

（四）声调练习

（1）应该在气息、声调、共鸣有一定控制的情况下进行，若控制不好，容易在上升、去声上出毛病。

（2）声调是否准确是语音是否标准的一个重要方面，因为声调不准，而感觉到口音不准的情况很多。

（3）练习时可采用单音节联系以及各种组合方式的多音节练习。

（五）声调练习注意事项

（1）阴平往往发的不够高、易下滑，把 55 变成 53。

（2）阴平为窄元音时发音容易挤。

（3）阳平发音容易拐弯，将 35 读成 335。

（4）声音下行下不去，上行发不到位。

（5）去声字发音容易劈、破，尤其是去声音节作重音时。

（6）发气声不要挤，不用拙力，始终要有气息支撑的感觉。

五、语流音变

在语流中因素或音节间相互影响产生语流变化。表现在：轻声、儿化、变调、语气词"啊"的变化上。

（一）轻声

在现代汉语中有些词的音节或句子里的词失去所有的声调，把它念成又轻又短的调子。其作用：

（1）能区别词义、词性。

（2）表现词法的意义和词汇有关系。

（3）能使语言流畅富有音乐感。

轻声的注意事项：

（1）普通话中哪一个声调的音节都可能被轻化。

（2）在音频语言当中能不轻化则不轻化，不可太随意，尤其在政治性的口语视听中应更加注意语言的规整、严肃。

（3）以轻化表示词义和词性的意义时必须轻化。

（4）轻声音节在口语传播中读得不能含混不清，读轻音字时，气息仍在控制氛围内，必须尽量保持原韵母中的音色不拖长、不吃字。

（二）儿化

主要有：

（1）独立表示一个单个的字音。

（2）附着在其他韵母后形成儿化韵。

其作用：

（1）能区别词义、确定词性。

（2）是语言带有小、少、喜爱或蔑视的感情色彩。

（3）在口语传播当中严肃性的讲稿要尽量少用儿化音，必要用的时候，儿化程度不宜过强。

（三）变调

上声变调：

（1）上声字在单发或用在句尾时不变。

（2）非上声字前变半上（214-24）。

（3）上声在全变为近似阳平字（214-24）。

"一、七、不"变调问题：

音频中"七"基本不变调，"一、不"在轻生或去声变阳平非去声前读去声字，三字中间变轻声。

重叠形容词变调问题：在播读严肃性讲稿时一般不变化，口语讲稿可按如下规律办——单音重叠此词变阳平（慢慢地）；双音节时，前边字变轻读，后边变阴平（整整齐齐）。

（四）语气词"啊"的变化

单独用时无变化，用在句尾考虑前一个音节的收尾音素。

（1）前面音节守卫音素是 a o e i ü 时（不包括 iao iou）一般发"呀"。

（2）前面是 ao u 时一般发"哇"。

（3）前面是 en 时一般发"哪"。

（4）前面是 eng 时一般发"恩啊"。

在口语传播中，有时由于感情表达需要"啊"音不能变，否则显得不庄重，比如有些诗歌中不能变。

六、词的轻重格式

多音节词的几个音节有约定俗成的轻重差别，这就是词的轻重格式（除非有特别需要时，不能改变这种格式）。介于中间的称为中，短而高音为轻，长而强称为重。词的轻重格式是汉语音乐性的一种表现，不仅有区别词义、词性的作用，还有准确表达感情和语句目的的作用。

（一）双音节词的轻重格式

（1）中重格式：第二个音节比第一个音节要长一些、重一些，如，两个字的人名、地名。

（2）重中格式：第一个音节比第二个长一些、重一些，如，爱好、药品。

（3）重轻格式：如：妈妈、镜子。

（二）三字词轻重格式

（1）中中重格式：较多，第二个略轻些，如三个字的人名。

（2）中重轻格式。

（3）重中中格式：如提起来。

（三）四字词轻重格式

（1）中重中重。

（2）重中中重：如惨不忍睹。

轻重格式在口语传播中的注意事项：

（1）重中轻是表现在音长和音强的变化上，音节结构不允许变化，声调调值有些变化，在口语传播时，重音音节调值明显，重音音节不明显，但是能分清词类，轻音音节听得不清楚。

（2）轻与重是相对而言的，口语传播当中要自然过渡，不可为了追求轻重而去虚张声势。

（3）轻重格式多数是固定的，但也有不固定的，比如"大会"一般读为中重，但为区别"小会"有时应为重中。

第三节　怎样才能做到发音吐字清晰

据国外资料统计，人每天用于说话的时间平均是一小时，这样人一生中用于说话的时间累计可达两年半左右，甚至更长。如果把这些话记录下来，便是1000部（每部400页）的巨著。而互联网口语的发展，让人的说话本能成了一种重要的创造性活动。一般来说，通常的对话环境下说话人的音色、音量和音域，关系不是很大，发音吐字却是传播中至关重要的问题。人们对自己的语言表达已经是驾轻就熟，而口语传播是一门语言艺术，口语是新媒体时代的生活状态变革，口语创客是"互联网+"改革的先行者。有了先进的录音设备，说话不费力气也能录清楚，但我们应该研究话筒。声音悦耳、吐字清晰应该永远是口语传播的客观要求，话筒就可以放大一些优点，也能掩盖一些缺点，就看口语传播者如何使用。

怎样才能做到发音准确、吐字清晰呢？首先熟悉言语产生的过程是很有必要的。言语是日常生活中必不可少的一种工具，通过频繁使用而发展成为一种极为有效的表情达意的手段。它的形成过程很复杂，绝不是动动嘴唇和舌头的问题。

因此，熟悉发音器官的构造、活动和作用，对于掌握正确的发音方法，做到吐字清晰是必不可少的。人类没有单独用作发音的器官，而是使用呼吸器官、消化器官作为自己的发音器官，而这些器官原本不能产生言语，只完成维持生命的动作，后来才用于说话。发音器官有肺、气管、喉（包括声带）、咽、鼻和口。这些器官形成一条形状复杂的从肺部一直延伸到唇的"管道"。由于舌、唇和咽、口、鼻的形状可以发生各种各样的变化，从而使我们能够发出不同的语音来。

了解和熟悉了言语产生的过程以后，接着要做的就是矫正发音和吐字的不良习惯，进入语言层面的思考。在口语传播中，只有发准每一个字、词的读音，传播活动才能正常进行下去，否则就会造成歧义和误解。例如：有位农民进城办事，需要住旅馆。他问路人："同志，雷馆有没有？"路人一听，立即射出警惕的目光，厉声问道："雷管是国家禁止私人买卖的爆炸品，你要它干什么？"经过再三解释，方知是农民发音不准，将"旅馆"说成"雷管"。像这样的情况在生活中时有发生。一般情况下，当面说话，有手势、表情等辅助手段，听者还能估摸出点意思来，可是，经过话筒等设备转换后的通信联络，如果发音不准，吐字不清，就很容易产生误差，影响表达效果。所以，我们应该注意克服发音吐字方面的不良习惯。如鼻音（音色暗淡、枯涩，听起来像感冒声，从鼻中发出的堵塞的声音）、喉音（声音闷在喉咙里，生硬，沉重，弹性差）、捏挤（单薄，发扁，声音似从口腔挤出）、虚声（小声小气的声音，有时在换气时带有一种明显的呼气声），等等。只有这样，才能做到发音圆润动听，吐字清晰悦耳。

其实，做到正确发音吐字的途径是多方面的。一是学习一点语言学的常识；二是养成勤查字典、随时正音的良好习惯；三是广泛地从社会信息中寻求帮助，利用看视频、电影、听音频等有意识地听辨，矫正自己在发音吐字方面的毛病。当然，进行发音吐字的训练不能忽视。

（1）发音器官训练。如口腔开合练习、唇的圆展练习、舌的前伸后缩练习、舌尖练习等，学会灵活控制发音器官的各种活动，能使发出的声音准确、清楚。

（2）声母、韵母练习。声母训练时要严格掌握正确的发音部位和发音方法，找准着力点，使发出的音有弹力。韵母训练时要严格控制口腔的开合、唇形的圆展和舌位的前后。

（3）正音练习。指按照普通话的语音标准，矫正自己的方音、难点音。如平翘舌练习（z-zh，c-ch，s-sh）、鼻音、边音练习（n-l）、前后鼻韵母（n-ng）及声调练习等。

在声母、韵母、声调都能正确掌握的基础上，还应进一步讲求声音的优美动听。这就需要进行共鸣训练，学会控制胸、口、鼻这三个共鸣器官的方法，使发出的声音圆润悦耳，使人听后心旷神怡。以我个人的经验来看，吐字训练要强其所难，而发声训练要循序渐进。

关于吐字归音的基本内容，我们就简单说到这，只要你能够持之以恒地努力练习，一定会使你的语言标准、声音圆润有力的！往往我们谈起"备稿"的时候，就会有创客把它理解为"背稿"。那么究竟什么是"备稿"呢？刚刚参加互联网口语创业的人，往往不知道怎样备稿，讲稿拿来以后，只是一遍一遍、反反复复地诵读讲稿，生怕在口语传播时出现差错，结果事倍功半。后来在专家的指导下，知道了自己应该在字、词、段落层次、感情的运用等方面下功夫，突然觉得豁然开朗。

备稿不仅是把握和驾驭讲稿所必需的，而且是形成良好的话筒前状态的条件之一。认真准备，心中有底，在播出的时候才充满信心，从容不迫。否则，很容易造成信心不足，紧张慌乱。认真备稿，可以发现讲稿存在的问题，把差错消灭在播出之前，可见，备稿是影响口语传播质量的一个十分重要的工作环节。

那么怎样才能深刻、精细，而且又能迅速地完成备稿的全过程，就显得尤为重要了。下面就列举两种常用的备稿方法。

一是独自备稿。讲稿拿到手以后不要急于大声诵读讲稿，首先应该排除字词方面的障碍。准备一本字典，把不会或叫不准的字词标好，然后翻查字典，千万不能手懒，认为自己是对的，比如"呆板"，正确读音为"daiban"，人们通常读为"aiban"。

接下来就应该进入理解讲稿的环节。知道说的是什么，尽快地判断和选择出重点的语句段落和全篇的内容提要，从而对准确而快速地理解文意，提高备稿效率起到决定性的作用。

二是合作备稿。谈话类的口语有时会有访谈提纲，也有讲稿准备。拿到讲稿后在个人准备好的基础上，创作组再一起磨合一下，以便密切配合、协调一致，有时还要请编辑参加，一起研究、试试交谈。

为了不出现任何差错，准确无误地完成整个备稿过程，还应特别注意的是：

（1）注意力要集中，不能眼看着稿子，心里想着别的，更不能一边看稿、一边说笑聊天。

（2）要认真仔细，不可马虎，不可粗枝大叶。在备稿的过程中，口语创客一定要照顾到讲稿的每一个细节，把误解消灭在萌芽状态。

（3）要开动脑筋认真思考，多问几个为什么，达到深入的理解，把讲稿变成"自己"的话。

作为一名口语创客，绝不只是念字就可以了，要用有声语言生动表现稿件内容。无疑，广博的知识将决定口语表达的内涵和深度，这就要求创客不仅了解、掌握一些自然科学、社会科学、文史哲方面的知识，还要较好地掌握新闻学、逻辑学、语音学、语言学、口语传播学等方面的知识和技能。

比如搞理工科的慕课教师，如果文学修养弱会影响对讲稿的表达美感。如果语言功力弱，自然要影响感情色彩的浓度。知识的取得是长期学习、勤奋积累的结果，对口语创客来说，这也是广义备稿。在实际工作中，口语创客要经常和摄制人员磨合，如果不具备一定的镜头感觉，在录制过程中，就会显得很被动。比如在对话录像时，往往不知道该怎样产生互动，谈话没有交流感。

最后一点就是要建立自信心。自信心对口语创客获得良好的心理状态起着重要的作用，当口语创客的形象出现在视频荧屏上的时候，所说的每一句话都要铿锵有力、充满自信。如果对自己都没有信心，又怎能让观众朋友信服呢？

第四节　口语创客嗓子的保护方法

（1）坚持锻炼身体，使用正确的方法坚持练声，循序渐进。

（2）练声时，声音由小到大，从近到远，由弱到强，从低到高，避免一开始就大喊大叫，损伤声带。

（3）注意劳逸结合，要保证充足睡眠。

（4）生病时，暂时噤声，以防发生病变。

（5）少吃刺激性的事物，烟酒不要过量，少吃油腻食品。

（6）平时可用胖大海加冰糖。

（7）保护嗓子和训练嗓子同样重要，好嗓子用出来的，不是养出来。

（8）学一点美声、民族的歌曲练声。

世界上最珍贵的乐器是人的声带。它之所以珍贵是因为不可以随心更换。它是歌唱发声的物质基础。人们都希望自己拥有优美动听的嗓音，因此，保护嗓音，使发声器官处于良好的功能状态，非常重要。

滥用嗓音是发声学习的大忌。在日常生活中，有些人无节制地用嗓，高兴时练个不停、说个没完，生起气来争吵不休、大喊大叫，这很容易造成对发声器官的损害。特别是在睡眠不足或休息不够的情况下，滥用嗓音就出现声音和器官上的反应。如：出现不同程度的声音沙哑，甚至失声。滥用嗓音可出现运动过度性黏膜充血、水肿，甚至黏膜下出血，发声功能失调性声门闭合不良和精神心理方面的疲劳。这种损伤如得不到及时的治疗，可造成声带肥厚和声带息肉等病变，失去演唱能力。另外，某些刺激性食物对声带黏膜影响较大，它会使嗓音发干、微血管充血，声带肥厚。在变声期和女性月经期间，还要加强营养，注意起居冷暖和咽喉卫生，不吃燥热性刺激性食物，节制用嗓，以利于嗓音的保护。

初学者练发声宜用中等音量，多练自然声区（中声区），待自然声区相对巩固后再逐步扩展音域。练唱可分多段时间，每次掌握在 15～20 分钟之内。练唱时要保持精神振奋，注意力集中，以呼吸支持发声，以后可视具体情况逐步延长练唱时间。练唱时还要注意倾听、分辨自己发声的正误，随时调整各个器官的协调运动，使它们始终处于正常状态。练唱前后，不宜吃过冷过热的食物，特别是练唱或剧烈运动后，咽喉部血管扩张，血液循环旺盛，称为"热嗓子"，如在此时喝冷饮，喉部突然受到冷的刺激，血管骤然痉挛收缩阻碍血流，引起咽喉肌肉的伸缩失调，导致声嘶或失声，如嗓音出现异常，应及时就医治疗。

嗓音的保护与人的身心健康、生活规律、饮食习惯和体力锻炼等有着密切的关系。我国著名京剧艺术表演艺术家梅兰芳先生在个人嗓音卫生与保健上有一套完善的方法，他曾精练地把它概括为以下几点："精神畅快、心气平和、饮食有节、寒暖当心、起居以时、劳逸均匀、练嗓保嗓、学贵有恒、由低升高、量力而行、五音饱满、唱出剧情。"由此可见，良好的生活习惯对嗓音保健有着重要作用。在日常生活中，睡眠不足会导致血液中的酸性物质增多，引起喉肌疲劳，除了生活要有规律和保证必需的睡眠时间外，个人要根据不同的年龄、性别、体质，积极参加适当的体育和劳动锻炼，增强抗寒抗病能力，预防感冒和呼吸道疾病，保持身体健康。同时，体育锻炼能帮助扩大肺活量，增强肌肉的弹性，有利于歌唱时的气息控制。

在保持身体健康的同时，要注意心理的健康。情绪变化是人心理状态的反映。情绪稳定，心情愉快，说明中枢神经系统处于相对平衡状态，意味着机体内各脏腑之间是协调的。整个身心处于积极向上的状态，它可以提高工作效率，增强抗病能力，使人健康长寿。反之，情绪波动、过度焦虑、生气，可引起头痛、失眠、记忆力减退、生病衰老。这对嗓音的影响也是很大的。中医学常说"暴怒失音，恸泣失声"正是最好的说明。为此，我们要加强自身的修养，正视现实、克服困难、豁达大度、保持愉快的情绪，以利于身心的健康和嗓音的保健。

下面介绍几种常用的嗓音保健方法和练习方法：

1. 喉部按摩

用拇指和食指按住喉结两旁上下移动，指压力量以感觉舒适为度，不可用力过大，每次约 2～3 分钟。

2. 毛巾热敷

把毛巾用热水浸透后拧干敷在颈部（温度以不烫伤皮肤为宜），反复数次。以上保健法可以增进喉部血液循环，消除疲劳，增进分泌，减少咽干、喉痛，以及练唱后喉部不适等。

3. 吹唇练习

双唇闭合后，用微弱而均匀的气流吹动闭合的双唇，使之弹动发出清晰的嘟噜声，也称为弹嘴皮练习。

4. 哼鸣练习

牙关松开，双唇轻闭，喉肌放松，用微弱而均匀的气流发出单纯的哼音。

5. 气泡音（也称水泡音）练习

头部端正，双眼平视，张嘴松开牙关，用少量微弱均匀的气息平稳地从松弛的声带吹出，发出连贯的气泡音。

练习对于声带振动的平衡、发声器官与呼吸器官的协调、增加声带的肌肉力量有一定的作用，还可结合气息训练。这些练习对于声带闭合不良或闭合过强等嗓音病变，均有一定的预防和治疗作用。

第九章
关于传播场的建立

第一节　镜头前化妆基本常识①

一、正确的化妆步骤

（1）洁面：用有效的清洁用品彻底清洁皮肤。

（2）护肤：涂抹能改善并保护皮肤的护肤品，包括紧肤水或爽肤水、面霜、眼霜。

（3）打粉底：好的化妆应使用几种颜色的粉底，将面部呈现出立体效果，显示出明暗差异。

（4）修眉：描画之后再用眉挟和眉剪修整。

（5）画眼：画眼的顺序是眼影—眼线—鼻翼—睫毛。

（6）涂腮红：涂腮红的同时应注意修饰脸的其他部位，如额和下颌。

（7）涂口红：先用唇线笔描画，再用唇刷或口红棒涂抹。

二、主要环节

1. 涂粉底

用海绵蘸取粉底，在额头、面颊、鼻部、唇周和下颌等部位，采用印按的手

---

① 电视妆的化妆步骤，百度知道 . http：//zhidao. baidu. com/link？ url = t1SWOTGAerDrFv5zldlT8mdo DSRgH6rdFGvwQERioL6GGq54XK_ S1lXr3csIqiGxrsoBe3SirFrnmu7BAdQsfK.

法，由上至下，依次将底色涂抹均匀。各部位要衔接自然，不能有明显的分界线。在鼻翼两侧、下眼睑、唇周围等海绵难以深入的细小部位可用手指进行调整。

2. 定妆

用粉扑将蜜粉扑在面部，但不要用粉扑在妆面上来回摩擦，这样会破坏粉底，粉底防止脱妆的关键在于鼻部、唇部及眼部周围，这些部位要小心定妆。最后用掸粉刷将多余的定妆粉掸掉，动作要轻，以免破坏妆面。定妆要牢固，扑粉要均匀，在易脱妆的部位可进行几遍定妆。

3. 修饰眉毛

（1）从眉腰处开始，顺着眉毛的生长方向，描画至眉峰处，形成上扬的弧线。

（2）从眉峰处开始，顺着眉毛的生长方向，斜向下画至眉梢，形成下降的弧线。

（3）由眉腰向眉头处进行描画。

（4）刷眉，用眉刷将使各衔接部位刷柔和。

4. 画眼影

在上眼睑处，用两种或两种以上的眼影色彩由内眼角向外眼角横向排列搭配晕染，可充分发挥眼睛的动感，使眼睛生动有神而具立体感。

5. 画眼线

闭上眼睛，用一只手在上眼睑处轻推，使上睫毛根充分暴露出来，用眼线笔进行描画，画下睫毛线时，向上看，由外眼角向内眼角进行描画。

6. 夹睫毛（女性）

眼睛向下看，将睫毛夹夹到睫毛根部，使睫毛夹与眼睑的弧线相吻合，夹紧睫毛 5 秒左右松开，不移动夹子的位置连做 1~2 次，使弧度固定。用睫毛夹在睫毛的中部，顺着睫毛上翘的趋势，夹 5 秒左右后松开。最后用睫毛夹在睫毛的前端再夹一次，时间 2~3 秒，形成自然的弧度。

7. 刷睫毛膏（女性）

涂上睫毛时，眼睛向下看，睫毛刷由睫毛根向下向外转动。涂下睫毛时，眼睛向上看，先用睫毛刷的刷头横向涂抹，再由睫毛根部由内向外转动睫毛刷。

8. 刷腮红

取合适的腮红，从颧弓下陷处开始，由发迹向内轮廓进行晕染。

9. 涂唇彩

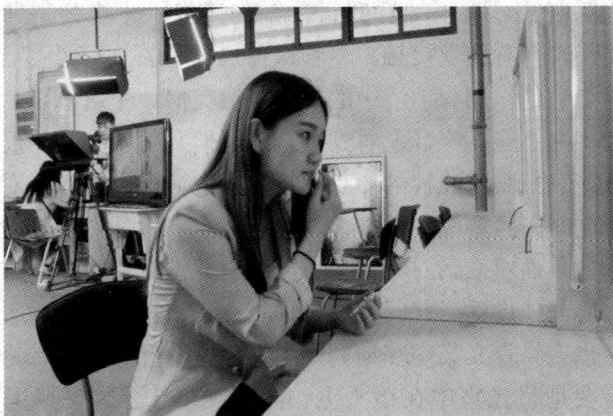

第二节　口语创客的镜头感

　　口语传播中，创客要将镜头作为观众，这是网络视听的传播形式。尽管伴随制作手段的不断进步，有越来越多地采用现场拍摄的图像，但谈话类的节目，传播者仍然要面对镜头讲述。也有些内容较抽象，不便使用图像形式表现，就完全靠传播者对着镜头说。另外，大量的图像需要在开头插入视频，对整个视频进行补充提示。镜头前说话是传播者与受众交流的基本形式，是口语创客的基本功。

　　视频中的传播者面对镜头，屏幕形象会直接影响观众的感受。创客的屏幕形象包括外表和态度两部分。外表主要指面容。视频为了突出主体，创客的形象集中在面部，多采用上半身或头部特写镜头，面部形象缺陷会暴露得更明显，面部比例不协调或两侧不对称等形象问题在镜头前会被放大。良好的视频形象应当端正、匀称，没有明显缺憾。当然，博得多数观众的喜爱，还需要有善待观众的真诚之心，其实，真实可信和诚恳可能会比漂亮的面孔更容易接受。

　　创客的态度体现在面部表情和观众的视觉接触上。视频中的表情来源于创客对讲稿内容的态度、对观众的认识以及自我身份的定性。三者结合在一起，可以令创客更准确地把握表情色彩。如果将三者割裂开，创客的表现会使观众感到不自然，甚至怪异。视频短片中的创客表情不应像演员那样，过分强调和夸张。应当遵循"雷而不同"的原则，将表情控制在与身份相符的范围内。通常，具有公众意识的创客应当对讲述内容保持与大众同步的感受，背离大众会引起反感。不要长时间地低头看稿，尽管你的声音会传入观众的耳朵，但他们会感觉你并不是在对他们讲，他们只不过是顺便听到而已。只有当传播者抬起头，面对观众，形成视觉接触之后观众才有了"和我讲话"的感觉，才能参与到互动之中。因此传播者必须要与观众有视觉接触。尽管这种视觉接触并不像生活中那样，双方都能看到对方。但它的作用与生活中的视觉接触类似。受众可以从屏幕上看到传播者，而传播者却并不能从屏幕上看到观众。他们要了解受众的反应，除了适当互动，有效方法是利用眼睛注视的焦点和意念。生活中说话者与对方交谈时，通常需面向对方，同时眼睛要注视对方，注视的焦点一般是在对方脸上，这样才显得诚恳和专注。如果面对谈话对象，但目光散射，没有集中在对方身上，对方会怀疑你是否在真心与他讲话，起码会感到你有点心不在焉。传播者在镜头前面对屏幕前的观众，也应将目光集中在他们脸上，使观众感到传播者是在认真地与自己谈话。传播者要把目光集中在镜头上，同时利用意念想象那里就是自己的观众。这样，观众在屏幕前会感到传播者是在真诚地注视着自己。这些方法都能取得令人满意的"注视"效果。哪种方法最好，可以实际试验一下。将不同注视点录像回放，自己稍在屏幕前体会一下哪种注视方法更好。同时征求其他人的意见，帮助自己做出最明智的选择。

录视频时将注视焦点集中于镜头，不像局外人想象得那么容易。录像者低头看稿时，眼睛与稿子的距离不过两尺。抬头注视镜头，距离可能有几米，眼睛的焦距变化很快，一下子很难适应。传播者抬头后容易找不到注视的焦点，有时会让人感到很木然：低下头时，焦距变短，眼睛会找不到应该看的地方，常常造成迟疑；如果室内主播座位上灯光强烈，镜头所在位置灯光较暗，眼睛频繁在明暗之间转换，注视不容易适应，这就给传播者不断抬头注视观众带来困难。现在演播室中一般都有讲稿提示器，传播者注意字幕即可。不过有时没有上提词器，看纸质文稿或者桌上笔记本电脑讲述仍然是传播者完成视频录制必需的基本功。随着新媒体的发展，网络视频在播放的同时会有文字附上，那么这种播读还存在着与文字的互融性。

视频录制中的讲述，包含着背稿子的因素，又并不是完全照看稿子念。但这种背不只是将其背诵下来，而是依靠敏锐的反应和良好的记忆力，在熟悉讲稿的基础下借助眼睛快速扫描，将讲稿中的一些句、段记忆下来，然后脱离讲稿，面向观众将内容播出。传播者并不要求都背下来，只要能兼顾观众，不中断与观众的交流即可。

视频中，低头和抬头是主要的身体动作，由于出像多采用肩部以上的特写镜头或胸部以上的近景，面部表情和头部动作会清晰地暴露在观众面前。创客要对下列影响动作和表情的细节格外注意：

（1）抬头和低头角度不要过大。角度大，头的动作幅度大，动作速度慢，会显得很笨拙。稿子可以略微靠前，使头不至于太低。

（2）抬头时应把头抬起，正面对观众。不要抬头向上翻眼看观众，这样的动作不大方。抬头也不要太高。

（3）抬头和低头速度不要过快、过慢。尤其是低头，太快不仅显得匆忙，还给人不知下面内容急着找词的感觉。可利用语句停顿抬头、低头，这样可与语句节奏一致。

（4）抬头和低头应保持表情连贯，不要抬头面对观众笑容满面，低头看稿眉头紧皱，因为观众在你低头时也可以观察到你的表情。

（5）传播者在录视频时，除抬头、低头动作，还可伴随断句，有一定的头部动作，如轻微地点头或向两侧移动，但最好不要有肩部晃动。

在直播时，情况可能会变得复杂些。每条弹幕都是一种声音，是一种意见的表达，如果主播视而不见，可能就会有第二条不满的弹幕出来，久而久之直播可能显得凌乱，这一点对直播尤为重要。如果试图换一个角度改变画面构图，则需要创客的配合。因为画面转到另一台摄像机时，创客还对着原来的摄像机播报，与观众的交流接触就会中断。为了避免这种情况发生，传播者的目光也应及时转到切入摄像机上。录像播出，他们可以在需要改变画面的地方停下来，待机器重新确定后，再接着讲述。

第三节 "话语场"的构建

语境，是语言表达和语言交际的环境，包括口语交际的时间环境、空间环境及交际对象等诸多因素。

口语传播场包括导入语、讲授语、提问语、结束语、应变语。视听口语包括沟通语、说服语、启迪语、表扬语、鼓动语、批评语。

口语表达过程是一个从生活到思想、再由思想到口语的双重转化过程，是对说话创客多方面素质和潜能的综合调动。在这个过程中离不开观察、记忆、思考、想象等智力因素的参与，也同时受经验、情感、态度、性格等非智力因素的制约。

（一）常见问题

（1）因知识贫乏、词汇单调而造成的内容表达不清、传授不准确、视听语言枯燥乏味。

（2）因思维混乱、语言逻辑性差而导致的语言杂乱无章、思维与语言不同步。

（3）因心理紧张导致思维短暂空白、内容遗忘。

（4）因生理或心理状态不佳而导致的语言失控等问题。

（二）纠正的方法

对于前三种问题，创客应加强学习，提高知识水平，加强语言表达技巧的训练。因心理紧张导致思维短暂空白、内容遗忘，因生理或心理状态不佳而导致的语言失控等问题，则应进行自我心理、生理调整或请专家指导，及时调整自己的情绪。这是对自己的创业规划负责。

在录制环节注意：录像环境的基本构图、灯光布置、视频初步剪辑、补充和覆盖画面、字幕准确性。

在运行环节注意：上线运行后很多受众的反馈，都可以作为下一步修改的资源加以整理。最后，运行过后应进行修改完善。

拓展篇
——口语能力的融通

　　为什么说口语问题远比书面语更复杂、更普遍？这是由于生活在碎片化信息时代，视听传播更直观便捷。口语以语音为载体，信息传递的媒介是声音，它是由语音表现的音节、词句以及语调构成的表意系统，借助语音的快慢强弱，来千变万化地传情达意。新媒体时代，口语创客生活在富媒体状态中，应多吸取经典视听传播中的营养，关注相关能力在口语传播中的借鉴和转移，有针对性地训练出镜口才。

第一章
出镜口才

新媒体的发展经历了文字媒体阶段、图画媒体阶段和富媒体阶段。当下的富媒体阶段，创客们运用文字、图片、声音、动画等多重手段传递信息，而创客本人必过的门槛就是出镜口才训练。

（1）掌握有声语言的基本知识，包括普通话、艺术用声的基本知识。

（2）了解有声语言的几种重要的常见的表现形式、表现方法和特征。

（3）熟悉在日常工作、学习和生活中，最常见的场面、场景，作为不同角色讲话的方式、方法和常用技巧。

（4）锻炼创客在摄像机前、在不同录制场合、不同录制时间口语的勇气和自信。

（5）品味有声语言的高雅艺术。

（6）拓展传播者个人的素质，拓宽知识视野，掌握基本技能，增强社会适应能力。

一、出镜口才的基本概念

出镜口才是有声语言的表达艺术，是较为高级的、完善的、具有美学价值的口语表达能力。

出镜口才主要由消化力、说明力、吸引力、说服力四个基本要素构成。

创客们的出镜口才是指他们为达到一定目标在传播活动中有效运用口头语言表情达意的能力。

二、出镜口才的一般特征

1. 方式口语化

2. 语言个性化

3. 表达规范化

4. 内容简约化

5. 形式多样化

三、出镜口才的基本功能

1. 大众传播意识

2. 信息传播

3. 协调沟通

与镜头的沟通应该包括和摄像的默契沟通，团队意识不可缺失。

4. 情商决定沟通

情商（EQ）用来衡量情绪智力，是指一个创客最优地发挥个人智能（激励、自信等）和社交能力（沟通、对他人的理解等等），因此它对于一个创客在镜头前的认知密切相关。

5. 良好的文化素养是前提

6. 语言表达能力是基础

四、出镜口才的一般原则

（一）立诚

1. "诚"的含义

（1）真诚——即真实而可信

（2）热诚——即热心诚恳

2. "诚"的奇异效果

大众传播语言运用之所以强调"诚"，是因为"诚"在促进公共关系目标的实现上，确实有着奇异的功效。公共关系，可以说是以"诚"作为立身之本的。它可以树立良好的公众形象，增加公众可众可信度，增加公众对视听的理解和支持度，促进视听的进一步发展。

（二）切境

切境，就是要求语言运用与所处的特定环境相切合、相适应。语言环境，也称语境（Situation of Context），就是语言传播所处的现实环境或具体情景。

语言环境有广义与狭义之分。广义语境在宏观方面指社会、地域、文化、传统等，在微观方面指交流对象的处境、地位、文化、经历、性格、特点等。狭义语境，即言语语境，是指"前言后语、上文下文"。在运用大众传播语言的过程中必须考虑这些因素。

第一，对社会、文化背景的思考。

特定的社会环境、历史背景、文化特征，往往会赋予语言特殊的附加意义和功能，从而对语言传播产生影响。

第二，注意传播的时间、地点和场合。

这种适应关系主要表现在依据一定的时空条件和场合特点去选择语言表达手段，确定话语成品的总体规模和所传递的信息量。

第三，注意传播对象的特点。

大众传播语言运用必须重视传播对象的特点，根据对象特点选择恰当的语言表达形式是一种更为直接的制约因素。

（三）得体

什么是得体？笼统地说，所谓得体，就是言语使用的得当、恰当、恰如其分。在语言学科中，得体是指语言运用符合"语体"（文体）的语言运用的总体要求和风格特点。"语体"既是各种语言表达手段（包括用词、造句、语音、辞格及章法等）的有机统一体，又是语言表达形式与题旨情趣完美适应关系的集中体现。

大众传播语言必须得体。它主要涵盖以下几个方面：实用基础上的平实语言风格，用语色彩的中性化倾向，话语表达上的恰如其分，互尊互益前提下的文明、庄重色彩。

（四）有效

衡量大众传播语言的效果有四个层次。

1. 信息层次——传递信息

2. 感情层次——沟通情感

3. 态度层次——表决态度

4. 行为层次——产生行为

五、出镜体态语言的运用

（一）体态语言及其特征

1. 什么是体态语言

大众传播语言是指大众传播过程中所使用的一切具有意义的符号，分为有声语言、书面语言和体态语言三种。

体态语言是以体态与意义相结合，以表现与观察为传播方式的语言符号，即口语创客们进行传播时，通过自己的表情、动作、姿态等来表达思想感情、传递信息的一种辅助语言。

2. 体态语言具有以下特性：

（1）真切性和直观性。

（2）多样性和丰富性。

（3）先天性和经验性。

（4）民族性和文化性。

（5）含蓄性与模糊性。

（二）体态语言具有以下作用

增加有声语言的表现力，使表达的含义更加明确。

使表达的情感更加真挚，能昭示或掩饰内心情绪。

能迅速地传递反馈信息，有限地体现气质和风度。

（三）体态语言具有以下类型

1. 动态体语

所谓动态体语是指人体在某一场景中通过动态姿势所表示的一种无声语言。它可分为手势语、身势语、表情语、接触语等类型。

手势语——手势是创客们在交往或谈话过程中用来传递信息的各种手部动作。手势语又可分为细腻型、力量型以及介于二者之间的中介型以及其他类型。

身势语——身势语是指身体的动态姿势，又称说明性身姿。根据身势语的机能，可将身势语区分为四个类型：象征性身势语、说明性身势语、表情性身势语和回避性身势语。

表情语——面部表情是指头部（主要是脸部）各部位对于情感体验的反应动作。包括眼、眉、鼻、嘴的变化及肌肉的收展和脸色的改变。面部表情主要是通过目光语和微笑语来传递信息的。

接触语——又称触摸语。一般是指人处于"亲密距离"范围内的身体与某一个体的自身接触行为。人们相互交往中的触摸行为主要包括握手、拍肩、亲吻、拥抱等不同方面。

2. 静态体语

就是通过无声的静止体态来沟通信息的一种无声语言。静态体语主要包括两种类型：一是指沟通者的姿势语；二是指沟通中的界域语。姿势语和界域语在公共关系传播过程中都可以表达的重要含义。姿势语主要包括立姿、坐姿等；界域语是指传播者之间的界域距离或位置界域，又可称为"空间语""人际距离""势力圈范围"等。

（四）需要注意的几个问题

1. 整体协调

一般说来，态势语要做到：要与有声语言协调；要与感情、语境相协调；要与其他非语言手段相协调。

2. 因人（时或地）制宜

采用态势语一般有两种情况。一种是自然流露，另一种是根据大众传播实务的具体情况而预先设计。

3. 雅观自然

要遵照大众的审美观，口语创客的表情、手势和体态美等应自然含蓄，温文尔雅，有分寸，不拘谨，也不造作，即便是表现强烈的激情，也不作过火的态势。

4. 整齐适度，简练有力

正像说话多，不一定就表明语言能力强一样，态势语言运用过多，或是运用得不恰当，都会影响大众传播者的形象。

六、出镜表达与思维

（一）思维与语言

1. 二者的关系

思维就是创客们通常说的动脑筋，进行思考。思维是人脑通过语言对客观事物间接的、概括的反映，属于创客认识过程的理性认识阶段。

语言是以语音为外壳，以词汇为材料，以语法为结构而构成的体系。语言是一种特殊的社会现象，它依存于社会，随社会的产生而产生、发展而发展。

思维是语言的内容，语言是思维的工具，思维只有在语言材料的基础上才能产生、存在和发展。思维活动只有通过语言才能进行或表达，离开词、词组、句等语言形式，思维活动是无法进行的。

思维与语言二者有着不可分割的联系。它们是在创客们劳动过程中同时产生的。没有思维就没有语言，没有语言就没有思维。思维被认为是出镜口才的灵魂，而出镜口才对思维品质的要求，几乎涉及思维的一切种类和形式。出镜口才对思维品质的要求无论怎样强调都不过分。一个思维敏捷、缜密的口语传播者，可以用极简洁的语言表达极丰富的思想感情；而一个思维迟钝、混乱的人即使用许多语句，也说不清一个很简单的道理。思维的内容决定着语言的表述意义，思维的质量决定着语言表达的效果。

2. 为什么要认识"思维"

（1）创客的学习，不仅仅是为了掌握知识，更重要的是锻炼、提高思维能力。

（2）学会"正确地做事"，而不仅仅是"做正确的事"的需要。"正确地做事"就需要有正确的思维。

（3）准确表述自己的意见、表达自己思想的需要，也即具有良好的出镜口才的需要。

3. 思维能力的种类

（1）形象思维

它以想象、联想和幻想为基本手段，通过生动的形象创造来揭示事物的本质及其内在规律性。

（2）逻辑思维

又叫抽象思维能力，它是以概念、判断、推理来反映、揭示事物本质和规律的思维形式。

（3）灵感思维

也称"顿悟思维"。它是在思想高度集中、情绪高涨时，由于有关事物的偶然触发，促使思路顿开，思如泉涌，从而对所探索、所关注的问题获得突然明确的领悟和认识。

（4）直觉思维

这是大脑对于突然出现在面前的新事物、新现象、新问题及其本质联系的一种迅速果断的捕捉，敏锐而深刻的洞察，直接的本质理解和综合的整体识别。简言之，即直接的领悟和认识。

（5）发散思维

又称"扩散思维""求异思维"。它要求人的思维从给定课题开始，沿着很多不同思路扩展，观念发散到各个有关方面，要求产生多种可能的答案而不是单一正确的答案。发散思维主要是通过联想、想象、猜想和推想，多角度、多层次地寻找多种可能的解决问题的答案。

（6）辅合思维

也称"集中思维""求同思维"。与"发散思维"相对。我们知道，当思维达到一定的发散程度后，便需要及时改变思维策略，由发散思维过渡到辅合思维。

（7）辩证思维

辩证思维，是在逻辑思维基础上发展而来的，是思维的高级形态。它主要是运用辩证分析与综合的方法，揭示事物的内在规律，即普遍的对立统一规律。

（8）创造思维

创造思维是指有创见的思维，是在已有个人经验的基础上，从某些事物中寻求新关系、找出新答案的思维过程，是人类智力高度发达的表现。

（二）构思与思路

构思是事先的整体设想，思路是事件进行中的思考的线索，两者都在思维这个范畴之内。

构思是写文章、作演讲，搞艺术创作过程中所进行的思维活动，包括酝酿、确立主题、选取题材，探索最适当的表现形式和结构方式等。

思路则是写文章，作演讲时组织材料的思考路线。构思具有全局性，思路具有单一性。

　　构思与思路既有统一性又有差异性，运用大众传播出镜口才进行人际信息传播中必须有缜密的构思、清晰的思路。缜密的构思，使语言的表达迅速、准确、得体、完整；清晰的思路，使问题说得有条有理，从而易于被公众接受，获得较好的大众传播效果。

　　（三）出镜表达的思维架构

　　出镜口才的基本表达架构必须具备三个核心：

　　一是主题。确立主题的重要根据是两个方面，一是大众传播的目的、任务，这一般是明确的；二是大众传播的对象，注意对象则往往是多变的。

　　二是材料。选取材料的方法有以下四种：从历史发展的角度看的纵向扫描法；从事物相互联系角度看的横向拓展法；上述两种方法交叉使用的纵横交错法；比较事物或问题的正反两面的正反对比法。

　　三是结构。根据说话的程序，结构大体可以分为三种：总分总式，就是先讲主题，再加以阐述，最后小结。分总式就是先说材料，再得出主题。总分式，就是先讲主题，再分别阐述。

　　至于出镜的表达方式可以采用叙述式、描述式、说明式、说理式。

第二章
创客口语与播音主持

创客口语和传统的播音主持之间存在广泛的交互性和交融性。在自媒体迅速发展的今天，传统媒体是线性传播的，但节目绝不是线性传播的。作为专业媒体中的播音主持应该把一寸的宽度，做到一公里的深度。一方面，不是时代不需要专业媒体，而是专业媒体做得不够专业；另一方面，口语创客应该贪婪地汲取播音主持的丰富营养。对于新兴的口语创客来说，播音主持的基本功是其内容创作的坚强基石。

一、二者的交互性

（一）播音的定义
一般是指以传播者的身份，以有声语言为手段在话筒前直接面向广播电视听众观众传播信息的实践活动。

（二）播音的含义
播音是广播电视节目的重要组成部分。

播音是指专职播音工作者包括播音员、主持人把文字讲稿转化为有声语言的创作活动以及没有文字讲稿为依据的即兴的有声语言的创作活动。广播电视是点对面的传播，是"我播你听"的传输方式，但是随着时代发展，播音口头语言活动已经具有了更加广泛的内涵，口语创客应从播音员主持人身上汲取大量营养。

（三）口语创客与播音员、主持人的区别
1. 职责不同

目前，口语创客主要是传播知识和智慧，属于自媒体；播音员主持人是广播电视节目创作，是党和政府的喉舌。

2. 传受关系不同

口语创客是传道和服务；播音员主持人贴近观众，为节目服务。

3. 对象感不同

创客的对象是学习者、服务对象等用户；播音员主持人的对象是广泛的受众。

4. 工作方式不同

创客要为人师表，是粉丝的表率更注重个人化；播音员主持人庄重、严肃，代表传统媒体形象，有的栏目注重娱乐化，但绝不是低俗。

5. 参与节目的程度不同

口语创客对用户成长负责，从开头到结尾起主导作用，自己的材料自己播讲；播音员主持人将文字转成声音，体现文字的内涵，做好节目串联的灵魂即可。

二、二者的交融性

口语是新媒体时代发展的趋势，在传播中将发挥越来越重要的作用，是传播能力发展的必然结果。广播电视主持人要求具有采、编、播、控等多种业务能力。在一个相对固定的视频中，节目团队服务于广播电视媒体机构，有严格的制作和播出流程。而新媒体口语创客是在互联网进行自媒体化传播的人群，往往作为主持者和播出者，他们集讲述、编辑、摄录和网络互动于一身。在互联网的迅速蔓延下，广播电视需要关注互联网受众的接受取向，也应当以口语创客的要求来不断调整口语样态。而自媒体则可以从广播电视已有的专业积淀中汲取宝贵经验。同样作为口语创客，二者在很多方面存在交融性。

（一）类型的交融

单一型：以主讲人的口吻讲说。

参与型：参与讲稿、编辑、录像、后期制作，并非完全参与，不起主导作用。

主导型：采、编、播、控完全由其决定，一般是大型或中型传播活动。

独立型：所有工作由自己完成，比如小型的微媒体（节目）维护。

（二）须树立的观念

（1）全媒体传播的观念，具有表演性，全媒体传播依靠人际传播来实现大众传播，但文化形象要高于人际传播。

（2）大众传递信息的观念，少说废话。

（3）平等交流的观念，处于与听众平等的位置上。

（三）需要的素质

1. 政治素质

播音员主持人或者口语创客必须首先要有强烈的社会责任感和较高的政治思

想意识，作为大众传播的口语首要因素是社会责任，这无论是自媒体还是传统广播电视都是需要的。

2. 精神素质

包括高尚的道德情感、完美的人格、较强的应变能力、良好的气质和心理素质。

3. 业务素质

（1）深厚的知识底蕴，"腹有诗书气自华"，要做到广、博、精、深。

（2）良好的语言素养。语言要纯，讲一口标准的普通话；优美的音色，宽广的音域；较强的口语能力，语言有较强的表现力、穿透力、感染力。简洁、明了、生动、耐听。

（3）口语创客要和播音员主持人一样，应具备一定的临场应变和即兴发挥能力。

（4）策划和组织能力。策划要有主意，能出点子；组织能力要求对整个节目的把控和制作具有统筹能力。

（5）口语创客应具备个性鲜明的主持风格。

（四）口语创客制作的几种形式

自媒体和广播电视节目制作因规模不同存在或多或少的不同，但基本模式差不多。其文案、出像、编制等几个环节通常分为合一、合作、外包等形式创作。

第三章
创客口语与朗诵

一、什么是朗诵

朗，即声音的清晰、响亮；诵，即背诵。朗诵，就是用清晰、响亮的声音，结合各种语言手段来完善地表达作品思想感情的一种语言艺术。

二、朗诵前的准备

1. 选择朗诵材料

首先要注意选择那些语言具有形象性而且适于上口的文章。其次要根据朗诵的场合和听众的需要，以及朗诵者自己的爱好和实际水平，在众多作品中，选出合适的作品。

2. 把握作品的基调和内容

朗诵基调是指作品的基本情调，即作品的总的态度感情，总的色彩和分量。准确地把握作品内容，透彻地理解其内在含义，是作品朗诵重要的前提和基础。要准确透彻地把握作品内容，应注意以下几点：

（1）正确、深入地理解。

（2）深刻、细致地体味。

（3）丰富、逼真地想象。

3. 用普通话朗诵

三、朗诵的基本表达手段

朗诵时，一方面要深刻透彻地把握作品的内容，另一方面要合理地运用各种艺术手段，准确地表达作品的内在含义。常用的基本表达手段有：停顿、重音、语速、句调。技能训练和不同文体的朗诵技法可以参照本书前面的语言表达技巧。

第四章
创客口语与演讲

一、定义

演讲，又称演说，是在特定的场合中，讲话者凭借自己的出镜口才，运用有声语言（为主）和态势语言（为辅），如动作、手势、表情，面对广大听众发表意见，从而达到感召听众并促使其行动的一种现实的信息交流活动。

二、演讲的分类

（一）从功能上划分

（1）"使人知"演讲。

（2）"使人信"演讲。

（3）"使人激"演讲。

（4）"使人动"演讲。

（5）"使人乐"演讲。

（二）从表达形式上划分

（1）命题演讲。

（2）即兴演讲。

（3）论辩演讲。

（三）从内容上划分

（1）政治演讲。

（2）生活演讲。

（3）学术演讲。

（4）法庭演讲。

（5）宗教演讲。

三、演讲稿概述

演讲稿也叫演说辞，它是在较为隆重的仪式上和某些公众场所发表的讲话文稿。演讲的类型一般可分为告知性演讲、说服性演讲以及特殊场合演讲三大类。告知性演讲主要是在传达或说明某些信息，给描述对象展示操作方法，报告事件解释概念等。目的是在于传达知识和说明理念，因此信息组织和内容排列就非常重要。而说服性的演讲则意图改变听者的态度和行为，主要是可信度和说服力的展现，那么倾诉方式的运用就会显得非常重要。而特殊场合的演讲才可以再细分为介绍、颁奖、领奖以及婚丧节庆等特殊活动的演讲。①

为演讲准备的稿子具有以下三个特点：针对性、可讲性、鼓动性。

四、演讲的要求

在会场上演讲有两个基本的要诀：一是自信与勇气；二是在众人面前保持从容清晰的思索能力。

五、演讲的准备

整个过程可以包括拟定讲题、写好讲稿、熟记讲稿、自我讲练、设计好上台、开场、下台的步骤。状态松弛是良好录像效果的前提。很多人一到镜头前就失去自控，找不到得心应手的感觉。可以先在家里试着预演一遍，心中有数再去录像棚，找到在家里的感觉。条件允许的，在平时就可以随时录像。感觉好的保留，感觉不好要查找原因，再进行提高。

六、演讲礼仪

演讲时要保持久充沛的精力。
演讲者的声音要响亮。
演讲者的服饰应以整洁、朴实、大方为原则。

七、势态语技巧

自然是势态语言的核心，不能机械地设计手势、动作等，所有势态语言要由衷而出。

---

① 秦琍琍，李佩雯，蔡鸿滨．口语传播［M］．上海：复旦大学出版社，2011：17.

八、现场控制技巧

（一）演讲者的自控技巧

1. 怯场心理的控制

首先，充分的准备，是克服怯场心理的最关键的一个手段。

其次，具体来说，克服怯场心理一般还有这样两种常用的方法：

（1）自我暗示。

（2）回避刺激。

2. 情感的控制

除了要加强理智，克服情感的随意性之外，还要懂得尊重听众，礼貌待人，不要恶语伤人。有时还要有适当的处变能力和技巧，用沉默、停顿、模糊语言等方法来控制情感，调节气氛。

（二）演讲者的控场技巧

1. 怎样控制冷场

（1）发言简短。

（2）转换话题。

（3）在演讲中来点幽默，也是调节气氛、避免冷场的一种做法。

2. 怎样控制搅场

出现搅场的原因有三种：一是听者本就对发言者有成见，是反对派。之所以来听，就是想钻空子、找岔子，不管你怎么说他都要搅；二是发言者的思想、学术、业务等水平不高，听者觉得演讲者不配浪费自己的时间；三是发言者的内容完全不合听者之意。

应对方法：

对第一种情况，应该用坚定信心、置若罔闻的做法。

对第二种做法，应该有谦虚谨慎、自剖自责的态度。

对第三种情况，采用点幽默风趣、生动活泼的方式。

第五章
熟悉口语录制过程

团队合作配合决定了口语视听的成败。在录制过程中出像者和摄像师要密切合作，创客面对镜头和摄像师进行面对面的磨合、测试。自媒体视频、慕课课程和手机直播在互联网上线的同时，受众更看中的是播讲者的能力，出镜口才则是一个创客的综合素质的最好表现，一个口语创客的经历、专业知识、职业技能、组织才能、沟通协调能力等等都可以通过出镜口才得以展现。在不知不觉中出镜口才就成了镜头中检验创客基本素质、能力的一个标准。对口语传播者来讲，如何在短短的出镜交谈中很好地展现自己，在镜头前留下一个美好而深刻的印象，和摄像能否成功是不可或缺的关键因素。

（一）出镜的类型

（1）根据一次接受人数的多少，可分为单独出镜和集体出镜。

集体出镜中，摄像师比较注重口语者以下的一些素质和能力：独立思考问题与解决问题的能力，逻辑思维及表达能力，沟通能力（处理人际关系的能力），团队协作精神及组织能力。

（2）根据出镜时的时间要求，可分为紧张型出镜和宽松型出镜。

（3）根据出镜内容，可分为一般出镜、情景出镜和特色出镜。

（二）出镜口才原则

（1）目的性原则；（2）诚实性原则；（3）准确性原则；（4）积极性原则；（5）礼貌性原则。

（三）出镜准备及礼仪

1. 出镜前的准备

（1）多方位准备，发饰、化妆、服装、灯光、机位、色温、录制保存等。

（2）精心准备讲稿。讲稿是录制成功的关键，讲稿要简洁明了、朴素大方、重点突出，要突出与所授课程相关的信息。最好将讲稿的全部内容写进一页纸，最多不超过两页。讲稿的表述在用词、语法等方面应规范、准确、恰当，不能有差错。讲稿的内容必须真实。

（3）准备好出镜时可能要补拍的各种证书、图片。

（4）熟悉自己的讲稿，准备可能出现的相关提问。

（5）对自己仪表方面的准备。

（6）准备好出镜的心态。

（7）熟悉出镜的场所，把握好出镜的时间，团队合作中不要迟到。

2. 出镜的注意事项

出镜要注意的礼仪、举止、社交常识以及各地风俗应该尽量多做了解。

（四）访谈类口语语言表达的原则

1. 在访谈类口语中回答问题一般分三个步骤

步骤一：要听清楚究竟问的是什么问题，以及提问中隐含的问题，即清楚对方的真正意图。

步骤二：按照"目的性原则""诚实性原则""准确性原则""积极性原则""礼貌性原则"，迅速理清思路、组织语言。

步骤三：用简明扼要的语言清晰、响亮地回答问题。

2. 访谈类口语的语言表达

第一，有声语言的表达。

口述的语言要简练、谈话要富于幽默、出镜者的语言表达要"口语化"，注意语气、语调、语速和音量。

第二，态势语言的运用。

坦诚的目光交流，自信、真诚的微笑，自然适度的手势。

附　录

关于口语创业学院建设

——以合肥区域为例

一、口语创业指导思想

以习近平总书记在宣传思想战线重要讲话为指导，深入贯彻落实"大众创业，万众创新"精神，主动适应新兴口语传播产业的需要，坚持以服务为宗旨、以创业为导向，以提高质量为核心，走产学研结合的发展道路，促进专业与产业对接、课程内容与口语行业创新对接、教学过程与创业过程对接、学历证书与职业资格证书对接，学院在培养适应互联网口语传播发展技能型人才的同时与创业企业共同进步。

二、创业学院建设的背景

（一）产业分析

2015 年 3 月 5 日，李克强总理在《政府工作报告》中指出，把"大众创业，万众创新"打造成推动中国经济前行的"双引擎"之一，将"创客"与创业和创新联系在了一起，特指具有创新理念、自主创业的人，而口语创客是在新媒体时代靠说话创造价值的人。传播平台和形式在不断发展，语言的传播能力也必须及时跟上时代的发展。从播音主持到口语传播，人才成长急需理论支撑。和传统媒体的垄断式大众化语言样态不同，新媒体口语正以一种个人化语言样态却实现着群体化、组织化和大众化的传播。口语创客涉及教育、出版、新闻和广告等各行各业。广播电视终端、电脑终端和手机终端的口语创客内容不可能孤立存在，任何一项内容均可涉及多渠道融合。走出广播电视播音这座象牙塔，互联网口语创业亟待政府、企业和院校联手行动。合肥是"大湖名城，创新高地"，在各类创业学院风起云涌之际，口语创业学院建设也应当发挥地域和文化优势在全国领先一步。

口语传播学是国内传媒类院校亟待建设的学科，然而从播音主持到口语传播目前缺乏开拓性的课程引领。新媒体传播业态下网络视听资源包罗万象：网络直播、慕课、有声读物、二维码视频、网络电台、视频网、微信公众号、微信语音特推等。如此层出不穷的新媒体视听呈现怎么去研究？面对良莠不齐、杂乱无章的口语传播样态，《口语创客》的研究着重以直播、自媒体和慕课三个代表性口语传播为主线，分析其产生、关联及其融通发展。我们按照慕课—自媒体—直播三个思维方向来梳理口语创客的融合滚动发展，满足迅速膨胀的新媒体口语传播人才的需要。自媒体使每一个生理人可以发布所见所闻事件，还可以创意作品传播。教学立足自我传播，根据人际传播、团体传播、组织传播、公众传播和跨文化传播的等级提升，研究口语创意和传播的实际运用。

（二）《口语创客》产学融合需求

当"大众创业，万众创新"的影响力必须渗透进口语传播领域，它带来的是口语参与产业革命的创造，是一种口语变现的探索。人们在自己的"媒体"上由"想写就写"的创意转变为"想说就说"的创造，每个"草根"都可以利用互联网来表达自己想要表达的观点，构建自己的社交网络进而成为英雄。不同于电视、报纸等传统媒体的复杂运作，新媒体口语创业者省去大量人力和财力。学生尝试做口语创客的门槛低易操作，没有层层核实、检验和严格测评。口语创客们坐在家中就可以对世界各地的人进行直播、就可以上传自己最新创意的视听、就可以评说社会万象的个人观点……互联网似乎让"一切皆有可能"，平民大众成立一个属于自己的"媒体"也成为可能。学生的积极性高，但是靠说话创业需要研究和引导，创业学院亟待推出《口语创客》教学。

平台的发展除了娱乐功能之外，它将推动创客的产生。2016年初，中央戏剧学院硕士论文还没完成的"papi酱"通过她的口语视频在很短的时间内经过一系列事件继续发酵，以2200万的标的创造了所谓新媒体传播史上的"广告标王"。同样在2016年初，风起云涌的各类手机直播软件让每一个有手机的人在任何时间、任何地点都可以进行直播。与此同时，慕课的创新方式使得教育变成了普惠大众，开蒙启智的工具，每一位慕课教师也都是一位口语创客。从互联网产业链的角度来分析，新媒体口语传播人才需求可以概括为三类：口语创意人才，口语表达人才，口语呈现人才。有的脱胎于门户网站；有的是传统媒体人出来做的；有的是传统媒体自我转型。但是因为种种局限，所以特色并不明确。

自媒体分广义的自媒体和狭义的自媒体，广义的自媒体可以追溯到上世纪末，当时的个人主页、BBS 个人专辑都可以叫自媒体。而狭义的自媒体则是可以微信公众号为标志，再加上之后的百度百家、搜狐、网易、腾讯等自媒体创意平台。这些自媒体中随着制作手段进步，口语类自媒体创作正不断增加，有声读物、慕课、微信语音、门户网站视频节目等层出不穷。以安徽区域为例对目前院校教学状况进行分析。安徽区域传媒类院校中播音主持专业办学历史悠久的属安徽广播影视职业技术学院，综合类院校有安徽大学、安徽师范大学、安庆师范大学、皖西学院、黄山学院、阜阳师范学院、新华学院等。原广电系统的学校理论和实践教学体系沿袭中国传媒大学的框架，其他综合类学校是在本身基础上的拓展。那么，面对新媒体口语传播的教学尚不知如何进行。

我们对国内新媒体和传统媒体产业展开了相关的调研，包括自媒体人作坊式的自我创业，我们共调研了主要的 5 家新兴传媒企业，发现新媒体企业用人的概念与传统媒体有着很大区别。他们是固定用人和短期任务性用人结合；坐班用人和远程合作结合；岗位技能多向融合，一岗多责和多岗合一，内容创新是企业的最大追求。而对于自媒体人生存来说，他们大量采取多种岗位合于一身的远程合作。随着互联网技术的发展远程就业和创业可以广泛地运用在视频、音频和直播的各环节。新媒体企业都在建设跨平台的网络视听人才产业促进模式。相关情况汇总见表 1：

表 1　调研的代表性新媒体企业的情况汇总

公司名称	公司主要情况	岗位需求	相关岗位信息
云南旅游新闻等七大新媒体平台	该公司主要依靠互联网平台制作云南旅游、文化、企业视频新闻，同时进行大型活动运作直播。年上线视频 1000 小时	员工总数约 70 人	网络调度：专科以上，3 人； 以下为网络远程合作： 网络配音员：学历不限，人数不限； 主持人：专科以上，10 人； 配音：专科以上，20 人； 手机直播主持人：专科科以上，100 人
合肥宁肯传媒股份有限公司	该公司 2016 年起与合肥广播电视台签订 5 年合约，以每年 1.3 亿元买断合肥市级广播电视媒体全部广告经营权	员工总数约 50 人	新媒体节目研发人员：本科以上，5 人； 网络写手：本科以上，10 人； 主持人：专科以上，5 人； 网络平台运行：本科以上，5 人； 制片人：本科以上，10 人； 编导：专科以上，5 人； 技术助理：专科以上，3 人； 技术支持人员：专科以上，10 人

（续表）

公司名称	公司主要情况	岗位需求	相关岗位信息
合肥浪潮TV	该公司专注于新媒体节目与传统媒体节目的融合运营	员工总数约30人	新媒体节目研发人员：本科以上，5人；手机直播主持人：专科以上，100人；大型活动策划：专科以上，10人；（与安广院签署战略合作，实现人才使用和企业的深度融合）
E会学	合肥亚慕公司是安徽省网络课程中心指定课程制作企业，开办3年，拥有稳定的制作团队，致力于为全省教师打造高水平慕课课程，逐渐延伸成长为全新的互联网社群品牌	员工总数约20人	解决方案项目经理：本科以上，1人；内容运营：本科以上，3人；硬件工程师：本科以上，2人；摄像师：专科以上，2人；后期制作：专科以上，5人；综合服务：专科以上，10人
合肥声扬配音公司	该公司一家专业从事动漫配音、教育教学配音、词曲创作以及整体音频后期制作的动漫机构	员工总数约10人	网络客服：5人；网络配音员：100人；后期音频制作：5人

　　本次调研的5家公司的工作岗位、需求数量，与传统用人方式不同的是除了签约坐班或者远程合作的岗位，还有很多不限人数的远程合作项目，见表2。

表2　急需远程合作的口语传播人才表

工作岗位	人才学历层次	固定岗位	按需求量排序的远程合作
网络配音	专科	120	1
手机直播主持人	专科	200	2
自媒体主持人	本科	20	3
内容运营策划	本科	15	4
慕课培训师	本科	10	5

（三）《口语创客》教学需求分析

　　中国互联网协会发布《2014中国互联网产业发展综述报告》，新兴媒体促进经济社会发展，仅2014年上半年，百度、新浪、网易、搜狐、腾讯5家的广告收入达292.76亿元，同比增长54.12%。随着信息处理技术不断升级，新媒体正逐渐吞噬着传统媒体的生存空间。微信继门户网站、微博之后成为 Web3.0 时代的代表，在新兴媒体信息消费的分享时代，音视频创意传播产业将前景无限。

但是"内容为王"是口语创客的共识，本课程依托互联网打造批量口语创客的巨大空间。从上述人才需求分析表不难发现：应用型口语传播人才极其紧缺。网络创客现在还是处于"玩"的状态，产业发展潜力巨大。除此之外，在各行各业"互联网+"转型中很多人没有视频创作经验，从线下走到线上存在瓶颈。比如：慕课教师，很多优秀的教师在讲台前运用自如，但到镜头前往往需要很长时间的适应过程，很多创客投入大量精力往往效果不明显。

通过分析可以得出以下"口语创客"的需求对象很广：（1）自媒体创业人；（2）慕课教师；（3）PC、手机直播主持人；（4）出版发行的定制口语音视频。

口语创业学院建设是从播音主持领域向口语传播领域的一步跨越，将主要面向互联网内容产品的应用领域。其教学目标为培养学生在新媒体节目中担任出像播音和画面配音的基本技能和初步职业能力，掌握新媒体口语传播工作规律以及视频画面创作规律，以便在所从事的口播出像、画面配音、作品创意中实现三个"正确"：正确地构建网络传播用声方法；正确地培养创意语言；正确地采集、分析和处理社会信息。按照《口语创客》学习领域课程教学目标定位，学生掌握的职业能力包括专业能力、方法能力和社会能力。

三、传媒类院校的合作愿望

（一）已具备的条件和基础

1. 主动适应口语传播业态发展推进课程改革

播音主持专业一直是传媒类院校的朝阳专业。学校高度重视专业建设，投入了大量的人力、物力和财力，逐步形成各具特色的专业人才培养模式，积累了丰富的播音主持办学经验。作为口语传播学的发展探索，创新带头人应该是较早涉及新媒体口语传播实践和研究的老师。要拥有多年传统媒体主持人的经历，并涉足网络配音；做过慕课示范课，并已率先使用过若干学期；与网络媒体、移动新媒体、广播电视台广告新媒体开展深度合作。

口语创客教学紧跟网络创新的应用实际，主动适应文化传播产业的发展需要，及时调整课程设置和教学内容，引入传播学核心知识。培养慕课教师群中的先行者，毕业生中已有大量新媒体创业群，可以将组建了以教学、行业、企业三方组成的创业指导委员会，积极开展专业教学改革与实践，在教学过程中实施项目化驱动及现代化教育手段，具有条件较好且数量较多的实训室和实习基地。开辟能够满足学生教育实践需要的实习基地，其中包括新媒体企业和省市级传统媒体。

表3　口语创客实训室情况一览表

实训（验）室名称	开设的实训项目	实训室设备	对应课程
网络配音实训室	动漫、游戏及其他网络配音	套	网络配音
视频实训室	网络视频主持	套	自媒体出镜
音频实训室	网络电台主持	套	网络电台节目录制
音频直播实训室	网络直播	套	电竞主持
合肥浪潮 TV 基地	手机直播	套	与广播电视融合的节目

2. 以播音主持的办学经验为基础形成特色

口语传播课程可以沿袭多年来以播音主持为核心、以艺术教育为形式、以严格管理为抓手、以质量效益为支撑，逐步形成"大课+小课"的播音专业办学体系。实质推进"校企合作、前堂后台、工学交替"精神，以媒体真实工作环境为依托，让学生参与媒体节目运行。学生自己创办的"配音社""自媒体社区"的互联网社团，他们在校期间就尝试草根创业，这为教学提供了实战平台。

3. 服务于口语传播专业建设

新媒体时代口语传播学是国内亟待建设的新学科，然而从播音主持到口语传播的跨越必须要有课程支撑。播音主持专业具备较充分的前期准备，创业学院应立足职业教育，结合新开办口语传播类本科学校的应用性教学，开发《口语创客基础》之类的慕课，该课程在一定范围内获得同类课程学分互认，引导越来越多的播音主持人才投身自媒体；鼓励播音专业毕业生从事网络配音、活动会议主持的口语传播工作，网络播音主持创业空间巨大。

4. 管理规范、质量监控与保障体系健全

教育教学管理系统适应专业教学改革和人才培养模式创新需要，管理队伍结构优良，理念先进，执行严格。质量监控与保障体系健全，各个教学环节均建立了质量标准和工作规范，质量监控、考核、激励等管理制度健全，过程管理严格，形成了持续改进的人才培养质量保障体系。注重对学生职业道德、技术知识、操作技能和基本职业素质的培养，帮助学生进行职业生涯规划，明确学习与努力方向，提高学习兴趣与效果，同时开展创业指导服务，不断提高精准创业水平。

5. 积极开展技术培训与社会服务工作

通过学生自我创业和到企业参加实践活动，专业教师主动与学生合作联合开发创新产品，解决自媒体生产中的技术难题。教师和传媒企业合作完成大量口语传播作品，大批在校学生为新媒体企业提供配音和主持等实践服务，并积极为社会承担社会培训服务工作。

（二）现有课程的不足及改革方向

现有课程的内涵建设尚只能依靠广播电视播音主持的理论架构，远远跟不上新媒体的发展步伐，学生在新媒体创业处于自我摸索状态，主要问题在于：

（1）校企合作、工学结合的创业机制有待进一步探索，与企业间的长效运行机制尚未真正形成。

（2）面对新媒体的课程改革没有启动，口语传播课程体系亟待构建。

（3）师资队伍的数量、质量与结构不能满足必须面向新媒体传播专门人才培养，"双师"教师队伍数量层次尚可，新媒体口语传播的技能急需研究。

（4）学校的实训实习条件亟待拓展新媒体传播模式，校内外实训基地的内涵建设尚须深入。

（5）创业作品生实践能力和职业态度不能完全满足自媒体创业要求，职业精神培养亟需加强。

（6）学生依靠口语传播创造社会和经济价值的能力有待进一步加强。

四、创业学院目标体系

（一）建设总体目标

口语创业学院的合作教学应遵照国家提升"双创"能力的要求，建立健全校企合作的长效机制，进一步推进校企的全面对接。在播音专业"前堂后台"的基础上，实施"任务驱动、教学做合一"的人才培养模式，在原有"项目化教学+顶岗实践"的课程体系上推行"工作室制"，打造专兼结合的双师素质教师团队，并与企业实现"校企互聘"，加强校内外实训实习基地建设，辐射、引领新媒体口语传播专业群的建设和发展，增强播音主持专业的可持续发展能力。

（二）人才培养目标

教学应面向口语传播行业，培养拥护党的基本路线，德、智、体、美、劳等方面全面发展，具备较高的职业素质和文化修养，具有一般口语传播专业基础理论知识和较强的口语创意设计、新媒体口语文案、影视语言录制技能，能胜任自媒体创业、网络课程语言表达、手机直播等领域口语创作的高等技能型人才。

（三）人才培养模式的建设目标

根据人才培养目标和专业建设目标的规定，以及社会和口语创客人才的要求，建立适应校企合作、工学交替人才培养模式，完善教学管理体系，重点加强实习、实训、顶岗实习等教学环节，在教学方法及手段上实现根本性的突破。适应企业制作周期和实际工作时段，设计实训教学和顶岗实习，依托"校中企业"灵活开展实训教学。为适应互联网口语传播作品的生产周期，每个教学工作任务打破固定学时，在课程学习过程中，学生分组循环，实施"教学引导项目"实训、"专项能力训练项目"实训和"企业创业项目"同步实战。

（四）课程和教材的建设目标

校企深度合作，共建《口语创客》创新创业项目，实现教学内容与职业标准对接，完成配套的任务驱动型教材或指导书的编写，与企业共建生产实训课程教学资源，初步建成专业的教学资源库，并投入使用。

（五）实训实习基地的建设目标

校企合作共建合肥区域的校内实训基地，与企业共建浪潮 TV 实训室、声扬配音实训室、远程网络合作实训室、自媒体创意实训室等多个校内实训基地；扩建现代电子产品生产工艺的生产性实训基地，为企业提供研发、试制、小批量试生产等技术服务的校企互动平台，为社会提供培训和技能鉴定的场所。拓展专业的校外实践基地。通过工学交替、创业作品实习等过程加强与企业合作，增加实现实训、参观实习、工学交替、员工技术培训、教师到企业锻炼等互动功能。

（六）师资队伍的建设目标

各传媒类院校应进一步加强"双师型"教师队伍建设，把口语创客的教学团队建设成一支专业带头人作用突出、结构合理、数量充足、具有较强的实践教学能力、产学研发能力和服务能力、专兼结合的教师队伍。既发挥年轻教师的互联网创业研究热情，也兼顾高层次"双师型"教师的实践能力。

（七）社会服务能力的建设目标

为全面加强口语传播方向的产学研合作。教育创客们积极引导合肥宁肯传媒公司与合肥广播电视台很多合作，拓展新媒体业务。通过与企业合作，提升学生在真实环境的沟通交流与服务能力，并与企业共建生产实训课程教学资源。成立口语创客中心，形成《口语创客》基础教学体系。与企业联合开展互联网创意口语传播产品的研究与开发，合作创作口语作品超 100 人次/年。

五、教学内容创新

（一）教学体系改革

以职业能力发展为导向，以创学结合为切入点，实施"以创新创业为导向的《口语创客》课程体系改革"。如图 1 所示：

```
                              ┌ 新媒体平台实训
                    综合实践体系 ┤ 社会实践
                              │ 校内自创平台
                              └ 综合实习
                              ┌ 基础技能层
口语创客课程体系 ┤ 课程实践体系 ┤ 综合提高层
                              └ 实践创新层
                              ┌ 认知实习
                    校外扩展体系 ┤ 合作节目
                              │ 顶岗实习
                              └ 创业作品设计
```

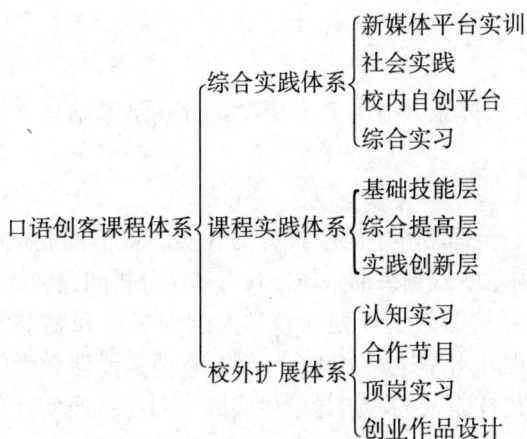

图1　口语创业学院教学体系图

（二）教学体系建设

以职业能力发展为导向，构建服务于创新创业的《口语创客》课程体系，见图2。

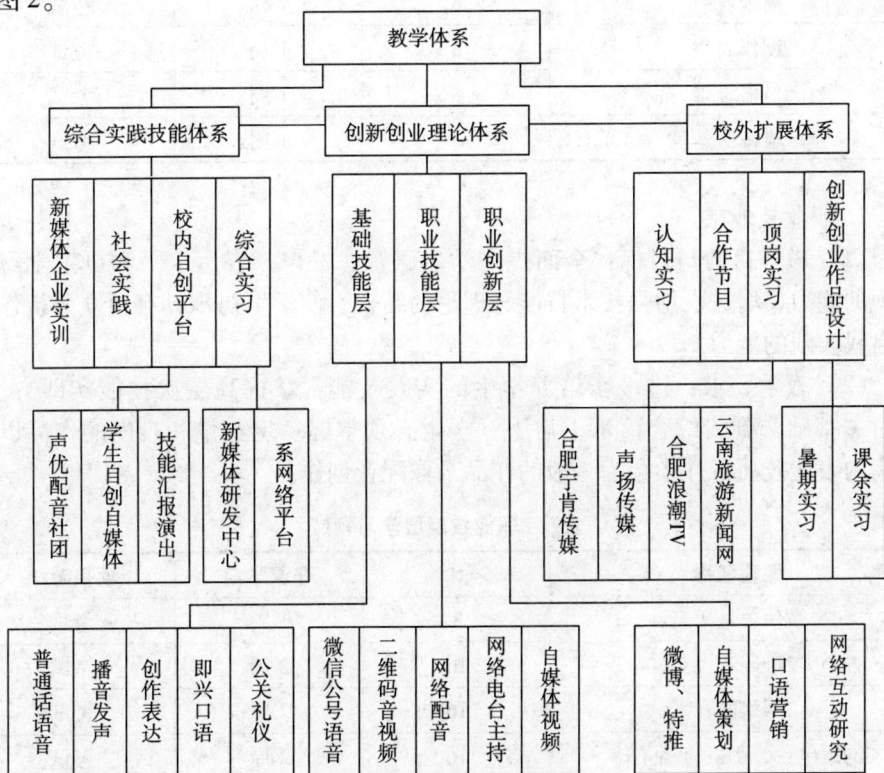

图2　《口语创客》课程体系

课程体系

《口语创客》教学体系共分为 3 个层次：分别是基础技能层、职业技能层和职业拓展层。

1. 基础技能层

（1）教学目的：全面培养学生应具有的扎实的基本创业技能、科学有序的良好创业素质和进行科学实践训练的兴趣，具有基本分析问题和解决问题的能力。

（2）教学要求：按照教学计划和教学大纲的规定和要求，保证创业课程的教学时间，实践课程开出率达到 100%。严格遵循实践课教学的基本规律，教师必须按要求撰写实践技能教案、指导学生实践学习、批改实践作业、撰写课程学习计划与总结等。

表 4　基础技能层学习领域

课程名称	学时	开课时间	项目考核
普通话语音	8	1 周	考试
播音发声	8	1 周	考试
创作表达	8	1 周	考试
口语思维	8	1 周	考试
口语传播基础	8	1 周	考试

2. 职业技能层

（1）教学目的与目标：全面提高学生语音、发声、表达水平和自主学习新知识的能力，增进、增强技术技能与理论的结合，使学生初步具有独立分析作品和自我实践的能力。

（2）教学要求：进一步培养学生的实践技能，掌握高层次技能实践方法；为由"基础"到"综合"承上启下；学生必须掌握一定数量和难度的作品以及常用的表达技巧，并学会为一般的作品录像配音创作。

表 5　职业技能层学习领域

课程名称	学时	开课学期	项目考核
微信公号语音	8	1 周	考试
二维码音视频	16	2 周	考试
网络配音	16	2 周	考试
网络电台、手机直播主持	16	2 周	考试
自媒体音视频创作	16	2 周	考试

3. 职业拓展层

（1）教学目的与目标：通过职业拓展课程的学习，培养学生形成一定的创新研究能力，通过实践拓展新领域的驾驭能力。带领学生在相关专业领域自主选择学习，以灵活的专业和课程设置，培养社会需要的复合型职业技术人才，打破专业设置的限制，从而为学生提供更多的选择机会，提高其抵御风险的能力。

（2）教学要求：按照教师指定实践方案、教师指导与学生自主实践相结合两个层次，逐步推动艺术实践的深入开展；学生要求撰写专业创新方案报告或小论文。

表6　职业拓展层学习领域

课程名称	学时	开课学期	课程性质
微博、特推	8	1周	考查
自媒体策划创意	8	1周	考查
口语营销	8	1周	考查
网络互动研究	8	1周	考查

综合实践体系

1. 目的

通过各种形式的短期实训，使学生具备较强的自主实践能力，充分认识学习本专业的意义，加强自我反思和专业反思，为未来的职业定向及职业实践奠定基础。

2. 目标

（1）培养学生自主实践和劳动的能力及意识。

（2）对媒体一线的运行状况能进行比较客观的评价及反思。

（3）能较为熟练地运用专业理论参加媒体实践。

3. 要求

本专业的学生必须进行综合实践环节。

4. 时间安排（见表7）

表7　实践项目及时间安排

课程名称	实践安排	实践内容	备注
新媒体实训	课余时间	媒体顶岗	根据创业需要
社会实践	课余时间	用户调查	目标用户调查
专业实践（创意大赛）	校内策划	自媒体作品创意	自创作品

课程名称	实践安排	实践内容	备注
校内自创平台	课余时间	稳定运行自媒体	建设自己的平台
综合实习	课程全过程	讲、练、做	关注新媒体变化

5. 校内创新实践训练的组织与管理

专业技能训练由专业教研室统一组织，在专业教师的指导下实施，各实训过程均配备专业指导教师进行日常管理和专业指导。

6. 校内创新实践训练的考核

考核内容分日常考核和训练成绩考核两部分，以全面衡量学生的专业训练能力。

（1）日常考核

实训期间，学生必须遵照学校正常作息时间到指定地点进行实训；学生必须按实训计划分阶段保质保量地完成实训任务；考察其协作能力和互助能力。

（2）训练成绩考核

训练成绩的考核工作由教研室安排教师负责进行。根据学生的实训成果，分优秀、良好、及格和不及格四等，单独计入学生的学习成绩。

校外扩展体系

1. 目的

通过校企合作、前堂后台、工学交替等方式，坚持德技并重的原则，增强学生职业素养，使之掌握和应运用基本知识和基本技能；初步掌握职业学习能力、职业实践能力和职业创新意识；培养学生的兴趣和爱好，基本形成坚持职业训练的习惯；使其具有良好的心理品质，表现出媒体人的交往能力与合作精神；提高对个人的职业传播责任感，初步形成健康的职业拓展方式和积极进取的人生态度。

2. 目标

通过学生真实练兵，使其初步提出问题、设计方案、搜集资料及论证提高的综合能力，从而为学生进入工作单位进行进一步的职业实践奠定良好的基础。

3. 内容

（1）认知实习

为使理论与实践更好地结合，由教师带领学生到媒体单位、专业公司、相关单位等参观，学习新的节目设计、节目理念，提高学生的感性认识，为学生创业作品后能尽快适应工作需要打下基础。

（2）合作节目

为了提高学生的实际动手能力，学生在校期间组织利用课余时间直接到媒体平台的节目中当主持人，进行社会实践，在为媒体单位提供真实服务的同时，进一步巩固所学的专业知识。

（3）顶岗实训

顶岗实训包含暑假实习和创业作品实习两部分。

① 顶岗实习的目的

顶岗实习是整个实践教学的重要组成部分之一，在学生掌握一定专业理论知识的基础上，组织学生进行的实践活动。其目的是为了加强学生的感性认识，进一步加强理论与实际的相结合，进一步巩固和掌握所学的专业理论知识，为创业和学习打下扎实的基础。

② 顶岗实习的内容与要求

要求学生实习过程中，能独立制作节目和内业资料；了解和掌握节目制作的全过程；了解节目设计的编制过程和内容；了解策划方案和策划措施；了解节目创新方法；了解节目安全运行的过程，完成实习日记和实习报告。

③ 顶岗实习的组织

实习由专业教研室组织和管理，实习单位的落实由系统一安排和学生自己解决相结合；由实习单位安排具有一定资质的人员担任现场指导，并由系指派专业实习指导教师进行具体检查、指导和协调工作。

顶岗实习在每学期假期和课余进行。其中创业顶岗的前五周进行综合性的实践活动，最后一周进行实习过程的总结，撰写实习报告。

④ 顶岗实习的考核

实习考核由以下几部分组成：实习日记、实习报告、实习过程的表现。

要求学生每日记载实习情况，包括实习内容、实习体会等，实习结束后应按实习大纲的要求做实习总结。创业作品实习时根据在实习期间的表现及实际业绩，由实习单位的指导教师作出鉴定，并由主管部门签章。学校的专业指导教师组成实习考核小组，根据上述资料给出学生的创业作品实习成绩，成绩分为优秀、良好、及格、不及格四等，单独记入学习成绩。

（4）创业作品设计

① 创业作品设计的目的

创业作品设计是实践性教学的重要环节，通过创业作品设计，可以培养学生综合分析的能力及实际应用能力，培养学生理论联系实际、踏实、认真、严谨的科学作风以及播音员主持人必备的新闻素质、语言功力和节目制作的全局意识。使学生能综合运用所学的基础理论知识和专业知识分析、解决节目创作环节遇到的实际问题。

② 创业作品设计的要求

分两阶段进行：第一阶段为开题设计，时间3周；第二阶段为结构设计，时间为 12 周；最后 1 周让学生总结并展示创业作品。

③ 创业作品设计的组织与管理

创业作品设计由专业教研室组织和管理，并指派专业指导教师进行辅导。创业作品设计题目由专业教研室统一拟定（专业指导教师可提出具体意见及建议）。

④ 创业作品设计的考核

分日常考核和设计成果考核。

日常考核：

创业作品设计期间要求学生遵照学校正常作息时间，到指定地点进行创业作品设计；必须严格遵照时间安排，分阶段保质保量地完成设计。

设计成果考核：

应按创业作品设计任务书中的规定完成设计工作量，考核由专业主任和专业指导教师根据设计期间学生的实际应用能力、设计成果和展示情况综合评定，成绩分优秀、良好、合格、不合格四等。

4. 要求

（1）作品选题采取双向选择的办法，通过师生之间的双选，实现研究的优化；

（2）创新创业作品将严格按照制作规范指导、检查学生创业作品的选题、开题、中期检查及创业作品展示等环节，坚决杜绝抄袭现象，严把创业作品质量关，不断提升作品创新创意质量。

5. 时间安排（见表8）

表8　创业合作项目实训安排

项目名称		项目安排	学　时
口语创客认知		第一周	一周
合作节目	合肥宁肯传媒	第二、三、四、五、六周	按上线时间
	合肥浪潮 TV		
	合肥声扬传媒		
	E 会学		
顶岗实训	假期实习	教学业余时间	按岗位需要
	创业作品实习	教学全过程	
创业作品（设计）		教学汇报	两周

《口语创客》实践教学管理

1. 实践教学管理管理机构及职责

《口语创客》实践教学管理将采取专职、兼职相结合的模式，成立实践教学指导教研组指导实施，同时抽调 4、5 名专职教师兼职指导，所有涉及课程教师配合实施的教学管理模式。

2. 实践学运行程序及运行管理纪录

（1）《口语创客》实践教学的管理分两个方面

① 在课程体系内，具体实施有任课教师负责安排，教研室帮助协调具体实践设备的使用，由任课教师提出申请，播音系和教研室两级审核使用。

② 在课程体系外，由实践教学指导老师负责统筹安排，组织申请设备使用，并报播音系审核。

（2）创新创业教学管理材料汇总

①《口语传播课程实践教学计划》

②《口语传播实践教学实施方案》

③《口语传播实验室综合管理规定（试行）》

④《校内实训基地建设与管理办法》

（3）实验室管理制度

①《口语传播实验室工作管理细则》

②《口语传播教学中心管理规章制度》

③《口语传播实验教学中心安全卫生管理条例》

④《口语传播实验教学中心实验室开放管理规定》

⑤《口语传播实验教学中心设备借用和赔偿规定》

⑥《口语传播实验中心录音与播音室实验室管理规定》

⑦《实验教师职责》

⑧《实验室管理人员职责》

⑨《学生实训守则》

⑩《低值耐用品管理制度》

技能训练保障系统

1. 基础实验室

（1）语音教学实验室

（2）多媒体教室

2. 专业教学实验室

（1）音频实验室

（2）视频实验室

（3）导训视频实验室

（4）配音实验室

（5）广播直播实验室

3. 校外实训基地

（1）省外媒体：《罗辑思维》、云南旅游新闻网

（2）e会学、合肥宁肯传媒、合肥浪潮 TV、合肥声扬传媒

（3）多个市县级传统媒体的新媒体化公司

为了让学生在实践中得以锻炼，感受真实的工作环境，认清自身差距，融入职业角色，强化职业能力，在实践中不断提高。合肥浪潮 TV 新媒体创业公司主动承担校企合作实训基地，建立起长效的联系合作机制，为学生进行实践的指导并提供长期实训的平台。

4. 实践经费

实践经费的运行严格按照统一规章执行。

5. 实践师资建设

为了更好地开展以工作流程为导向的项目式教学以及"亦师亦傅、亦生亦徒"双重角色的人才培养模式的顺利实施，主持与播音专业进一步完善了师资结构。一方面结合专业需要引进高质量人才，另一方面加强对现有教师队伍的培训。特别加强双师型队伍的建设，通过顶岗实践等方式提高本专业专职教师的实践动手能力，同时坚持从一线聘请国内、省内知名新媒体创客在系里任教，使《口语创客》教学更具有实践指导能力。

教学效果评价

《口语创客》的教学考核评价体系最重要体现在实践成果上。学生的实践作品将作为考核的主体依据，具体的执行或指导原则见实践教学大纲或各项实施方案。

（三）教学核心内容建设

1. 教学核心的确定

根据互联网口语传播行业对应的职业岗位群及典型工作任务分析，选择核心知识的课程作为专业核心课程进行建设，核心课程内容编排按照学生的认知过程和职业成长规律，进行项目化设计，主要建设"微信、微博、特推""二维码音视频""网络音视频定制""网络电台""自媒体视频创意""微信公共号语音""PC 和手机直播主持"等核心章节。

2. 教学建设目标

按照"口语创客应用实例样本"对职业技能、职业素养、职业行为规范的要求，对专业核心内容进行重点建设。具体的建设目标如下：

（1）将互联网口语传播的典型工作任务融入课程内容中，使学生所学的知识、技能真正满足职业岗位的要求。

（2）将互联网传播行业的相关技术标准、国家相关职业标准的内容引入课程教学中，使学生在情境化的工作活动过程中熟悉相关技术标准，实现职业化能力的发展。

（3）建立"以职业能力发展为导向，典型互联网项目应用任务驱动"的教学模式。学生能够通过项目化学习掌握相关的职业技能、并在这一过程中逐步提升自我的职业素养及职业行为规范。

（4）按照互联网行业、企业生产要求及用人标准，改变传统的考核方式，建立多元化的评价体系，采取评价者多元化及评价方式多元化的方式，对学生进行评价。

（5）充分发挥课程核心项目的示范作用，带动口语传播学其他课程逐步建成工学结合的项目化课程。同时，在专业群建设中得以推广。

3. 核心课程建设途径

（1）组建由行业企业专家、专任教师组成的课程开发团队，制定课程标准，开发教材，评审教学计划，考评教学效果。

（2）企业参与教学，课堂衔接市场。由专业教师和企业技术人员共同授课，其中企业技术人员重点承担实践性强、与生产联系紧密的教学内容部分。

（3）专业教师到互联网企业中参加实际项目的开发，搜集项目资料和开发成果，与企业技术人员共同建立学习项目库、案例库。

（4）通过校企合作的方式，从互联网企业的实际生产中提炼一批典型的工作任务，引入企业的管理制度、生产流程及员工评价标准。

4. 核心内容建设方案

教学的核心内容建设方案如表9所示。

表9　教学核心内容建设方案

核心章节名称	建设方案	
微信、微博的音视频特推	建设目标	按照各级精品课程标准建设课程
	面向职业岗位	口语传播策划人
	合作企业	合肥宁肯传媒公司
	建设内容	1. 制定课程标准；2. 编写教材；3. 制作教学教案 4. 完成典型工作任务分析及学习项目设计； 5. 完成考核方案设计； 6. 课程相关参考资料库的建设
	工学结合措施	与合肥宁肯传媒公司合作，聘请企业技术人员担任兼职教师，完成部分章节教学内容的授课任务，专业教师担任教材主编，企业技术人员提出工作任务，参与教材编写，联合开发课程

（续表）

核心章节名称	建设方案	
二维码音视频	建设目标	各级精品课程标准建设课程
	面向职业岗位	图书出版、电子出版的音视频教材生产
	合作企业	合肥声扬传媒
	建设内容	1. 制定课程标准；2. 编写教材；3. 制作教学教案 4. 完成典型工作任务分析及学习项目设计； 5. 完成考核方案设计； 6. 课程相关参考资料库的建设
	工学结合措施	与合肥声扬配音公司等合作，聘请企业技术人员担任兼职教师，完成部分章节教学内容的授课任务，专业教师担任教材主编，企业技术人员提出工作任务，参与教材编写，联合开发课程
网络音视频定制	建设目标	按照各级精品课程标准建设课程
	面向职业岗位	网络配音、网络远程主持人
	合作企业	云南旅游新闻网
	建设内容	1. 制定课程标准；2. 编写教材；3. 制作教学教案； 4. 完成典型工作任务分析及学习项目设计； 5. 完成考核方案设计； 6. 课程相关参考资料库的建设
	工学结合措施	与云南旅游新闻网、云南企业新闻网合作，聘请企业技术人员担任兼职教师，完成部分章节教学内容的远程授课任务，专业教师担任教材主编，企业技术人员提出工作任务，参与教材编写，联合开发课程
网络直播主持	建设目标	按照各级精品课程标准建设课程
	面向职业岗位	网络电台主持人，手机直播主持人
	合作企业	合肥浪潮 TV
	建设内容	1. 制定课程标准；2. 编写教材；3. 制作教学教案 4. 完成典型工作任务分析及学习项目设计； 5. 完成考核方案设计； 6. 课程相关参考资料库的建设
	工学结合措施	与合肥浪潮 TV 有限公司合作，聘请企业技术人员担任兼职教师，完成部分章节教学内容的授课任务，专业教师担任教材主编，企业技术人员提出工作任务，参与教材编写，联合开发课程

5. 课程核心内容开发

（1）校企合作开发学习项目

《口语创客》项目是播音主持教育到口语传播教育的一次跨越，将与合肥浪潮 TV、合肥声扬配音公司等企业合作，针对企业的岗位工作和任职要求，依据岗位职业能力，校企合作共同开发课程项目。

（2）学习情境设计

依照人的认识规律及企业的生产岗位，学习情境设计应该由简单到复杂的顺序渐进过程。简单的学习情境主要关注基本概念、基本原理和基础技能操作的学习，复杂的学习情境则以制作一个产品来完成，学生在制作中学习。

（3）教学内容拓展

为了培养学生的学习兴趣，提高学生技能，满足学生可持续发展要求，每一个项目学习中会补充各类相近的产品介绍，让学生自学或课后动手制作。例如，自媒体主持拓展的教学内容有：音视频创意、语言表达技巧、非语言表达技巧、文化共识发现等，这些内容扩大了学生的知识面，也为学生面向企业实际的相关产品设计提供了丰富的素材。

（4）课程教学的组织实施

对于每一个学习项目的实施，一般由专任教师负责讲授理论知识，企业兼职教师主要负责产品的创意、制作、问题反馈的指导，按照"创意计划→用户分析→作品设计→产品制作→效果评估"这一工作过程来组织教学内容，完成教学过程。如表 10 所示：

表 10　学习情境任务单元划分

学习领域	学习情境	工作任务		教学形式/学时	学时	备注
1. 微信、微博特推音视频播音	微信微博特推音视频创意的认知	微信公众号节目制作流程		观摩、现场教学	1	互动
		音视频口语传播在朋友圈中的作用		观摩、现场教学	1	互动
2. 二维码音视频	对口语创作出版流程的认知	出像体验		观摩、现场教学	2	互动
		配音体验		观摩、现场教学	2	互动
3. 网络音视频远程定制	网络配音和网络视频出像的用户分析、角色体验、状态变化与反馈提高	网络配音	用户语言样态需求分析	观摩、现场教学	2	互动
			发声前声音的调节准备	观摩、现场教学	2	互动
			常用网络配音风格练习	观摩、现场教学	2	互动
		网络视频主持	镜头前势态语言和副语言合理运用的掌握	观摩、现场教学	2	互动
			出境语音样态分析	观摩、现场教学	2	互动
			声音与画面的协调训练	观摩、现场教学	2	互动

口语**创客**

（续表）

学习领域	学习情境	工作任务		教学形式/学时	学时	备注
4. 自媒体视频主持、网络电台主持	网络音视播音的角色体验、状态变化与反馈提高	自媒体视频主持	自媒体的出像样态	观摩、现场教学	2	互动
			自媒体出像的语言表达	观摩、现场教学	2	互动
			自媒体出像的个性发挥	观摩、现场教学	4	互动
		网络电台主持	网络电台的播音特点	观摩、现场教学	2	互动
			形成自身的播音风格	观摩、现场教学	2	互动
5. 手机直播	个人素质对手机直播的影响	即兴口语的锤炼		观摩、现场教学	3	互动
		文化素养服务于手机直播训练		观摩、现场教学	3	互动
	文化超越和回归能力的积累	网络互动中的人文关怀		观摩、现场教学	3	互动
		文化超越		讲授、现场教学	3	互动

（5）校企合作教学监控，如图3所示：

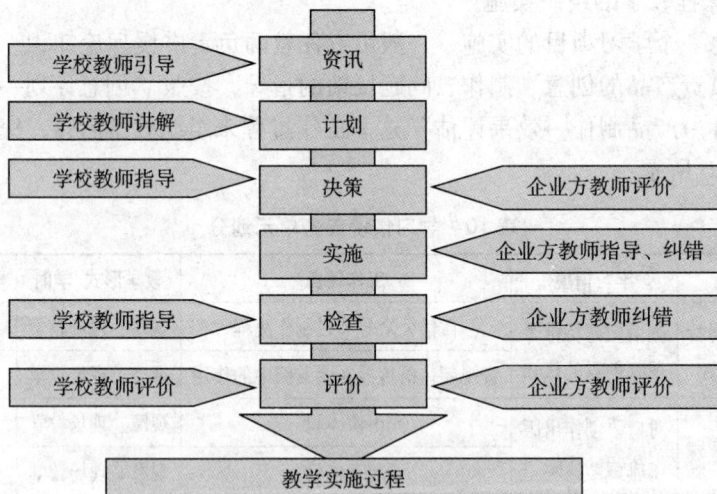

图3　校企合作教学监控

企业参与课程实施过程的教学监控。在教学实施过程中，企业派出专家或企业兼职教师参与制定教学质量监控标准与实践教学环节评价，有效监控理论教学、技能实训和顶岗实习全过程。

（6）校企合作教学评价

考核评价是对教学效果的直接检验，为确保考核的公正、合理，由承担课程

258

教学的校企双方从学习项目、课外作业和理论考试三方面进行考核，并对专业能力、社会能力、方法能力进行评价，如图4所示：

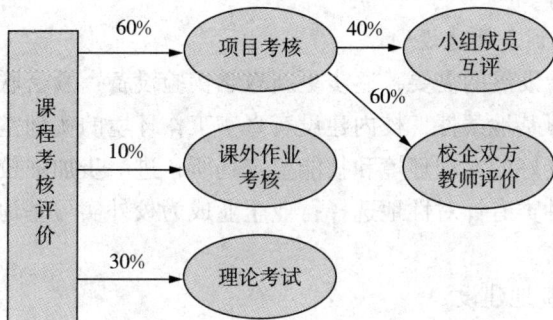

图4　校企合作实施教学评价

6. 教材建设

根据《口语创客》岗位能力培养要求，聘请行业企业专家参与教材编写，以企业的真实产品为载体，编写项目教学型教材，并将创业创新过程中应用的新知识、新模式、新思维、新方法融入教材中。在教材内容的整合和编排上，突出工学结合特色，形成包括多媒体视频、课件、文字图表的交互式特色教材。教材建设计划如表11所示：

表11　教材建设计划

章节名称	合作单位	建设内容
微信、微博特推音视频	合肥宁肯传媒股份有限公司	案例积累
二维码音视频	合肥声扬传媒公司	案例积累
网络音视频定制	云南旅游新闻网	案例积累
自媒体主持	合肥浪潮 TV	案例积累
直播	央广新媒体	案例积累

7. 教学资源库建设

学校采用引进与自主开发相结合，通过与典型互联网传播企业合作，共同建设包括专业教学目标、专业教学标准、实验实训指导、在线答疑、网络测试等教学资源，通过共享的信息资源平台，为播音主持专业学生提供口语传播领域的网络学习、学生自主学习课程，实现校内、校外资源共享。

教学资源库包括：

（1）专业教学标准库：包括专业人才培养规格、课程体系、课程标准、实训项目、教学指导、学习评价等。

（2）专业教学素材库：包括专业主干课程资料图片、录像、专业教学案例及专业资料网站等。

（四）实验实训条件建设

学校根据专业发展的需要，逐步更新教学实验设备，紧密联系行业企业，不断改善实训、实习基地条件，校内建设有真实工作环境的实训室和创意空间，为校内外人员提供良好的实训环境和技能鉴定场所；进一步加强校企合作，结合典型物联网产品的种类有针对性地选择行业企业成为校外实习基地，充分满足本专业实践教学的需要。

1. 校内实训基地建设

校内实训一定要充分与新媒体创业深度融合，校企合作共建校内实训基地应包括与企业共建自媒体实训室、手机直播实训室、慕课实训室、网络音视频定制实训室等；进而可以拓展校内学生自媒体的创业实训基地，为企业提供研发、试制、小批量试生产等创业尝试的校企互动平台，为社会提供培训和技能鉴定的场所，以合肥为例：

合肥浪潮 TV 有限公司已与学校共同建立自媒体实训室。由该公司提供合肥电视台资源、新媒体创意设想，学校方面负责组织学生实践落实，并与企业方共同建设实训相关材料。该实训室为《口语创客》课程提供了一个完整的实训平台，使学生对互联网典型应用中的自媒体创意产生感性的认识，并从而引发学生的学习兴趣，引导学生走上创业之路。该实训室预计投入 10 万元，其中学校投入 2 万元，企业投入约 8 万元，计划 2016 年底建成并投入使用，第一年受益在校学生 200 人左右，第二年将逐渐带动省内乃至全国口语创客的发展，产生蝴蝶效应。

微信微博特推音视频实训室由合肥宁肯传媒有限公司公司建设，校方提供智力支持，校企双方共同建设。该实训室的主要实现：传统媒体自媒体化、自办节目的融媒体传播，为《口语创客》多渠道融合传播及实训提供支撑。实训室投入 50 万元，2016 年建成投入使用，年受益学生在 200 人左右。

网络远程合作实训室由校方和云南旅游新闻网共同建设，主要为远距离节目生产合作提供平台，服务于《网络配音》《网络主持》等内容。由现有实验室调整使用 2016 年底完成，年受益学生在 200 人左右。

2. 校外实习基地建设

专业拓展的校外实践基地可以通过工学交替、创业作品实习等过程加强与企业合作，包括紧密型校外实践基地和层次分明的一般型校外实践基地，实现实训、参观实习、工学交替、创业作品设计、就业、员工技术培训、教师锻炼等互动功能。

（五）师资队伍建设

以播音主持专业为基础，结合校内外创业带头人，建设专兼结合，结构合理的教学团队。培养或引进具有创新精神的专业带头人，同时充分发挥行业协会作用，聘请企业创客兼课，将行业协会专家组作为专业发展的支撑。

1. 专业带头人

以校内外行业专家为带头人，建设专兼结合，结构合理的教学团队。通过境外培训、学历教育、国内外学术交流等培养，使他们在专业领域具备坚实的理论基础和系统的专业知识；学术水平高，在同类院校中享有较高的学术地位；对专业发展有较强的预见性，能够准确把握专业发展方向，制订专业发展规划，组织实施专业建设方案；根据专业发展需要，提出专业教师队伍建设意见，制定、实施专业师资培养规划，培养本专业的教师梯队；组织开展学术交流活动和申报对外合作项目、国家和省、市科学研究课题，对本专业教师技能提高起到引领带动作用。

2. 骨干教师

积极培养专业骨干教师，努力提高他们的综合职业素养与实践教学能力，使他们树立正确的教育理念，积累更加丰厚的知识，培养娴熟的职业技能，发挥创新的个性特征。组织专业教师参加劳动部门组织的技能鉴定考核，并取得相应等级的技能资格证书，如文化创意等；择优培养成各级职业技能鉴定考评员；安排专任教师下企业实践，掌握最新专业知识和技能，积累实际工作经历，并将通过汇报会将企业工作经验与团队教师共同分享。通过短训、学历教育等多种渠道，提升师资水平，建设一支高学历、高职称的"双高"和"双师"教师队伍。

3. 兼职教师

通过合作企业和行业协会等多种途径，聘请创业专家和技术能手担任兼职教师，重点支持实验、实训等实践教学岗位上，以提高实验、实训指导水平，形成实践技能课程主要由具有相应高技能水平的兼职教师讲授的机制。这些兼职教师将极大的丰富专业团队内涵，为教学团队带来更多的创业气息，将企业的真实项目、真实管理等元素融入课堂教学，并为专业建设出谋划策，帮助专业团队共同提供。通过这些兼职教师手把手地教学，让学生提前感受企业氛围，保证学校和企业的无缝结合。同时，为了保证教学质量和实现对兼职教师的动态管理，在建设期内将完成"兼职教师动态师资库"的建设工作：将教师的个人信息和工作信息以及教学信息采集入库，方便教学管理部门实时监控。

4. 教师培训

为了提高专业团队的整体实力，在建设期内，将对教师进行相关培训，提高教师整体素质：组织多名教师分批分期去国内口语创业企业进行短期参观考察；组织团队内多名教师去中国传媒大学等高校进行中短期的相关培训；组织部分教师去国外进修，学习国外的先进教学理念和教学经验。所有的学习、培训结束后都将进行相关的汇报讨论，所有材料归档供随时翻阅。以团队形式组织教师参加横向课题的开发，不断提高动手能力和操作水平。

（六）社会服务能力建设

充分利用本课程的创意研发能力，进一步拓展互联网创意企业和拟建口语创意生产工作室的相关功能，整合共性的生产要素资源、人力资源、技术资源、管理资源、市场资源等，通过与相关行业企业合作共同建设开放性、多功能的区域性技术服务平台，为省内媒体提供互联网口语传播产品设计、口语传播指导、创意产品试验、人才培训等不同种类的科技服务与技术支持。

1. 建成为口语创业者的多功能、开放共享的技能培训基地。

积极拓展对外培训项目，建成可承担本校、本地区乃至更广区域的非学历短期职业技能、职业资格培训、岗位培训和职业技能鉴定任务的培训基地。学员考核合格后可同时获得职业资格证书和相应的培训证书。合作开展开展企业员工培训和职业技能鉴定。

2. 开展面向社会实际需要的口语创意传播新项目开发等服务。

利用生产性实训基地，为中小口语创意工作室提供技术服务，包括研发、试制、小批量生产。成立的互联网口语创意研究中心，开展科研和技术服务，参与口语产品的应用技术研究与开发。

3. 积极组织学生开展技术普及活动。发挥学生专业社团的作用，每年开展校园科技文化月活动、技术普及活动、科技下乡活动。

（七）应用本科和高职一体化人才培养

口语传播专业是目前教育领域亟待建设的学科，它源于播音主持专业又是在新媒体环境下传播学的应用性拓展。《口语创客》产学融合项目将成为探索应用型本科和高职教育的鲜活案例，在培养目标、课程内涵、教学条件等方面的延续与衔接，系统设计、统筹规划课程开发和教学资源建设，完善教学管理，改革评价办法和考试制度。

1. 探索并实践建立应用型本科、高职、一体化培养的组织机构，组建一体化的管理团队，并建立一体化培养的管理机制。

2. 根据口语创客产业链的不同需求及定位，以一体化培养的思路，进行相关的内容设置和培养方案的制定。

3. 改革原有的终结性考核体系，探索一体化培养过程中"过程化、多元化"的评价体系和选拔体系。

4. 探索组建一体化的课程建设团队，共建共享一体化教学资源，实现各层次、各相关院校教育资源的共享，尝试进行同一课程团队内教师进行跨校、跨培养阶段的兼课，打造一个高水平的应用型人才课程体系。

（八）以口语传播专业为重点的口语创客类课程群建设

推动从播音主持向口语传播跨越的《口语创客》课程群。在强调发展核心能力的同时，重视对其相关支撑专业的发展，充分发挥重点专业辐射示范作用，积极引领带动其相关专业发展与进步，使本课程群成为一个产业覆盖广、办学条件好、产学结合紧密、人才培养质量高的特色课程群。

利用群内相近专业教师的相互兼容性，合理优化教师结构，形成整体合力。在实验实训条件保障方面，利用专业的相关性，降低建设成本，确保设备和设施得到充分利用。

六、改革举措和保障措施

（一）改革举措

针对互联网产业面广、从业企业众多、行业前景发散，人才需求模糊，行业规范缺乏等现状，在专业建设过程中拟解决以下主要问题：

1. 构建典型互联网项目应用贯穿的课程体系，满足企业发展需求和学生可持续发展的需求

结合互联网口语传播具有的大、广、杂等特点，构建以自媒体等典型口语创业项目应用为贯穿的课程体系，并以任务驱动、项目导向、学做一体的方式组织教学和实训，满足企业发展需求和学生可持续发展等多方面需求。

主要解决方法：

（1）校企对接重构课程体系。深入央广新媒体、《罗辑思维》、爱奇艺等互联网企业进行广泛调研，确立互联网项目策划、项目实验生产、网络运行调研、互动体验四大行动领域，并对其工作过程进行分析，确定口语创意、网络痛点等典型工作任务；根据典型工作任务，参照职业资格标准和行业标准，明确职业岗位群的能力要求，构建典型互联网项目应用为贯穿的课程体系。

（2）校企合作共建课程。通过与互联网企业和行业协会合作，共同制定核心课程标准。充分发挥优质核心课程示范作用，提高专业课程建设的整体水平。定期检查指导优质核心课程建设，开展优质核心课程年度检查，并对其他各课程及其资源建设状况进行检查。以自媒体建设中的若干典型应用（如声优社团、学生自媒体等）为载体，以任务驱动、项目导向、学做一体的方式组织教学和实训。学生通过参与典型应用项目的规划、设计、实施、维护全过程，提高核心职业能力。

2. 创新"企校共育、分段实施"的校企合作模式，提升学生的创业素质和职创能力

结合互联网创业具有的多、小、新等特点，创新以提高岗位就业能力为目标的厂校共育、分段实施的校企合作办学机制，从而提高学生职业道德、职业素质和职业能力。

主要解决方法：

（1）创新校企合作模式。组建由合作企业、学校领导、教职工代表、职业鉴定机构、学生代表、家长代表和校友代表等利益相关方组成的口语创客合作委员会，全过程参与专业培养方案制定、课程标准的制定、实训实习环节的组织实施、考核评价等；依托学院内的"大学生创新产业孵化基地"，发展提升"校园一体、校企一体"的合作模式，建成融教学实训、社会培训、产品生产、技能鉴定、科技研发、成果推广等于一体，工学结合和教学管理健全的校企合作机制。

（2）注重实践育人。按照"学时调整、时段灵活、任务渗透、课堂延伸"的思路，适应企业生产周期和实际工作时段，设计实训教学和顶岗实习，依托"校中企业"，灵活开展实训教学；为适应互联网口语传播周期，每个教学工作任务打破固定学时，试行课堂和课余、学生分组循环实施三重实训、分段式的教学组织形式；通过见习、实习、实训、顶岗、兼课、讲座等形式，校企共同完成教学任务，强化校企合作的实践育人功能。

3. 探索建立多方参与的教学质量保障体系，提升人才培养质量

结合互联网行业规范、行业标准缺乏等特点，探索建立多方参与的教学质量保障体系，提升人才培养质量。

主要解决方法：

（1）建立完善的教学质量标准。组织专任教师和企业兼职教师，根据职业岗位要求，参照行业技术标准和职业资格标准，负责制定教学规范和主要教学环节的质量标准。对已有的主要教学环节的质量标准进行修订，形成完善的质量管理标准。

（2）实施全程多方位的教学质量监督。通过学校督导、听课、教学检查、学生评教、考试管理、成绩分析等制度实现教学监督。校外监督由校企合作委员会制定教学环节监控点、教学质量监控制度，推行校企共同参与的教学监控方式。

（3）开展多元化的教学质量评价。校企合作制定专业人才培养质量标准，将学生双证书获取率、顶岗实习留用率、创业作品点击率、起薪值、就业稳定率、企业满意度纳入教学质量核心评价指标。建立企业工作站，延伸教学管理职能，实现实习岗位跟进、指导教师跟进、教学管理跟进、课程任务跟进、过程评

价跟进等"五个跟进",构建实习实训全过程管理模式。初步建立创业作品网络化档案,对学生创业作品后的发展状况进行跟踪调查,全面分析学生就业岗位能力需求、综合素质、职业发展等,为修订完善课程人才培养目标、人才培养方案和课程标准提供第一手资料。

（二）保障措施

1. 组织和人员保障

教育专家和行业企业专家组成了项目建设专家组,具体对专业建设项目进行全面指导,对阶段性目标进行定时检查,并一起商讨解决项目建设中的难题。如表 12 所示:

表 12　《口语创客》产学建设导师

序号	姓名	职称	职务	负责项目
1	郭磊	馆员	中国科技大学图书馆数据部主任	组长,项目建设顾问
2	孟红兵	一级播音员	合肥浪潮 TV 总裁	副组长,项目建设指导
3	贺诗	编辑	合肥宁肯传媒有限公司运营主管	指导课程建设,队伍建设
4	郭有为	经济师	合肥声扬传媒总裁	负责学工交替方案制定实施
5	张翰杨	一级播音员	合肥声动传媒总裁	指导生产型基地建设

2. 政策和经费保障

（1）获得政府部门的大力支持。对紧贴新媒体发展的重点专业,以培养战略性新兴产业所需要的中高级技能型人才,落实进行经费的配套,支持教学体系建设。

（2）口语传播是全国各地播音主持专业未来改革的方向,口语创业教育是目前急需建设的。在产学融合建设中,应多做宣传,赢得企业的大力支持,双方在互惠互利的基础上,来共同参与专业建设和行业发展。

（3）有关部门建立了一系列管理制度和奖惩激励制度,重视建设项目的过程管理,完善规章制度,实行阶段性目标管理,推动口语创客融合发展。同时加强对专项经费的使用和管理,对项目负责人根据阶段性目标的完成情况采取动态管理,并对合作进行定期考评,以确保创业项目落到实处。

参 考 文 献

[1] 张颂. 中国播音学 [M]. 北京：中国传媒大学出版社，2003

[2] 李战子. 话语的人际意义研究 [M]. 上海：上海外语出版社，2002

[3] 王建华，明强周，盛爱萍. 现代汉语语境研究 [M]. 杭州：浙江大学出版社，2002

[4] 司红霞. 语言艺术与写作 [M]. 北京：北京广播学院出版社，2002

[5] 康家珑. 语言的艺术 [M]. 北京：海潮出版社，2003

[6] 索振羽. 语用学教程 [M]. 北京：北京大学出版，2004

[7] 刘兴隆，康永铧，程子桉，董绍春. 互联网+微媒体——移动互联时代的新媒体营销密码 [M]. 北京：中国铁道出版社，2016

[8] 创意快枪手. 快感制造 [M]. 北京：台海出版社，2004

[9] 邱戈. 媒介身份论——中国媒体的身份危机和重建 [M]. 北京：中国传媒大学出版社，2008

[10] 范龙. 媒介的直观——论麦克卢汉传播学研究的现象学方法 [M]. 广州：暨南大学出版社，2009

[11] 李艳波，廖莹. 传媒实践力 [M]. 北京：中国传媒大学出版社，2010

[12] 陈明亮. 在线口碑传播原理 [M]. 杭州：浙江大学出版社，2009

[13] 秦琍琍，李佩雯，蔡鸿滨. 口语传播 [M]. 上海：复旦大学出版社，2011

[14] 李展. 数字化时代的口语传播理论、方法与实践——第一届海峡两岸口语传播学术研讨会论文集 [M]. 厦门：厦门大学出版社，2014

编　后　话

　　本书在全媒体视域下的口语探索尚显稚嫩，但这一步必须坚定不移地迈出。互联网传播中的口语带来了太多惊喜和困惑，也迫使我们对传播状态的变革及时反思。书中仅涉及基于广播电视播音主持的互联网口语和口头传播的基础问题，随着口语实践发展，相信更多的理论会适时出现，它们会推动着口语传播日趋成熟。在本书出版之际，《罗辑思维》结束四年的周播视频节目，将转战日播的音频领域，由扩充流量转变为做 APP 产品；而各种慕课、微课、自媒体照样此起彼伏，风起云涌。大家都在创新、探索和尝试，这也点燃了我投身到这一变革的热情。《口语创客》出版之日，便是我在这一领域实践活动的启程之时。

　　有人说直播是中国的第三次经济发展机遇，而前两次分别是 20 世纪 80 年代的"下海"和 21 世纪初的房地产开发。新媒体口语已经打破了广播和电视一统天下的视听局面。形形色色的互联网技术正将越来越多的个人声音变成大众传播。而在媒体的迅速变革中，口语传播的竞争已经不是大鱼吃小鱼，而是快鱼吃慢鱼了。如果能够引导很多没有从事过媒体传播的人在互联网口语传播中适应角色定位，进而规范新媒体环境下的互联网口语传播，引发国内口语传播学者的更多研究，这才是我们的初衷。本书是对互联网口语的一种跨领域探索，随着媒体与每个人关系的越来越密切，播音主持将从行业技能转化为普及性技能。全书由起源篇、发展篇、创意篇、表达篇和拓展篇五块构成，以适合涉及互联网口语创作的不同读者需求。

　　传统教育正面临考验，因为今天学校里教给学生的东西，可能在学生走出校门的时候就已经面临着淘汰。所以我们到底该给孩子们留下什么样的专业空间？农业时代是完全个性化的私塾教育。那是贵族教育和精英教育，是陪太子读书，一日为师，终身为父，成为依附的关系。而到了工业社会，我们知道蒸汽机和电力都是工业革命的产物，都是围绕着能源来的。两次工业革命最重要的特征，一个是标准化，另一个是流水线。大规模的生产造成汽车马上就普及了，电脑和手机一下都有了，因为全是标准化流水线克隆的。教育也一样，多年来的班级化规模化教育全都是这样流程：小学—初中—中考—高考，这些全是标准化的模式。传媒也一样，在传统媒体的垄断平台上，内部形成稳定的内容采编播制流水线，每天传播着标准化的信息。它的好处在于全民都接受着教育，全民都接受着规模化传播。但是从大众化传播角度来看，它带来的问题在于同质化，因为规模生产的都是一样的产品。所以在工业社会我们永远解决不了这样的一个问题，就是个性化和规模化之间的平衡。如果说前两次工业革命主要针对人的手和脚，使人的外力得到延伸，人的力量得到扩大化。那么第三次工业革命的关键是要达到人大脑的延伸，而语言则是大脑延伸的拓展工具。美国有一个地平线报告，每年都给出技术对教育的影响，分为短期、中期和长期，会分析对传统行业产生一些重大影响的典型技术，比如云计算。云计算有什么好处？云计算它就给我们带来了无基础设施的信息化。比如建个人网站，建自己的商店，建个微信群，已经没必要建服务器了。另一个好处就是移动设备，大家手里都有iPad，都有触屏手机，都可以得到虚拟现实技术。

撰写本书是《安徽省战略性新兴产业"十三五"发展规划》重大平台——安徽省网络课程中心（e会学）建设过程中的一种行动。作为安徽省教育厅人文社科重点项目"教师在MOOC教学中的感性质量研究"的成果，它基于慕课发展，更是对当前口语传播现象的分析和思考，对普及和提高现有口语传播应用大有帮助。信息也是能源，信息技术就是最好的生产力，而口语在这种变革中也正成为生产工具之一。有声传媒在不断发展，从广播、电视，到电脑、手机，新媒体成了视听传播的集大成者。对于膨胀的手机直播，对于苦心钻研的视听自媒体，对于转型中的慕课教师而言，迫切需要对过去和未来的思考展望。这不单是播音主持理论的拓展，更是对口语传播在新媒体环境中价值再造的探索，书中大量的口语视听使阅读变得交融和立体化了。

我只是走得急了点，后面还有很多工作需要深入，书中提到的多个跨领域研究期待有志之士加入。作为新媒体环境下口语传播理论的思考，对整个理论体系的论述尚不能完全展开，我选择了《口语创客》作为突破口，期待以后再逐步完善。创客就像武侠小说中的剑客，他们是英雄，但也很孤独。互联网口语研究盼望着更多的拓荒者，这将是一种充满生命力的探索。革命也好，分歧也罢，都可以在多次讨论中各抒己见，以期推动口语传播学迅速发展起来。偏颇之处，盼正于读者。

成书过程中，中国科技大学图书馆、安徽省网络课程中心（e会学）给予了大力支持。本书开始策划时，安徽省网络课程中心就召开专门会议，研究成书方案，陈超、郭磊、张雪娟等老师提出了很多好的建议，"e会学"平台多次为本人提供与业界交流和学习的机会。郭磊老师积极为本书奔走，联系国内知名创造学专家刘仲林教授亲自作序；亚慕的王魁、杨勇和沈丽云积极为我安排《口语创客》一书的二维码视频录制。中国科技大学宣本金老师、安徽三联学院岳国庆老师给予本人很多指点，在此表示中心感谢！感谢我的爱人陈文、儿子杨瀚涛承担了大量的校对工作。

　　"e会学"是安徽省十三五重大平台，它承载数字安徽的建设重担，想到这里，我们就愈发觉得任重道远。本书只能算是数字人文中的一叶小舟，我更希望在大数据洪流中，众多口语创客们能劈波斩浪，砥砺前行。我欣喜地看到"e会学"正迅速地发展壮大，书中有些章节就是我在"e会学"的讲座文稿。如果说本书能为数字人文研究做些贡献，那功劳理所当然属于"e会学"。

　　时间仓促，参考资料若核实有误，望大家海涵。

杨　忠

2016 年 12 月 1 日　于合肥